Ernst-Peter Wieckenberg
Johann Heinrich Voß und «Tausend und eine Nacht»

Ernst-Peter Wieckenberg

Johann Heinrich Voß
und
«Tausend und eine Nacht»

Königshausen & Neumann

Gedruckt auf säurefreiem, alterungsbeständigem Papier
Umschlag: Hummel / Lang, Würzburg
Umschlagbild: Daniel Chodowiecki, Gefolge aus der türkischen Gesandtschaft.
Radierung 1764 (Staatliche Museen zu Berlin – Preußischer Kulturbesitz, Kupferstichkabinett / bpk. Foto: Jörg P. Anders)
Bindung: RIB GmbH, 97297 Waldbüttelbrunn

Printed in Germany
ISBN 3-8260-2372-2
www.koenigshausen-neumann.de
www.buchhandel.de

Für Dietlind

Inhalt

«In der Tausend und einen Nacht ist mehr
gesunde Vernunft als viele von den Leuten
glauben, die Arabisch lernen [...]»
Georg Christoph Lichtenberg

«Glück zur 1001 Nacht. Ich liebe sie sehr, es
ist ein Reichthum der Phantasie drinnen den
ich bewundere.»
Friedrich Leopold von Stolberg

Vorwort

Am Anfang stand die Frage, ob es das Werk, das ich gelegentlich in Bibliographien erwähnt gefunden hatte, wirklich gebe: Johann Heinrich Voß' Übersetzung von «Tausend und eine Nacht». «Wer seiner Neugierde öfters nachgehangen, den reißt sie bei dem kleinsten Anlasse mit fort», schreibt Lessing 1773 in den einleitenden Sätzen seiner Schrift «Die Nachtigall». Dieser kleinste Anlaß war für mich nicht so sehr die Tatsache, daß ich – dank einem Hinweis von Adrian Hummel – eine Ausgabe der Übersetzung in der Universitätsbibliothek München fand, als vielmehr die unerwartete Entdekkung, daß in der deutschen Fassung acht Gedichte standen, die in keiner Voß-Ausgabe auftauchen. Bestärkt wurde ich in meiner Neigung, mich mit der Übersetzung zu beschäftigen, durch die auffallend spärlichen Bemerkungen von Voß-Philologen über dieses Werk. Wenn Voß wirklich, wie man darin mehr oder weniger deutlich lesen kann, die Übersetzung als eine nicht weiter beachtenswerte Brotarbeit betrachtete, warum hat er sich dann der Mühe unterzogen, aus den Prosawiedergaben der arabischen Gedichte, die er bei Antoine Galland fand, Verseinlagen zu machen? War die Übersetzung vielleicht doch mehr als ein «Werk der Not»? – Ich hoffe, ich kann dem einen oder anderen Leser etwas von dem Vergnügen mitteilen, das ich bei der Beschäftigung mit beiden Werken hatte: Antoine Gallands «Les mille et une nuit» und Johann Heinrich Voß' «Tausend und eine Nacht».

Für Ratschläge und Hinweise schulde ich vielen Freunden und Bekannten Dank: Doris Abouseif, Jan Assmann, Frank Baudach, Raimund Bezold, Hendrik Birus, Holger Böning, Jochen Dyck, Jens Malte Fischer, Ute Frevert, Walter Hettche, Ulrich Joost, Günter Häntzschel, Dorothea Hölscher, Adrian Hummel, Cornelia und Friedhelm Kemp, Raimund Kitzinger, Franklin Kopitzsch, Walter Kumpmann, Stefan von der Lahr, Dieter Lohmeier, Martin Lowsky, Suzanne Marchand, Sigrid von Moisy, Walter Müller-Seidel, Werner Joseph Pich, Barbara Picht, Peer Pickwick, Ulrich Raulff, Albrecht Schöne, Hans-Christoph Schröder, Peter Schünemann, Rudolf Smend, Friederike Stolleis, Manfred von Stosch, Erich Trunz, Wiebke Walther, Harald Weinrich und Stefan Wild. Danken möchte ich auch den Mitarbeitern der Handschriftenabteilung der Münchener Universitätsbibliothek für ihre nie ermüdende Hilfsbereitschaft und manche Anregung: ihrem Leiter Wolfgang Müller und seiner Stellvertreterin Cornelia Töpelmann sowie Irene Friedl, Monika Berger und Gottfried Simböck. Stefan von der Lahr hat das Schlußkapitel, Adrian Hummel, Ulrich Joost und Peer Pickwick haben das Manuskript ganz mitgelesen. Ihnen danke ich besonders. – Wer sich auf so angesehene Ratgeber berufen kann, hat allen Grund, sie vor Mißverständnissen zu schützen: Für Fehler und falsche Urteile bin allein ich verantwortlich.

Französische Zitate werden, soweit nicht Voß selbst eine Übersetzung gegeben hat, in den Anmerkungen übersetzt. Wenn ich dabei auf bereits vorliegende deutsche Fassungen zurückgegriffen habe, die sonst in meiner Arbeit nicht zitiert werden, habe ich auf deren Aufnahme in die Bibliographie verzichtet. Übersetzungen ohne Quellenangabe stammen von mir.

Der Abschnitt über die Gedichte, der das erste Ergebnis meiner Arbeit war, wurde im Lichtenberg-Jahrbuch 2000 veröffentlicht. Er ist Mahrokh und Wolfgang Beck gewidmet. Dieses Buch widme ich meiner Frau.

Ich danke dem Verlag Königshausen & Neumann dafür, daß er das Buch in sein Programm aufgenommen hat, danke besonders Herrn Dr. Thomas Neumann für die gute Zusammenarbeit.

«The humanities do not humanize», lautet ein Gedanke George Steiners, aber das hebt den alten Humanistentraum nicht auf, daß schriftstellerisches (oder wissenschaftliches) und politisches Ethos verschwistert seien. Von einer solchen engen Verbindung zeugt der öffentliche Aufruf von 14 arabischen Intellektuellen, mit dem sie sich im März 2001 gegen den Versuch einer schweizerischen und einer nordamerikanischen Organisation gewandt haben, in Beirut einen Kongreß zur Leugnung des Holocaust zu veranstalten: Adonis, Jamel Eddine Bencheikh, Mohamad Berada, Mahmoud Darwich, Dominique Eddé, Mohammed Harbi, Elias Khoury, Gérard Khoury, Farouk Mardam-Bey, Fayez Mallas, Edward Said, Khalida Said, Elias Sanbar, Salah Stétié (Le Monde, 16. März 2001). Unter ihnen sind Schriftsteller und Wissenschaftler, die in Essays und Editionen sich als Kenner von «Tausend und eine Nacht» erwiesen haben. – Johann Heinrich Voß war nicht frei von antijüdischen

Vorurteilen, aber man gäbe sich gerne dem Gedankenspiel hin, sein wacher politischer Sinn und seine moralische Integrität hätten ihn dazu veranlaßt, sich dem Appell dieser Frauen und Männer anzuschließen.

München, im Frühjahr 2002

I. Einleitung

Die Übersetzung – ein «Werk der Not»?

Die Literaturgeschichte ist auch eine Geschichte des Vergessens. Das Vergessen hat, wie Harald Weinrich gezeigt hat, immer einen Grund.[1] Es kann sogar seine guten Gründe haben. Aber wo es ein Verschweigen ist oder doch das eine ins andre übergeht, darf man an den guten Gründen zweifeln. Einem solchen Vergessen scheint ein Werk von Johann Heinrich Voß anheimgefallen zu sein: Von 1781 bis 1785, nach Abschluß der Arbeiten an der ersten Fassung seiner deutschen Odyssee, veröffentlichte er eine Übersetzung von Antoine Gallands Werk «Les mille et une nuit».[2] Bis heute gibt es keinen Essay, geschweige denn ein Buch über diese Veröffentlichung; was literaturgeschichtliche Arbeiten dazu mitteilen, geht kaum über die Auskunft bibliographischer Werke wie etwa des Goedekeschen Grundrisses hinaus.

Das Vergessen, oder Verschweigen, beginnt schon bei Voß. In den Jahren 1780 bis 1783 macht er in seinen Briefen die eine oder andere Bemerkung über die Arbeit an der Übersetzung. Kaum eine zeugt von einer großen Wirkung des Werks auf ihn; danach taucht es in seiner Korrespondenz, soweit sie überliefert ist, nur noch ein einziges Mal auf.[3] Die autobiographischen Aufzeichnungen erwähnen es an drei Stellen. Der erste Hinweis stammt aus der Zeit der Arbeit an der Übersetzung.[4] Die beiden anderen wurden 1818 bzw. 1826 veröffentlicht; aber sie haben weniger die Aufgabe, die Aufmerksamkeit

[1] Harald Weinrich, besonders im Freud-Kapitel, S. 168ff.

[2] «Les mille et une nuit [!]» lautet der ursprüngliche Titel. Vgl. dazu Anm. 141. – Katharina Mommsen hat in «Goethe und 1001 Nacht» die Erstausgabe der Gallandschen Übersetzung zitiert. Da diese längst nicht in jeder Bibliothek vorhanden ist, lege ich die Ausgabe Paris 1996, ungeachtet ihrer Mängel, zugrunde (vgl. Literatur). Philologisch noch weniger zureichend ist die zumeist zitierte Ausgabe: Les Mille et Une Nuits. Contes arabes traduits par Galland. Édition revue et préfacée par Gaston Picard. 2 Bde. Paris: Garnier Frères 1960. – Zitate aus Galland, Voß und Habicht werden, soweit irrtümliche Zuweisungen ausgeschlossen scheinen, direkt im Text nachgewiesen. Absätze bei Galland, Voß und Habicht werden durch einen senkrechten Strich | markiert.

[3] Brief an den Sohn Heinrich. In Voß: Briefe. Bd. III, 1, S. 220.

[4] Johann Christian Hoppe erwähnt 1783 in der Bibliographie seines Lexikonartikels über Voß die ersten 4 Bände der Übersetzung, S. 170. Nach Herbst: Johann Heinrich Voss. Bd. I, S. 259 stammt der Artikel aus der Feder von Voß. Zwei weitere autobiographische Texte kommen als Quelle in diesem Zusammenhang nicht in Betracht: Brief an David Ruhnken vom 23.9.1780. In Voß: Briefe. Bd. III, 2, S. 197–201 sowie: Leben von Johann Heinrich Voß. In: Antisymbolik. Bd. 2, S. 176–213 (der Lebensabriß reicht hier nur bis zum Jahre 1766).

des Lesers auf dieses Werk zu lenken, als vielmehr die, die Arbeit daran als eine Not- und Ersatzhandlung erscheinen zu lassen.[5] Davon wird im letzten Abschnitt noch einmal ausführlich die Rede sein.

Die teils apologetische, teils polemische Note fehlt den Rezeptionszeugnissen. Den Ton, auf den sie gestimmt sind, gibt seine Frau Ernestine an. In dem 1832 erschienenen dritten Band der «Briefe von Johann Heinrich Voß» schreibt sie: «In der Zeit, wo *Voß* bei der Herausgabe der Odyssee so viele Schwierigkeiten fand, kam ihm vom Buchhändler Cramer in Bremen der Antrag, die Tausend und eine Nacht zu übersezen. Dieses stimmte ihn des Contrastes wegen lustig, obgleich die 6 Bände wieder schreckten. *Claudius*, den er zur Theilnahme auffoderte, lehnte sie ab, weil ein solches Unternehmen ihm zu kleinlich schien. *Voß* unterzog sich daher allein einer Arbeit, die keine Anstrengung verlangte, und ihn für die böse Zeit, die uns bevorstand, das Gefühl des Unvermögens weniger scharf empfinden ließ.»[6] Diese Bemerkung war vermutlich die Quelle für den Bericht in der drei Jahre später erschienenen Biographie des Halberstädter Gymnasiallehrers Schmid: «Um den Unmuth, den die der Herausgabe der Odyssee sich entgegenstellenden Hindernisse erzeugt hatten, zu verscheuchen, übernahm Voß die angetragene Übersetzung der 1001 Nacht, die in den Jahren 1781 bis 1785 in sechs Bänden zu Bremen erschien.»[7] Wilhelm Herbst hat dann beide Auskünfte in seiner Biographie aufgegriffen und mit einem zusätzlichen Akzent versehen: «Im Unmuth [über das Stocken der Odyssee-Veröffentlichung] griff er zu dem Anerbieten, Gallands 1001 Nacht in sechs Bänden aus dem Französischen zu übersetzen, besonders um die Mittel zur Anschaffung griechischer Autoren zu gewinnen. Claudius lehnte die angetragene Mitarbeit ab. Voss

---

[5] Der erste der beiden Hinweise in: Abriß meines Lebens. Voß schrieb den Abriß 1814 auf Wunsch des Verlages Brockhaus für die Publikation «Zeitgenossen» und für das Konversationslexikon und verbreitete ihn, unzufrieden damit, wie er dort verwendet worden war, 1818 in einer kleinen Auflage für Freunde. Er wurde wiederveröffentlicht in C.F.A. Schott (d.i. Paulus), S. 117–135 und H.E.G. Paulus, S. 9–33. Der zweite Hinweis findet sich in: Antisymbolik. Bd. 2, S. 7. – Ich muß hier gestehen, daß mir während der Arbeit an meinem Aufsatz über die Gedichte in der Voß'schen Übersetzung sowohl die späte briefliche Bemerkung als auch diese beiden Hinweise verborgen geblieben waren.

[6] Voß: Briefe. Bd. III, 1, S. 8f. Ernestine Voß' Hinweis auf den Antrag an Claudius ist offenbar die einzige Quelle für diesen Vorgang. Wilhelm Herbst: Matthias Claudius, S. 280 beruft sich allein auf sie. Hinweise darauf finden sich ebensowenig in der, freilich unzureichenden, Ausgabe der Briefe von Matthias Claudius, die Hans Jessen und Ernst Schröder vorgelegt haben, wie in Paul Eickhoffs Edition der Briefe des Ehepaars Claudius an das Ehepaar Voß. Auch zwei in den letzten Jahren erschienene Publikationen über Claudius können keine neuen Quellen nachweisen: Siehe Rolf Hurschmann, S. 163; Hans-Diether Grohmann, S. 18.

[7] In: Sämmtliche poetische Werke von Johann Heinrich Voss, S. XII.

ging mit dem Werk ziemlich frei um, nach Willkür zusetzend und beschneidend.»[8] In seinem mehr als tausend Seiten umfassenden Werk erwähnt er die Übersetzung von «Les mille et une nuit» nur in wenigen Zeilen und würdigt sie nicht einmal der Aufnahme in das Register. Sein Urteil gründet sich wohl kaum auf eine ausgedehnte Lektüre und ignoriert großzügig die Kritik des ersten Rezensenten, die Übertragung sei «zu gewissenhaft».[9] Eine Bemerkung über andere Voß'sche Übersetzungen zeitgenössischer Werke deckt seine Urteilskriterien auf: «So streng Voss in der Übertragung der Alten war, so frei verfuhr er bei den Neueren. Die ersteren waren eben Werke der Liebe, die andern der Noth.»[10] Die Arbeit an dem Gallandschen Werk – das geben seine Äußerungen und die seiner Vorgänger mehr oder weniger deutlich zu verstehen – war um des Broterwerbs willen unternommen, war ohne Leidenschaft ausgeführt worden, jedenfalls nicht mit der Hingabe, die Voß den Übersetzungen antiker Texte hatte zuteil werden lassen. Wenn es für Voß eine Hierarchie der Werke gegeben hatte, dann machten die später Urteilenden den Stufenunterschied womöglich noch größer, als er bei ihm schon gewesen war, ja ließen schließlich wie der im übrigen bewundernswerte Marbacher Katalog «Weltliteratur. Die Lust am Übersetzen im Jahrhundert Goethes» aus der hierarchischen Beziehung ein Verhältnis der Subordination

---

[8] Wilhelm Herbst. Bd. I, S. 236. – Die Angabe: Wilhelm Herbst – ohne Nennung eines Titels – bezieht sich stets auf die Voß-Biographie.

[9] Allgemeine deutsche Bibliothek. 51. Bd., 1. Stück. Berlin und Stettin 1782, S. 230f. Verfasser war der Prediger Noodt in Wesenberg bei Lübeck. Vgl. Gustav Parthey, S. 20 bzw. 42 (dort zum Kürzel Oz). Von Noodt stammt auch die zweite Rezension in AdB. 72. Bd., 2. Stück. Berlin und Stettin 1787, S. 392 (bei Jördens und Goedeke mit falscher Seitenzahl bibliographiert).

[10] Wilhelm Herbst. Bd. I, S. 155. Der Satz ist ein Beleg für die Kraft des Vorurteils. Eines der Werke, die Voß angeblich nur «aus Noth» – und man hat mitzudenken: ohne Hingabe – übersetzt hat, war: Untersuchung über Homers Leben und Schriften. Aus dem Englischen des Blackwells. Leipzig 1776 – ein Buch, das «maßgebend für die Bewunderung Homers in den folgenden Jahrzehnten» war (Peter Kapitza, S. 300). Herbst hätte sich formal auf eine Äußerung Vossens in der «Antisymbolik» stützen können, wie das der urteilsfreudige Conrad Bursian tut (Bd. I, S. 449f.): «Wir lachten bald über *Heyne's* von *Hölty* ausgekundetes, mystisches Geheimorakel, den Traumseher *Blackwell*.» (Bd. 2, S. 5) Aber es gibt gute Gründe, hier eine Rückprojektion Vossens anzunehmen, ein Vorgang, zu dem er auch sonst neigte. – Jüngst hat Martin Grieger – freilich unter Berufung auf Vossens programmatische Aussagen, nicht auf Grund eines Textvergleichs – zu einer Neubewertung von Vossens Übersetzungen zeitgenössischer Werke aufgefordert. Wichtig ist in diesem Zusammenhang auch der Hinweis des Katalogs von Baudach/Pott auf eine briefliche Äußerung Vossens: Hölty und er hätten bei der d'Alembert-Übersetzung «zusammen immer 4 Stunden zu zwei gedrukten Seiten gebraucht, und doch noch wohl den Abend dazu nehmen müssen, über den Ausdruck gewisser Worte und Redensarten nachzudenken» (ebd., S. 47).

werden: «Es [das Werk: die deutsche Odyssee] erschien schließlich ohne den Kommentarband Ende 1781 – im gleichen Jahr wie der erste Band der Märchen, die Voß aus der französischen Sammlung des Herrn Galland übersetzt hatte, auch um die Odyssee finanzieren zu können.»[11] Obwohl solche Rezeptionszeugnisse implizit oder explizit ihre Urteilsgründe mitteilen, haben sie doch nie Anlaß gegeben zu einer Kritik ihrer Bewertungen, geschweige denn zu einer «Rettung» der Übersetzung.

Es scheint so, als habe «Les mille et une nuit» Voß fasziniert, aber nicht wirklich intellektuell herausgefordert. Daher hat es auch keinen Sinn, eine «Gegengeschichte» zu entwerfen, die sich etwa an einer Bemerkung Katharina Mommsens orientierte: «Durch das Zusammenkommen dieser Eigenschaften [von «Tausend und eine Nacht»] rückte der ‹Orient› ein ganzes Stück weit in die Nähe der ‹Antike›, wie man sie damals sah. Das Werten der Zeit orientierte sich ja notwendig am Maßstab des klassischen Altertums, und das Morgenland fand darum Eingang und Anklang, weil es – bei allen Unterschieden – in so vielem einem an der Antike geschulten Geschmack zusagen konnte. Dies mag die an sich wohl seltsame Tatsache erklären, daß man gerade dem Altertum zunächst Verpflichtete wie Voltaire, Wieland, Goethe dem Osten so starke Aufmerksamkeit zuwenden sieht. Die Genannten zeigen denn auch – obgleich jeder auf sehr verschiedene Weise – ganz besondere Verbundenheit mit 1001 Nacht. Im ganzen läßt sich also sagen: nicht trotz, sondern wegen seiner klassizistischen Tendenz kam das 18. Jahrhundert zum Orient. Als symbolisch hierfür kann die Tatsache gelten, daß Winckelmann in Rom Arabisch lernt, Orientreisen plant und sich in orientalischem Habit gefällt. Kennzeichnend in diesem Zusammenhang ist es auch, daß J.H. Voß anschließend an seine Odysseeübertragung (1781) Gallands 1001 Nacht übersetzt (1781–85).»[12] Wenn es denn die geistige Bewegung, die Katharina Mommsen hier vermutet, tatsächlich gegeben hat, so hatte Voß an ihr nicht teil.[13] Er hatte keine Arabischkenntnisse,[14] strebte auch nie danach, welche zu

---

[11] Weltliteratur. Die Lust am Übersetzen im Jahrhundert Goethes, S. 311. Es ist wenig wahrscheinlich, daß der Katalogbearbeiter sich dabei auf die Bemerkung Vossens in der «Antisymbolik» stützte. Zu ihr Anm. 270 und die entsprechende Stelle im Text.

[12] Katharina Mommsen: Goethe und 1001 Nacht, S. XXIf.

[13] Es fragt sich, ob sie hier nicht Zusammenhänge suggeriert, die es nicht gegeben hat. Davon wird im letzten Abschnitt dieser Arbeit noch einmal die Rede sein (vgl. Anm. 292–305 und den dazugehörenden Text).

[14] Während seines Studiums in Göttingen hätte er solche Kenntnissse nur bei Johann David Michaelis erwerben können. Bei ihm aber hat er laut Wilhelm Herbst (Bd. I, S. 66) nicht einmal gehört. Zu dem Hainbundmitglied Karl Friedrich Kramer, der seit 1772 in Göttingen Theologie und orientalische Sprachen studierte, hatte Voß ein eher distanziertes Verhältnis (vgl. Herbst. Bd. I, S. 93f.). Daß der Pastor Milow in Wandsbek, der Voß bere-

erwerben, und außer seiner Galland-Übersetzung hat er kein Werk verfaßt, das eine Nähe zur Welt des Orients verriete. Seine Übersetzung *war* eine Auftragsarbeit. Nur sagt das nichts über deren literarische Qualität. Wer sie bewerten will, muß sich von dem Vorurteil befreien, zweckgebundenen oder aus äußeren Anlässen entstandenen Werken komme grundsätzlich ein sekundärer Rang zu. Man scheut sich nur deshalb nicht, solche Binsenweisheiten auszusprechen, weil die Literatur über Voß sie offenbar in den Wind geschlagen hat.

Der Übersetzungsauftrag

Es ist kaum möglich, ein Bild der Auftraggebers Johann Heinrich Cramer und seiner verlegerischen Tätigkeit zu entwerfen; die Nachrichten über ihn sind allzu spärlich.[15] Der 1736 Geborene betrieb seit 1765 in Bremen eine Buchhandlung. Wenige Jahre später wurde er für kurze Zeit über die Grenzen der Stadt hinaus bekannt, als er die Auslieferung der Bücher übernahm, die in dem von Johann Joachim Christoph Bode und Gotthold Ephraim Lessing gegründeten Selbstverlag erschienen.[16] Offenbar war er ein rühriger Verleger mit einem der Aufklärung verpflichteten Programm, als Unternehmer aber eher glücklos.

Ob er mit der deutschen Ausgabe der «Mille et une nuit» mehr als ein ökonomisches Interesse verband, läßt sich nicht feststellen. Irgendwann im Spätherbst 1780 hat er Voß die Übersetzung angetragen. Am 28. Dezember des Jahres schrieb dieser an Heinrich Christian Boie, er werde das Werk «vielleicht» übersetzen, «wenn Cramer einen Louisd'or [pro Bogen] geben» wolle. Bezeichnenderweise fragte er im gleichen Atemzug: «Wie heißt der Verfasser der 1001 Nacht? [...] ich muß doch etwas in der Ankündigung schwadronieren. Gieb mir Materie. Ich weiß gar nichts.»[17] Verleger und Autor wurden rasch handelseinig: Bereits am 26. Februar schreibt Voß an

dete, bei ihm seine Hebräischkenntnisse aufzufrischen und zu erweitern, und der «sehr stark in den morgenländischen Sprachen» war, ihm auch das Arabische nähergebracht hätte, ist wenig wahrscheinlich (Voß: Briefe. Bd. I, S. 311).

[15] Vgl. Eberhard Henze, S. 192f. Der spätere Verleger Georg Joachim Göschen absolvierte bei ihm seine ersten Lehrjahre.

[16] Hinweise auf Veröffentlichungen Cramers bei Hermann Colshorn, S. 81; Stephan Füssel, S. 26, 45; Rolf Engelsing: Bremens Buchgewerbe, S. 250. Einzelne Publikationen erwähnen: Friedrich Lüdecke, S. 98f.; Hans Jessen, S. 41; Theodor Brüggemann/Hans-Heino Ewers, Nr. 520.

[17] Voß: Briefe. Bd. III, 1, S. 150.

Goeckingk, er sitze an der Arbeit.[18] Unter dem Datum 26. März 1781 kündigt er in den «Gothaischen gelehrten Zeitungen» den ersten Band für Ostern «auf Probe», d.h. zur Subskription, an und teilt mit, daß der zweite «Michaelis herauskömmt», also zur Herbstmesse Ende September.[19] Der Titel des ersten Bandes lautet:

> Die tausend und eine Nacht arabische Erzählungen, ins Französische übersezt von dem Herrn Anton Galland, Mitglied der Akademie der schönen Wissenschaften zu Paris, und Lehrer der arabischen Sprache beim königlichen Kollegium. Aus dem Französischen übersezt von Johann Heinrich Voß. Erster Band. Bremen, bei Johann Heinrich Cramer 1781.[20]

Ob die in der Ankündigung in Aussicht gestellten Illustrationen von Rosmäsler erschienen sind, ist zweifelhaft.[21] Für Subskribenten kostete das Werk 5, sonst 6 Reichstaler.

Der erste Band erschien spätestens im Mai, wie aus einem Brief Gerhard Anton Grambergs hervorgeht,[22] der zweite könnte tatsächlich zu Michaelis herausgekommen sein, denn am 28. August schreibt Voß Goeckingk: «Den 2. Theil der 1001 Nacht habe ich auch fertig.»[23] Der Band trägt denn auch die Jahreszahl 1781. Band 3 und 4 erschienen 1782, Band 5 1783. Dann gab es eine Pause, weil Cramer in ökonomische Schwierigkeiten geraten war, so daß Voß sogar fürchtete, er werde den 6. Band gar nicht mehr übersetzen können.[24] Ob Cramer das Werk aus eigener Kraft abschließen konnte oder ob ein anderer Verleger unter seinem Namen handelte, ist unbekannt; jedenfalls lag der abschließende Band 1785 vor. Sicher ist nur, daß Voß das Übersetzerhonorar nicht in voller Höhe erhalten hat.[25]

Ein Louisd'or entsprach nominell fünf Reichstalern. Zählt man die Inhaltsverzeichnisse nicht mit, so umfaßte die gesamte Übersetzung etwa

---

[18] Voß: Briefe an Goeckingk, S. 107. Ein Brief an Gleim vom 11. April 1781 erwähnt die Honorarzusage Cramers (Voß: Briefe. Bd. II, S. 271).

[19] Der Text ist im Anhang abgedruckt.

[20] Ich zitiere im folgenden nach dem Exemplar der Universitätsbibliothek München.

[21] An folgenden Standorten konnte ich Exemplare einsehen oder über sie Auskünfte einholen: Eutin: Landesbibliothek (freundliche Auskunft von Dr. Frank Baudach); Göttingen: Niedersächsische Staats- und Universitätsbibliothek; Frankfurt am Main: Freies Deutsches Hochstift; Halberstadt: Gleimhaus (freundliche Auskunft von Frau Dr. Ute Pott). Die im Jahrbuch der Auktionspreise 37 (1986) bzw. 47 (1996) aufgeführten Exemplare haben offenbar gleichfalls keine Abbildungen.

[22] Vgl. Anm. 91 und die entsprechende Textstelle.

[23] Voß: Briefe an Goeckingk, S. 114.

[24] Ebd., S. 130.

[25] Voß: Briefe. Bd. III, 1, S. 220.

130 Bogen. Voß hätte also, wäre das Honorar vollständig gezahlt worden, den stattlichen Betrag von etwa 650 Rthl. erhalten.[26] Sein Otterndorfer Jahresgehalt betrug etwa 350 Rthl.[27] Er hat sich aber durch den lukrativen Auftrag nicht dazu verleiten lassen, Zeilen zu «schinden»: Der Umfang seiner Übersetzung ist insgesamt um etwa ein Viertel geringer als der des Gallandschen Werks.

Voß hat die Übersetzung, bedenkt man, wieviel er sonst in diesen Jahren schrieb, erstaunlich rasch zustande gebracht. Während er des Arabischen nicht mächtig war, hatte er ausgezeichnete Französischkenntnisse, und das kam ihm bei seiner Arbeit zustatten.[28]

Bis zum Erscheinen seiner Ausgabe war in Deutschland eine andere Übersetzung herausgekommen. Zunächst war nur ein Band veröffentlicht worden:

> Arabische Liebes-Händel / und andere Seltzame Begebenheiten / welche von einer Sultanin in tausend Nacht-Gesprächen erzehlet / und zugleich viele Sitten und Gewohnheiten der Morgenländer / auf eine gar sonderbahre und angenehme Art vorgetragen werden. Unlängst durch Hrn. Galland, der Königl. Academie Mitgliede aus der Arabischen Sprache in die Frantzösische/ Und ietzo aus solcher in die Teutsche mit Fleiß übersetzet. Durch Amandern. Cölln/ bey Peter Marteau/ An[no 1706][29]

Vier Jahre später begann dann eine vollständige Ausgabe zu erscheinen:

> Die Tausend und Eine Nacht/ Worinnen Seltzame Arabische Historien und wunderbahre Begebenheiten/ ... erzehlet werden; Erstlich vom Herrn Galland ... aus der Arabischen Sprache in die Frantzösische/ und aus selbiger anitzo ins Teutsche/ übersetzt: Erster und Anderer [– Fünffzehnter] Theil. Mit einer Vorrede Herrn TALANDERS. Leipzig/ Jm Verlag Joh. Ludwig Gleditsch/ und Moritz Georg Weidmanns. 1710 [–1735].[30]

---

[26] Vergleichshonorare bei Wolfgang von Ungern-Sternberg: Schriftsteller, S. 147f.

[27] Vgl. Wilhelm Herbst. Bd. I, S. 218; dazu kam dann freilich die Wohnung.

[28] Dazu Ders. Bd. I, S. 41 u. 80. Voß gab in den Göttinger Studienjahren sogar selbst Französischunterricht (Voß: Briefe. Bd. I, S. 99).

[29] Gerhard Dünnhaupt, S. 756. Vgl. Karl Klaus Walther, S. 36–43. Dünnhaupt weist Walthers These zurück, August Bohse sei an der Übersetzung dieses Werks beteiligt gewesen.

[30] Titelangabe nach Dünnhaupt, S. 746. Das von mir eingesehene Exemplar der Universitätsbibliothek Erlangen enthält den ersten Teil in der 3. Auflage von 1717 mit leicht abweichender Schreibung des Titels. – Ein ganz frühes Rezeptionszeugnis für die deutsche Übersetzung findet sich übrigens bei Antoine Galland selbst. Am 11. Januar 1713 ver-

In Vossens Bibliothek ist weder ein Exemplar des Gallandschen Werks noch eines seiner eigenen Übersetzung erhalten geblieben.[31] Da es keine kritische Edition der Erstausgabe von «Les mille et une nuit» gibt, geschweige denn eine, die Abweichungen später erschienener Ausgaben verzeichnet, und das trotz der ausgezeichneten bibliographischen Vorarbeiten von Victor Chauvin, ist eine Suche nach der Vorlage Vossens nicht sehr aussichtsreich. Sicher ist, daß Voß eine sechsbändige Ausgabe zugrunde gelegt hat, wie sie z.B. in der Bayerischen Staatsbibliothek vorliegt.[32] Bei einem Vergleich der Voß'schen Übersetzung mit dieser Ausgabe zeigt sich, daß beide Werke denselben Aufbau haben. Voß übernimmt die Widmungsepistel des ersten Bandes an die Marquise d'O und auch das daran sich anschließende «Avertissement», in dem Galland eine knappe Einführung in das Werk bietet. Generell bringt seine Übersetzung immer dann eine «Nachricht», wenn die sechsbändige französische Fassung ein «Avertissement» aufweist, und auch darin stimmen beide Editionen überein, daß sie zwei Avertissements der ersten Ausgabe nicht abdrucken.[33] Das eine folgte in der zwölfbändigen Ausgabe auf die 236. Nacht und teilte dem Leser mit, daß es fortan keine Unterteilungen

---

zeichnet er in seinem Tagebuch, Johann Jacob Mascov habe ihm erzählt, daß sein Werk ins Deutsche übersetzt worden sei (H. Omont [Hrsg.], S. 122).

[31] Katalog der Bibliothek von Johann Heinrich Voss (s.a. Manfred von Stosch, S. 719–48; York-Gothart Mix: Systematische Auswahl, S. 308–320). Das Städtische Görres-Gymnasium in Düsseldorf hat weder die deutsche noch eine französische Ausgabe (briefliche Mitteilung). Auch die Schleswig-Holsteinische Landesbibliothek in Kiel besitzt keine Ausgabe der Voß'schen Übersetzung, wohl aber eine Galland-Ausgabe (briefliche Mitteilung von Prof. Dr. Dieter Lohmeier); aber diese Ausgabe kommt als Vorlage nicht in Betracht. Im Voß-Nachlaß der Bayerischen Staatsbibliothek ist keines der beiden Werke enthalten. Dagegen besitzt die Eutiner Landesbibliothek eine sechsbändige Galland-Ausgabe und Vossens Übersetzung (briefliche Mitteilung von Dr. Frank Baudach). Beide weisen offenbar keine Einträge auf, die eine Identifikation als Vorlage bzw. Handexemplar Vossens erlauben würden.

[32] LES MILLE ET UNE NUIT. CONTES ARABES, Traduits en François PAR M. GALLAND. NOUVELLE EDITION CORRIGÉE. TOME Ier. A PARIS, PAR LA COMPAGNIE DES LIBRAIRES M. DCC. XXXXV. Avec Approbation & Privilege du Roy. Bd. II: 1745; III: 1746; IV: 1747; V: 1747; VI: 1747. Band 1–3 bzw. 4–5 sind unterschiedlicher Provenienz; wahrscheinlich handelt es sich auch sonst um ein Mischexemplar.

[33] Ein mögliches Indiz für Vossens Vorlage ist ein Eintrag im «Inhalt» des IV. Bandes. Voß schließt das Verzeichnis mit einer Überschrift ab: «Fortsezung der Geschichte von Kodadad und seinen Brüdern» – im Text findet sich dann auf S. 343 nur einen Markierungsstrich –, während die französische Ausgabe der Bayerischen Staatsbibliothek eine solche Angabe im Inhalt nicht aufweist. – Bei einer Suche nach seiner Vorlage könnten auch die Fußnoten als Indizien dienen, denn offenbar tauchen sie in den französischen Ausgaben nicht immer in gleicher Anzahl und an derselben Stelle auf. Vgl. auch Anm. 153.

nach Nächten mehr geben werde. Das andere, das bei Galland dem 9. Band vorangestellt war, hatte dem Leser mitgeteilt, im vorangehenden Band gehöre nur die Geschichte von Ganem zu «Tausend und eine Nacht». Da Voß diese Nachricht offensichtlich nicht kannte, darf man ihm nicht vorwerfen, daß er die von Pétis de la Croix stammenden Übersetzungen der «Geschichte von Kodadad» und der «Geschichte der Prinzeßin Deriabar» in seine Ausgabe aufnahm, zumal er damit seiner Vorlage folgte.

Es gibt nur eine bemerkenswerte Abweichung: Dem Widmungsbrief ist bei Voß ein vierseitiger überschriftenloser Text vorangestellt, der am Ende mit «Bibliothek der Romane, Paris im Julius, 1777» gezeichnet ist. Das ist nicht etwa ein Indiz dafür, daß Voß eine Ausgabe des Jahres 1777 zugrunde gelegt hätte, vielmehr verweist der Eintrag auf die Quelle des Übersetzers für diesen einleitenden Text: die «Bibliothèque universelle des romans». In ihr erschienen von 1775 bis 1789 in Einzellieferungen, die später bandweise zusammengefaßt werden konnten, Kurzfassungen von und Überblicke über Romane aller Literaturen.[34] Der Voß'sche Text ist der Juli-Lieferung 1777 entnommen. Ob der Übersetzer bei der Suche nach «Materie» selbst auf ihn gestoßen ist und ihn aus eigenem Entschluß seiner Übersetzung vorangestellt oder ob der Verleger ihm seine Berücksichtigung nahegelegt hat, ist nicht zu ermitteln. Da der Text auf andere, vergleichbare Erzählungen hinweist, die noch der Veröffentlichung harrten, spricht manches für eine Initiative Cramers, deren Ziel es war, Leserwünsche nach Fortsetzungen zu wecken.

Der Eröffnungssatz des Textes lautet: «Die Araber besizen ohne Zweifel eine grosse Menge kleiner Liebesromane, galanter Erzählungen im Geschmack unsrer Novellen, und kleiner wunderbarer Geschichten im Geschmack unsrer Feenmährchen; denn das trefliche Werk, welches in Frankreich unter dem Namen der tausend und einen Nacht so bekannt ist, besteht ganz aus dergleichen Historien, die Herr Galland aus dem Arabischen übersezt hat.»[35] Hatten die Widmungsepistel und die einleitende Nachricht das Unterhaltende und Wunderbare der Erzählungen betont, so werden sie hier der Gattung der Feenmärchen zugeschlagen.[36] Wiederum gibt das Anlaß zu der Vermutung, die Übersetzung der Passagen aus der «Bibliothèque des romans» sei vom Verleger veranlaßt worden. Der Text sollte offenbar die Funktion übernehmen, die heute der Klappentext hat: Er ordnete das Werk

[34] Bibliothèque universelle des romans. Juillet 1777. Premier Volume. Paris, S. 34–36. Zu der «Bibliothèque» vgl. Roger Poirier; Angus Martin (mit ausführlicher Bibliographie aller Hefte bzw. Bände).

[35] Voß, I, [III].

[36] So versteht das auch der Rezensent (s. Anm. 9).

einer Modegattung zu und rechnete auf den werbenden Charakter einer solchen Information.[37]

Das zeitgenössische Echo

Wenn Voß in seiner Ankündigung schreibt, die Übersetzung vom Anfang des Jahrhunderts sei «selbst für ihre Zeiten schlecht»,[38] so spiegelt er möglicherweise eine Kennerschaft vor, die er nicht hatte, aber für seine Zeitgenossen war sie gewiß nicht mehr genießbar. Er hatte also eines der erfolgreichen Werke der neueren Erzählliteratur dem Publikum in einer modernen Übersetzung nahegebracht, und man sollte annehmen, ihr wäre ein großer Erfolg beschieden gewesen. Das Echo war indessen gering: Außer zwei Rezensionen in der «Allgemeinen deutschen Bibliothek»[39] gab es – nimmt man einige briefliche Bemerkungen aus, die alle in die Jahre 1781 bis 1786 fallen[40] – nur eine lobende Äußerung von Wieland in der Ankündigung von «Dschinnistan oder auserlesene Feen- und Geistermärchen»: «*Die Tausend und eine Nacht* ist vielleicht das einzige Werk dieser Art [nämlich der Feen, Geister- und Zaubermärchen], das in einem unsrer besten Dichter und gründlichsten Litteratoren (Hrn. R. Voß) einen Dollmetscher gefunden hat, dessen Arbeit *Meisterwerk* ist, wozu sich ein Mann von Genie und *der Übersetzer der Odyssee,* mit Ehren bekennen darf.»[41] Dieses ungewöhnliche Urteil reichte nicht aus, um der Übersetzung einen großen Absatz zu verschaffen. Nichts deutet auf einen Nachdruck Cramers oder seines möglichen Geschäftsnachfolgers hin. Die 1811 bei Franz Haas in Wien und Prag erschienene Neuaus-

---

[37] Vgl. dazu Anm. 52ff. mit dem dazugehörenden Text und die Anthologien von Apel/Miller bzw. Hillmann.

[38] Voß: Ankündigungen, S. 301. Welche der beiden Ausgaben Voß meint, geht aus der Ankündigung nicht hervor.

[39] Vgl. Anm. 9.

[40] Die letzte mir bekannt gewordene briefliche Äußerung ist die Friedrich Leopolds von Stolberg vom 26. März 1786 (Stolberg: Briefe, S. 151).

[41] Christoph Martin Wieland: Dschinnistan oder auserlesene Feen- und Geistermärchen, S. 5. (Die Ankündigung ist datiert auf den 14. Juli 1785, das dreibändige Werk erschien 1786–89.) K. Otto Mayer behauptet: «In den achtziger Jahren des vorigen Jahrhunderts wurde das Interesse an Feenmärchen in Deutschland durch die Volksmärchen von Musäus 1782–86, sowie durch die Übersetzung von Gallands ‹Les Mille et une Nuits›, welche Johann Heinrich Voss 1781–1785 erscheinen liess, von neuem rege.» (S. 519f.) Dafür gibt er keinen Beleg an, hätte ihn auch kaum beibringen können, denn vieles spricht dafür, daß Cramer sich ein neu entfachtes (oder fortdauerndes) Interesse zunutze machte, und nicht etwa, daß er es selbst schürte.

gabe[42] war ein nicht autorisierter Nachdruck, der scheinbar auf eine gewisse Popularität der Übersetzung hindeutet; sieht man sie aber im Zusammenhang mit den anderen Neudrucken Voß'scher Übersetzungen, die Haas veranstaltete, so von Homer, Vergil, Theokrit, dann wird man eher eine bestimmte verlegerische Strategie unterstellen. Wahrscheinlich setzte er darauf, daß die Bücher des norddeutschen Dichters sich jetzt auch unter den deutschsprechenden Lesern im Osten des Habsburgerreiches verbreiten ließen.[43] Während Gallands Werk wenig gelobt, aber fleißig gelesen worden war, mußte Voß sich mit dem Lob begnügen.

Von Galland und seiner Übersetzung soll jetzt die Rede sein.

---

[42] Tausend und eine Nacht. Arabische Erzaehlungen. Uebersetzt aus dem Französischen des Galland von Joh. Heinrich Voss. 6 Bde. Wien und Prag bey Franz Haas 1811. Die Kenntnis dieser sonst bibliographisch nicht erfaßten Ausgabe verdanke ich Werner Joseph Pich. Der einzige Hinweis auf die Haas'sche Veröffentlichung, den ich sonst ausmachen konnte, findet sich bei Adolf Gelber, der nach S. 208 eine Illustration daraus reproduziert, ohne freilich den Verleger zu erwähnen.

[43] Über die in den achtziger Jahren des 18. Jahrhunderts zunehmende verlegerische Aktivität im Habsburgerreich vgl. Reinhard Wittmann: Der deutsche Buchmarkt in Osteuropa im 18. Jahrhundert, S. 93–110. – Haas mag auf die Bekanntheit Vossens gesetzt haben, denn der Ruhm seiner Homerübersetzung hatte sich längst auch im Südosten des Reiches verbreitet, und bis zum Erscheinen des Schillerschen Musenalmanachs 1796 war Vossens Sammlung «zwei Jahrzehnte lang, von 1776–1796, das wichtigste Musenalmanachsunternehmen im gesamten deutschen Sprachraum» (York-Gothart Mix: Lieber, denke ich, das Geld aufgeopfert, S. 102).

II. Antoine Galland und «Les mille et une nuit»

Von Antoine Galland (1646–1715) ist heute vor allem seine Übersetzung «Les mille et une nuit» bekannt, die von 1704 bis 1717 in zwölf Bänden erschien. Seine Zeitgenossen sahen in ihm eher den bedeutenden Gelehrten, den Numismatiker und Fachmann für Inschriften, vor allem den Orientalisten, und auch er selbst dürfte sein wissenschaftliches Werk höher geschätzt haben als seine Übersetzungen. Galland hatte am Collège du Plessis von 1661 bis 1663 einen gründlichen Unterricht in Latein, Griechisch und Hebräisch genossen und dann seit 1763 am Collège de France unter anderem Arabisch bei Pierre Vattier studiert.[44] Auf drei Orientreisen, deren eine neun Jahre dauerte (1679–1688), erwarb er sich eine ausgezeichnete Kenntnis des Türkischen und Arabischen sowie der Geschichte und Kultur der Völker des Vorderen Orients. Er stand im Dienste zweier französischen Botschafter in Konstantinopel, des Marquis de Nointel und des Seigneur Gabriel-Joseph de La Vergne de Guilleragues, und diese hatten als Vertreter des mächtigsten europäischen Staates unter den Diplomaten bei der Hohen Pforte eine herausragende Stellung. 1685 wurde Galland Antiquaire du Roy, 1701 Mitglied der Académie des inscriptions et médailles, 1709 Professor für Arabisch am Collège de France. Er hat eine Fülle von Arbeiten zur Geschichte und Literatur des Vorderen Orients veröffentlicht. Die «Bibliothèque orientale», ein enzyklopädisches Werk seines Freundes Barthélémy d'Herbelot, das Galland 1697, zwei Jahre nach dessen Tod, herausbrachte, markiert einen Anfang der modernen wissenschaftlichen Orientalistik.[45]

Es scheint so, als habe Galland 1702 mit der Übersetzung von «Tausend und eine Nacht» begonnen.[46] Zwei Jahre später, 1704, kamen vier, 1705 zwei

[44] Über sein Leben und sein wissenschaftliches wie sein übersetzerisches Werk unterrichten am besten Mohamed Abdel-Halim: Antoine Galland; Raymond Schwab; Muhsin Mahdi: The Thousand and One Nights. Frédéric Bauden kündigt in seiner Ausgabe von Gallands «Voyage à Smyrne» (Paris 2000) einen Aufatz mit ergänzenden Bemerkungen zur Biographie und zu den Publikationen Gallands an.

[45] So Robert Irwin, S. 24.

[46] Mohamed Abdel-Halim: Antoine Galland, S. 108, 266f. sowie Ders. (Hrsg.): Correspondance, S. 437 (Brief CLXXXXV); ferner Muhsin Mahdi: The Thousand and One Nights, S. 20. Vorher hatte er bereits «Sindbads Reisen» übersetzt, hielt die Übersetzung aber zurück, weil er annahm, daß es sich bei der Erzählung um ein Teilstück von «Tausend und eine Nacht» handelte. Vgl. Abdel-Halim: Antoine Galland, 265ff.; dazu auch die Widmung Gallands «A Madame la Marquise d'O». Es gibt, so Robert Irwin (S. 25), keinen Beweis dafür, «daß dieser Geschichtenzyklus jemals zur Originalversion von *Alf Laila wa-*

weitere Bände, 1706 der siebente Band heraus. Das unseriöse Verhalten seines Verlages nahm ihm zunächst die Lust zur Fortsetzung der Übertragung: Die Witwe Ricœur, Nachfolgerin der Frau des verstorbenen Verlegers Claude Barbin, hatte den achten Band, um ihn stattlicher erscheinen zu lassen, durch zwei weitere Erzählungen, übersetzt von Gallands Kollegen Pétis de la Croix, erweitert. Als Galland die Arbeit doch wieder aufnahm, verband er sich mit dem Verleger Florentin Delaulne, der dann die Bände neun und zehn 1712, die beiden letzten aus dem Nachlaß 1717 veröffentlichte.[47]

Gallands Übersetzung hatte einen ungewöhnlichen Erfolg. Bis 1800 erschien allein in Frankreich etwa ein Dutzend Ausgaben; daneben gab es zahlreiche Editionen vor allem in den Niederlanden.[48] Trotz dieser Wirkung hat man ihr lange, im Grunde bis heute nicht den Platz in der französischen Literaturgeschichte eingeräumt, der ihr zukäme. Noch hat es kein französischer Literaturwissenschaftler, kein Verlagshaus fertig gebracht, eine zuverlässige Ausgabe von «Les mille et une nuit» vorzulegen. Bezeichnend ist, daß V.-L. Saulnier, Professor an der Sorbonne, in neun Auflagen seines in der Reihe «Que sais-je?» erschienenen Bändchens «La littérature française du siècle classique» von 1943 bis 1970 und vermutlich auch danach für die Übersetzung das Erscheinungsdatum 1704 bis 1711 (statt bis 1717) angegeben hat, also vermutlich nie auf seinen Fehler hingewiesen worden ist. Georges May hat daher mit guten Gründen von «Les mille et une nuit» als einem «chef d'œuvre invisible» gesprochen und versucht, eine Erklärung für die nach seiner Ansicht skandalöse, in der Tat verwunderliche Nichtbeachtung der Übersetzung in Lexika und Literaturgeschichten und für die Verkennung ihrer Qualität zu finden.[49]

Die Gründe für diese «Unsichtbarkeit» lagen, so May, nicht zuletzt in der Selbsteinschätzung und im Verhalten Gallands selbst. In einem Brief an seinen Freund Pierre-Daniel Huet schrieb er mit Bezug auf die Übertragung von «Sindbads Reisen», die seiner Übersetzung von «Tausend und einer Nacht» vorausging: « J'ai aussi une autre petite traduction faite sur l'arabe de contes qui valent bien ceux des fées que l'on publia ces dernières années avec

---

Laila gehörte». Eine knappe Einführung in die Sindbad-Geschichte bietet Wiebke Walther: Tausendundeine Nacht, S. 134–159.

[47] Dazu Mohamed Abdel-Halim: Antoine Galland, S. 267–288 und Georges May, S. 84f. Der Verlag Barbin «entschädigte» sich für den Verlust seines Autors, indem er «Les mille et un jours» von Pétis de la Croix (1710–1712) herausgab (vgl. Mohamed Abdel-Halim: Antoine Galland, S. 271).

[48] Vgl. Victor Chauvin, S. 25ff.

[49] Georges May, passim.

tant de profusion, qu'il semble enfin que l'on en soit rebuté.»[50] Und im ersten «Avertissement» zu «Les mille et une nuit» heißt es dann – Abdel-Halim bezieht das wohl zu Recht auf die Feengeschichten –: «Si les contes de cette espèce sont agréables et divertissants par le merveilleux qui y règne d'ordinaire, ceux-ci doivent l'emporter en cela sur tous ceux qui ont paru, puisqu'ils sont remplis d'événements qui surprennent et attachent l'esprit, et qui font voir de combien les Arabes surpassent les autres nations en cette sorte de composition.»[51] Am meisten wohl hat er die Rezeption seiner Übersetzung dadurch gesteuert, daß er sie bei einem auf Feenmärchen spezialisierten Verlag veröffentlichte. Barbin hatte sich offenbar geschäftstüchtig alle wichtigen Werke dieser Modegattung gesichert.[52]

Mag die Vermutung Mays und anderer Literaturhistoriker, die Feenmärchen hätten die höhere Gesellschaft, vor allem Damen von Stand angesprochen, zutreffen oder nicht – fest steht, daß nicht wenige der dieser Gattung zugehörenden Werke von Damen der Oberschicht gesammelt und publiziert wurden. Gallands Nähe zu diesen Kreisen wird auch dadurch belegt, daß er Manuskripte seiner Übersetzung unter ihren Angehörigen kursieren ließ, bevor sie zum Druck gingen. Seine prominenteste Leserin war dabei, nach seinem Umzug von Caen nach Paris im Jahre 1706, die Duchesse de Bourgogne.[53] Galland widmete das Werk der Marquise d'O,[54] Hofdame der Duchesse und Tochter seines Gönners Gabriel-Joseph de La Vergne de Guilleragues, der von 1677 bis zu seinem Tode 1685 Botschafter Frankreichs bei der Hohen Pforte gewesen war. Auch der Text der Widmungszuschrift scheint zu signalisieren, daß er sich vornehmlich an ein weibliches Publikum wandte. So haben die Zeitgenossen das offenbar auch wahrgenommen. Der Holländer Gisbert Cuper schreibt schon 1705 an Galland: «Ce livre est sans

[50] Mohamed Abdel-Halim: Antoine Galland, S. 261. («Ich habe auch eine andere kleine, nach dem Arabischen verfaßte Übersetzung von Erzählungen, die es mit den Feenmärchen aufnehmen, welche man in den letzten Jahren in solchem Überfluß veröffentlicht hat, daß man ihrer schließlich überdrüssig geworden zu sein scheint.»)

[51] Ebd., S. 262; vgl. Galland, I, S. 21. (Voß übersetzt: «Unterhalten und vergnügen uns die Erzählungen dieser Art durch das Wunderbare, welches gewöhnlich darinnen herrscht, so haben diese gewiß den Vorzug vor allen, welche man kennt; so reich sind sie an Begebenheiten, die den Geist anlocken und in Erstaunen sezen, und die zum Beweise dienen, wie weit die Araber alle übrigen Nazionen in dieser Dichtungsart übertreffen.» I, S. XIV.)

[52] Auf diesen Zusammenhang weist besonders Georges May hin, S. 43ff.

[53] Ebd., S. 44f. Vgl. auch H. Omont (Hrsg.): Journal Parisien d'Antoine Galland. Dort werden viele adlige Damen als Empfängerinnen von Geschenk- oder Leseexemplaren erwähnt.

[54] Voß übernimmt diese Widmung. Die Marquise d'O war die Mutter der späteren Mme d'Epinay.

doute un grand amusement pour le beau sexe [...].»[55] Voltaire macht das dann zum Gegenstand einer spöttischen Bemerkung in der Widmungsvorrede zu «Zadig»: «C'était du temps où les Arabes et les Persans commençaient à écrire des *Mille et Une Nuits*, des *Mille et Un Jours,* etc. Ouloug aimait mieux la lecture de *Zadig*; mais les sultanes aimaient mieux les *Mille et Un.* ‹Comment pouvez-vous préférer, leur disait le sage Ouloug, des contes qui sont sans raison et qui ne signifient rien? – C'est précisément pour cela que nous les aimons›, répondaient les sultanes.»[56]

May sieht noch ein anderes Motiv für die Verkennung der Gallandschen Übersetzung. Feenmärchen und vergleichbare Werke galten als unterhaltend, und das habe am meisten zu ihrer Mißachtung in einer Kultur beigetragen, für die «le plaisir littéraire un véritable tabou» gewesen sei.[57] Dann hätte Voltaire mit seinem Urteil über Gallands Übersetzung, das er im Anhang seines Werks «Le siècle de Louis XIV» abgab, das literarische Schicksal der Übersetzung über Jahrzehnte hinweg bestimmt: «GALLAND (Antoine), né en picardie en 1746. Il apprit à Constantinople les langues orientales, et traduisit une partie des contes arabes qu'on connait sous le titre de *Mille et une nuits*; il y mit beaucoup du sien. C'est un des livres les plus connus en Europe; il est amusant pour toutes les nations. Mort an 1715.»[58]

Galland selbst hat seine Übersetzung keineswegs allein als einen Beitrag zur Unterhaltung verstanden, wie May behauptet,[59] glaubte vielmehr, ganz im

---

[55] Georges May, S. 133 («Dieses Buch ist zweifelos ein großes Vergnügen für das schöne Geschlecht ...»).

[56] Voltaire: Romans et contes, S. 56. («Das war zu der Zeit, als die Araber und Perser begannen, ‹Tausendundeine Nacht›, ‹Tausendundein Tag› usw. zu schreiben. Ulug bevorzugte die Lektüre des ‹Zadig›, aber die Sultaninnen zogen die ‹Tausendundein ...› vor. ‹Wie könnt Ihr›, sagte der weise Ulug, ‹Geschichten höher schätzen, die weder Sinn noch Verstand haben?› – ‹Eben dafür lieben wir sie ja›, antworteten die Damen.» Übers. v. Christel Gersch in: Voltaire Erzählungen. Dialoge. Streitschriften. Hrsg. v. Martin Fontius. Bd. 1. Berlin 1981, S. 83.) Auch wenn Voltaire hier nur das Werk von Pétis de la Croix der Verachtung Oulougs anheimfallen läßt, dürften doch beide gemeint sein. – Ein Urteil wie seines ist nicht auf den europäischen Westen beschränkt. Der ägyptische Schriftsteller Ahmad al-Qalyoûbî (1580–1659) schreibt über «Tausend und eine Nacht»: «Tout cet ouvrage est composé de faits mensongers forgés par l'imagination.» (René R. Khawam [Hrsg.]: ahmad al-qalyoûbî, S. 44.)

[57] Georges May, S. 218, vgl. auch S. 126ff., 173ff.

[58] Voltaire: Œuvres historiques, S. 1164. («Galland, Antoine, geboren 1746 in der Pikardie. Er lernte in Konstantinopel die orientalischen Sprachen und übersetzte einen Teil der arabischen Erzählungen, die unter dem Titel ‹Tausend und eine Nacht› bekannt sind; er fügte ihnen viel Eigenes hinzu. Das ist eines der in Europa bekanntesten Werke; es ist unterhaltsam für alle Nationen. Gestorben 1715.»)

[59] Ebd., S. 186ff.

Sinne der Romantheorie von Pierre-Daniel Huet,[60] er könne sein Publikum durch die Erzählungen belehren. Im Einleitungs-«Avertissement» schreibt er: «Ainsi, sans avoir essuyé la fatigue d'aller chercher ces peuples dans leur pays, le lecteur aura ici le plaisir de les voir agir et de les entendre parler.»[61] Gewiß ist die Berufung auf die Nützlichkeit eines dichterischen Werks ein aus der Antike überkommener Topos. Aber es gibt keinen Grund daran zu zweifeln, daß Galland ihn ernst genommen hat, daß er seine Übersetzung als einen literarischen Beitrag zur besseren Kenntnis des Orients betrachtete.

Dagegen spricht nicht, was Mardrus glaubte gegen Galland vorbringen zu sollen; es deutet in Wahrheit auf die achtbaren Motive hin, von denen der ältere Übersetzer sich hatte bestimmen lassen: «[..] les sultans et les vizirs et les femmes de L'Arabie ou de l'Inde s'y expriment comme à Versailles et à Marly.»[62] Das ist nicht falsch, und Gallands Übersetzung entsprach damit gewiß nicht der arabischen Vorlage. Er selbst schrieb an Gisbert Cuper im Jahre 1702: «C'est autant qu'il m'a été possible, l'arabe rendu en bon françois, sans m'estre attaché servilement aux mots.»[63] Man wird solche Anpassungen an französischen Geschmack und französische Sitte aber als Ausdruck der Hochschätzung verstehen dürfen, die Galland der Kultur des Orients entgegenbrachte, und möglicherweise auch als Beleg für die Vorstellung von einer gewissen Nähe der orientalischen und der westlichen Welt. Jürgen Osterhammels Urteil über das wissenschaftliche Werk d'Herbelots und Gallands kann man wohl auch auf «Les mille et une nuit» ausdehnen: Beider «‹Orient› ist nicht die Welt eines schroff dem Abendland entgegengesetzten Islam. Beide, Galland am entschiedensten, verstehen darunter einen Begegnungsraum der Kulturen».[64]

Dieser Aspekt der Gallandschen Übersetzung, den vielleicht Goethe noch sah, scheint bald verdunkelt worden zu sein. Dazu trug offenbar auch

---

[60] Vgl. dazu Jürgen von Stackelberg: Von Rabelais bis Voltaire, S. 9ff.

[61] Galland, I, 21f. In der Übersetzung von Voß: «Ohne die Mühe also, diese Völker in ihren Ländern zu besuchen, hat hier der Leser das Vergnügen, sie reden zu hören, und handeln zu sehn.» (Voß, I, S. XV) Zu den «wissenschaftlichen» Absichten Gallands auch Mohamed Abdel-Halim: Antoine Galland, S. 262f.; Muhsin Mahdi: The Thousand and One Nights, S. 21f.; Robert Irwin, S. 29f.

[62] Mardrus, Bd. 1. Paris 1899, S. XIII. («... die Sultane und die Wesire und die Frauen Arabiens oder Indiens drücken sich darin aus wie in Versailles oder in Marly.») Das steht zwar in der Verlegervorrede, dürfte aber von Mardrus inspiriert, wenn nicht gar geschrieben worden sein.

[63] Zitiert nach Mohamed Abdel-Halim: Antoine Galland, S. 193. («Das ist, soweit mir das möglich war, in gutes Französisch gebrachtes Arabisch, wobei ich nicht sklavisch am Wortlaut festgehalten habe.»)

[64] Jürgen Osterhammel: Die Entzauberung Asiens, S. 57.

der Fortschritt der Orientalistik bei. Noch im 18. Jahrhundert setzten Zweifel an der Authentizität der Quellen und an der Qualität der Übersetzung ein. 1783 schrieb James Beattie in «On Fable and Romance»: «The greatest, indeed the only, collection, that I am acquainted with, of Oriental fables, is the *Thousand and one tales*, commonly called *The Arabian Nights Entertainment.* This book, as we have it, is the work of Mons. Galland of the French Academy, who is said to have translated it from the Arabick original. But whether the tales be really Arabick, or inventend by Mons. Galland, I have never been able to learn with certainty. If they be Oriental, they are translated with unwarrantable latitude; for the whole tenor of the style is the French mode: and the Caliph of Bagdat, and the Emperor of China, are addressed in the same terms of ceremony, which are usual at the court of France.»[65] Tatsächlich hatte Galland sich nur bis zum achten Band der zwölfbändigen französischen Ausgabe auf ein arabisches Manuskript gestützt, dabei vereinzelt andere Quellen hinzugezogen und schließlich viele Erzählungen der letzten vier Bände nach dem mündlichen Vortrag eines syrischen Maroniten, Hanna Diab, verfaßt.[66] Am krassesten hat dann wohl Edward William Lane über seinen französischen Vorgänger geurteilt: «Galland has excessively perverted the work.»[67] Auch die massenhafte Verbreitung des Werks, seine Aufnahme in populäre Sammlungen und seine Umwandlung zum Kinderbuch[68] mögen dazu beigetragen haben, daß man seinen Beitrag zur Kenntnis des Orients nicht mehr wahrnahm.

In jüngster Zeit hat Wiebke Walther bemerkt, gerade Gallands Übersetzung von «Tausend und eine Nacht» habe «zu romantisierenden Klischees über den Vorderen Orient geführt», habe mithin zur Entstehung des Orientalismus beigetragen, den Edward Said angeprangert hat.[69] Einen der typi-

---

[65] James Beattie: Dissertations Moral and Critical, S. 509f. (in der anonym erschienenen deutschen Übersetzung in Band 2, S. 27). Ich verdanke die Kenntnis der Stelle Robert Irwin (S. 27), der freilich keine genaue Quellenangabe macht. Es ist bemerkenswert, daß das Argument, das später Mardrus gegen die Qualität der Übersetzung vorbringt (vgl. Anm. 62), hier verwendet wird, um Zweifel an ihrer Echtheit auszudrücken.

[66] Die Literatur über Quellen und Entstehung des Gallandschen Werks ist außerordentlich umfangreich. Vgl. Abdel-Halim: Antoine Galland, bes. S. 271ff. sowie besonders eingehend und scharfsinnig Muhsin Mahdi: The Thousand and One Nights, S. 22ff. Unter den deutschsprachigen Büchern erwähne ich nur die Monographie von Heinz und Sophia Grotzfeld und die knappe, aber vorzügliche Darstellung von Wiebke Walther: Tausendundeine Nacht (mit reichen Literaturangaben).

[67] Edward William Lane. Bd. 1, S. VIII.

[68] Dazu Georges May, bes. S. 47ff.

[69] Wiebke Walther: Nachwort zur deutschen Ausgabe. In: Irwin, S. 435. Zum Begriff Edward Said: Orientalismus.

schen Züge des Orientalismus hat Said so beschrieben: «Die Erinnerung des modernen Orients streitet mit der Imagination, schickt ihn [Nerval] zur Imagination zurück als den Ort, der für die europäische Sensibilität vorzuziehen sei».[70] Diese Imagination, so kann man zeigen, speist sich in der Tat aus «Les mille et une nuit». Gérard de Nerval schreibt zum Beispiel 1851 in seinem «Voyage en Orient»: «Le soir de mon arrivée au Caire j'étais mortellement triste et découragé. En quelques heures de promenade sur un ânet avec la compagnie d'un drogman, j'étais parvenu à me démontrer que j'allais passer là les six mois les plus ennuyeux de ma vie, et tout cependant était arrangé d'avance pour que je n'y pusse rester un jour de moins. Quoi! c'est là, me disais-je, la ville des *Mille et Une Nuits,* la capitale des califes fatimites et des soudans? ...»[71] Galland hatte das nicht nur nicht intendiert, seine Zeitgenossen haben sein Werk auch nicht so aufgenommen, und obwohl Voß keine Affinität zu den Kulturen des Vorderen Orients hatte, spürt man in seiner Übersetzung an keiner Stelle auch nur die geringste Neigung, Galland gleichsam «orientalistisch» zu lesen.

Als Beitrag zur Kenntnis des Orients schon früh nicht mehr gewürdigt, als Übersetzung bald gering geschätzt, als Werk der Erzählkunst lange verkannt, lebte Gallands Werk gleichwohl erfolgreich weiter. Allmählich, wenn auch spät, erkannte man den literarischen Rang von «Les mille et une nuit». Marcel Proust, der sowohl die Übersetzung seines Zeitgenossen Charles Victor Mardrus als auch die Gallands benutzte, war ein begeisterter Leser von «Tausend und eine Nacht»;[72] es gibt von ihm offenbar nicht eine einzige abschätzige Äußerung über das ältere Werk. Enno Littman hat dann 1960 geschrieben: Galland «was a born story-teller».[73] Seit einigen Jahrzehnten sprechen auch die französischen Literaturwissenschaftler von einem «chef-

---

[70] Edward Said, S. 117.

[71] Gérard de Nerval: Œuvres complètes. Bd. II, S. 262. («Am Abend meiner Ankunft in Kairo war ich todtraurig und entmutigt. Innerhalb weniger Stunden, die ich in Begleitung eines Dragomans auf einem Esel spazierenritt, war mir klar geworden, daß ich hier die sechs langweiligsten Monate meines Lebens verbringen würde, und dabei fügte sich alles von vornherein so, als könnte ich nicht einen Tag weniger bleiben. ‹Was!› sagte ich mir, ‹das soll die Stadt von Tausendundeiner Nacht sein, die Hauptstadt der fatimidischen Kalifen und der Sultane? ...›» Gérard de Nerval: Reise in den Orient. Übers. v. Anjuta Aigner-Dünnwald. In: Werke. Bd. I. Hrsg. v. Norbert Miller u. Friedhelm Kemp. München 1986, S. 112.)

[72] Vgl. Martin Mosebach, S. 101–113. Zu den zahlreichen Erwähnungen von «Les mille et une nuit» allein in «A la recherche du temps perdu» siehe das Register im 4. Band der 1988/89 in der «Bibliothèque de la Pléiade» erschienenen Ausgabe (dort S. 1693).

[73] Enno Littmann: Alf Layla wa-Layla, S. 359.

d'œuvre»,[74] und neuerdings bezeugen selbst Kenner des arabischen Originals der Übersetzung Gallands ihre Hochachtung.[75]

In Deutschland wird die Gallandsche Übersetzung außerhalb der arabistischen Fachliteratur kaum erwähnt, und dann allenfalls sehr knapp, so etwa in Victor Klemperers «Geschichte der Französischen Literatur im 18. Jahrhundert».[76] Man würde das Urteil von Ernst Consentius im biographischen Teil seiner Ausgabe «Bürgers Gedichte» übergehen, wenn es nicht wie ein groteskes Spiegelbild der älteren Voß-Literatur über die Übersetzung des Werks ins Deutsche erschiene. «Weil Gallands Vortrag und Schreibart ungenießbar und schlecht waren, mußten sie auch in jeder wörtlichen Übersetzung schlecht bleiben. Also frommte kein Übersetzen. Der gebotene Stoff war nur brauchbar, wenn er gestaltet wurde. Wieland hatte sich schon in freier, nachschaffender Art einiger dieser arabischen Märchen glücklich bemächtigt und dem hinkenden und stolpernden Galland Form gegeben. Das war die richtige Art, die den Leser ergötzte. Bürger stellte seine Ankündigung Vossens Einladung entgegen. Das leselustige Publikum mochte nun wählen. Hier der gestaltende Künstler, der die Leser mit gefälliger Laune zu unterhalten versprach; dort der brotfleißige Übersetzer, der sich begnügte, einen formlosen französischen Text zu übertragen!»[77] Möglicherweise hat Consentius sogar ein paar Zeilen der Gallandschen Übersetzung gelesen. Wahrscheinlicher ist, daß er ein Urteil Bürgers nachgeplappert hat: «Anlangend Tausend und eine Nacht, so hat, wie die Rede geht, Galland morgenländische Goldbarren in französische Klapper- und Scheidemünze umgewechselt. Daß jenes Goldbarren sind, wird solange wenigstens präsumiert, bis das Gegenteil erwiesen ist. Denn ich so wenig, als Hr. Voß, habe den Originalschatz in meinem Leben gesehen, vielweniger nachgezählt, gemessen, oder gewogen, und unser [!] samt und sonders nach Standesgebühr und Würden höchst- und hochzuverehrende Leser und Leserinnen werden, mit ihrer Erlaubnis zu sagen, sowohl fürs Vergangene, als auch noch für ein gutes Weilchen der Zukunft, vermutlich in dem nämlichen Falle mit uns sich befinden. Daß aber Gallands Münze französische Klapper- und Scheidemünze sei, das liegt ganz offenbar am Ta-

[74] So Edmond Cary, S. 70f.; Mohamed Abdel-Halim: Antoine Galland, S. 193ff.; Raymond Schwab, passim, und vor allem Georges May, passim. Als erster urteilte so offenbar René Pomeau in seinem Werk «L'âge classique», Bd. III, Paris 1970 (vgl. Georges May, S. 15).

[75] So C. Knipp, S. 47; Rida Hawari, S. 162 (wenn auch leicht einschränkend, den Akzent mehr auf die Vermittlungs- als auf die Übersetzungsleistung legend); Muhsin Mahdi: The Thousand and One Nights, S. V («Galland's justly famous translation»). Andere Zeugnisse ließen sich leicht beibringen.

[76] Victor Klemperer, S. 96.

[77] Gottfried August Bürger: Gedichte in zwei Teilen. Tl. 1, S. LXXIX.

ge, ist mit beiden Augen zu sehen, beiden Ohren zu hören und mit beiden Händen zu greifen.»[78]

So erschleicht man sich den Anschein der Kompetenz. Wer Bürger oder Consentius glaubte, dem blieb verborgen, daß Voß sich eines literarischen Meisterwerks «bemächtigt» hatte. Einer der besten Kenner der Gallandschen Übersetzung, Mohamed Abdel-Halim, hat zu Recht geschrieben: «sa phrase est toute française dans sa clarté et sa simplicité».[79]

[78] Ders.: Sämtliche Werke, S. 735.

[79] Mohamed Abdel-Halim: Antoine Galland, S. 207 («sein Satzbau ist ganz und gar französisch in seiner Klarheit und seiner Einfachheit»).

III. Voß, «Tausend und eine Nacht» und der literarische Markt

Wer Vossens Leistung als Übersetzer bewerten will, muß einer ganzen Reihe von möglichen Beziehungen nachgehen, einer allerdings nicht: der zwischen Gallands Werk und seinen Quellen. Voß hatte keine Möglichkeit, die Leistung seiner Vorlage zu überprüfen, weil ihm die Originaltexte sprachlich nicht zugänglich waren und es andere europäische Übersetzungen, die nicht von Galland ausgingen und die er zum Vergleich hätte heranziehen können, nicht gab. Ob Voß von den Anfängen einer Kritik an Galland Kenntnis genommen hat, läßt sich nicht feststellen, sehr wahrscheinlich ist es nicht. Es gilt also: «Die Einflüsse von ‹1001 Nacht› auf unsere Dichter und Literaten des 18. Jh. laufen über Galland.»[80]

Ein Diagramm der möglichen Einflüsse könnte daher so aussehen – wobei außer acht gelassen ist, daß der auftraggebende Verleger in einem anderen Kommunikationszusammenhang gestanden haben kann:

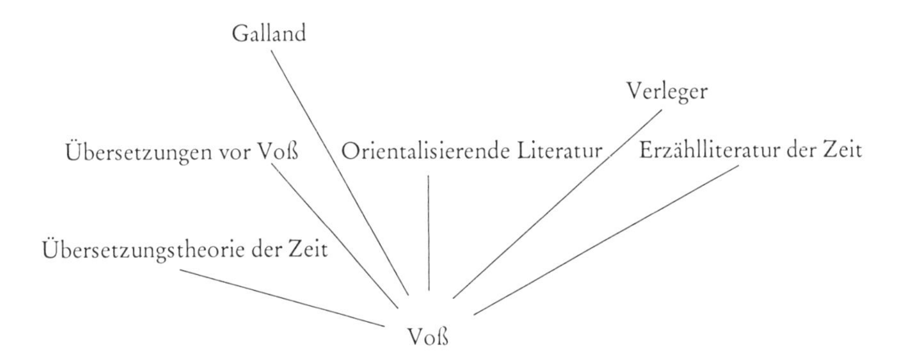

Daß die Übersetzung vom Anfang des 18. Jahrhunderts einen Einfluß auf Voß gehabt habe, ist wenig wahrscheinlich. Allein sprachgeschichtlich liegt zwischen beiden Fassungen ein tiefer Graben.[81] Dagegen darf man vermuten, daß er Anregungen durch die orientalisierende Literatur, aber auch durch andere erzählende Werke empfangen hat, aber sie zu belegen ist kaum möglich. Weder lassen sich deutliche Rezeptionsspuren in Vossens Galland-

---

[80] Heinz und Sophia Grotzfeld, S. 113; vgl. auch D.B. Macdonald, S. 19.

[81] Stichproben deuten nicht auf die geringste Übernahme hin. Daher habe ich auch – außer im Falle der Schlußszene (vgl. Anm. 175) – die ältere deutsche Übersetzung nicht zitiert.

Übersetzung nachweisen, noch kann man seine Lektüre erzählender Literatur umfassend rekonstruieren. Das einzige Werk der deutschen Literatur der Zeit, das Voß im Zusammenhang mit der Übersetzung von «Les mille et une nuit» erwähnt, ist Wielands 1780 erschienene Verserzählung «Oberon», denn nur auf sie kann sich ein Passus in dem Brief vom 26. März 1781 an Goeckingh beziehen, in dem er von der Arbeitslast der kommenden Monate spricht: «Doch die Augen zu, und wie Herr Hüon durch die Riesen mit den Dräschflegeln eingedrungen!»[82] Auch Wieland behandelt einen orientalischen Stoff, aber die Anspielung deutet eher an, welche Assoziationen Gallands Werk bei seinem Übersetzer auslöst, als daß sie auf Einflüsse hinweist. Dennoch kann man eine Wirkung nicht ausschließen.

Was die Erzählliteratur allgemein betrifft, so kann man zwar wiederum die Lektüre dieses oder jenes Romans, dieser oder jener Erzählung belegen, nicht aber ein vollständiges Verzeichnis der von Voß gelesenen – und vorgelesenen – Werke aufstellen. Wie später gezeigt werden wird, muß man mit einem Einfluß älterer satirischer oder abenteuerlicher Erählungen einerseits, des empfindsamen Romans andererseits rechnen.

1. Wie übersetzt man im 18. Jahrhundert zeitgenössische Erzählliteratur?

Zur Übersetzungstheorie und -praxis des 18. Jahrhunderts gibt es eine umfangreiche Literatur, aber sie richtet ihr Augenmerk vor allem auf die Vorstellungen der Zeit von den Aufgaben des Übersetzers antiker Dichtungen und der Bibel und auf seine Leistungen bei ihrer Erfüllung.[83] Zwar hatte bereits Breitinger vom Übersetzer Genauigkeit gefordert,[84] doch erst Voß entwickelte ein Konzept und eine Praxis der «formgetreuen poetischen Übersetzung»[85] und setzte damit Maßstäbe für die Wiedergabe von Werken der griechisch-römischen Literatur der Antike. Darf man Raimund Kemper glauben, so hätte Voß «mit seinen zahlreichen Übertragungen nicht nur des Homer, sondern auch der vielen anderen Autoren, Hesiod, Aischylos, Aristophanes, Theokrit, Bion, Moschos, Tibull, Properz, Horaz, Ovid, Shaftesbury

---

[82] Voß: Briefe an Goeckingk, S. 108.

[83] Die Literatur zur Übersetzung im 18. Jahrhundert füllt inzwischen Bibliotheken. Ich erwähne hier nur Arbeiten, die sich ausschließlich mit Voß befassen, wie die von Günter Häntzschel (mit älterer Literatur) und Raimund Kemper, ferner an weiter ausgreifenden Darstellungen: Weltliteratur. Die Lust am Übersetzen im Jahrhundert Goethes; Manfred Fuhrmann: Von Wieland bis Voss.

[84] Johann Jacob Breitinger. Bd. 2, S. 139ff.

[85] Günter Häntzschel: Johann Heinrich Voß, S. 224.

und Shakespeare bis zu den ‹Arabischen Erzählungen› *Die Tausend und eine Nacht*, dieses schwierige Programm weitgehend erfüllt».[86] Aber diese pauschale Feststellung verdeckt die Realität. Voß hat Gallands «Mille et une nuit» nicht so «treu» übersetzt, wie er es mit Homer und den anderen Dichtern der klassischen Antike getan hat. Und im übrigen war das Ideal des «treuen Übersezers» offenbar nicht einmal für die Wiedergabe der antiken Prosawerke verbindlich.[87] Erst recht wird man daran zweifeln müssen, daß es für zeitgenössische Prosawerke galt.

Dennoch: Der Rezensent der Voß'schen Ausgabe von «Tausend und eine Nacht» hat dem Übersetzer vermutlich mehr Freiheiten anempfohlen, als es sonst bei Übersetzungen anspruchsvoller zeitgenössischer Werke üblich war: «Herr Voß hat sich genau an den Text gehalten, auch sogar das französische Ihr beybehalten, alle neoterischen Ausdrücke, die den Styl bunt und kraus machen, vermieden, und erzählt in dem üblichen Übersetzertone. Wir glauben aber, daß die zu gewissenhafte Übersetzung, die bey einem klassischen Dichter ein Verdienst seyn würde, hier eher nachtheilig als vortheilhaft sey. Manche zu unverständliche und wortreiche Erzählung, wie zum Beyspiel im zweyten Theil die Geschichte Sindbad des Seemanns, hätte sich ohne Zweifel besser ausgenommen, wenn die Erzählung etwas zusammen gedrängt, und durch einen raschern Fortschritt der Begebenheiten, das matte und langweilige dieses Mährchens wäre versteckt worden.»[88] Das Gespräch über die «Übersetzungsfabriken» im zweiten Buch von Friedrich Nicolais Roman «Sebaldus Nothanker»[89] oder die im Marbacher Katalog «Weltliteratur»[90] dokumentierten Auseinandersetzungen über die Übertragung englischer und französischer Romane machen jedenfalls deutlich, daß man in der zweiten Hälfte des 18. Jahrhunderts auch dem Prosaübersetzer nicht mehr jede Willkür durchgehen ließ.

Trifft das zu, so könnte der freie Umgang Vossens mit seiner Vorlage darauf hindeuten, daß er dem Gallandschen Werk keinen hohen Rang beimaß. Sollte er insgeheim die Meinung Bürgers geteilt haben?

---

86 Raimund Kemper, S. 110.

87 Manfred Fuhrmann: Von Wieland bis Voss, S. 21f.

88 Allgemeine deutsche Bibliothek. 51. Bd., 1. Stück, S. 231.

89 Friedrich Nicolai, S. 62.

90 Weltliteratur. Die Lust am Übersetzen im Jahrhundert Goethes, S. 189ff. u. 228ff.

2. Eine freie Übersetzung als Ausdruck der Geringschätzung?

Am 22. Mai 1781 schreibt Gerhard Anton Gramberg, Hof- und Garnisonsarzt in Oldenburg und selbst Schriftsteller, an Bürger: «Jezt sind Sie, wie ich aus Ihrer Ankündigung der Tausend und eine Nacht lese, mit Voß in Collision. Aber ich zweifle daß er sich, fortzuarbeiten, zurückhalten läst; denn ich habe bereits den ersten Band von Bremen geschickt erhalten; und die Warheit zu sagen, beyde Übersetzungen können ihr Glück machen. Dergleichen Bücher werden allgemein gelesen: Ihre Übersetzung von Gelehrten, Dichtern und Liebhabern der schönen Wissenschaften, die Vossische mehr von Frauenzimmern und Ungelehrten, Kaufleuten und Bürgern. Übrigens muß ich gestehen, daß ich dem HE. Cramer, dem Verleger der Vossischen Übersetzung, einem recht guten Mann, der ohne seine Schuld, durch unvorsichtigen Verlag eines ungeheuren Bremer Statutenbuchs, ganz zurückgekommen ist, und jezt anfängt sich wieder zu erhohlen, gern einen guten Vortheil durch seine Verlagsbücher gönne.»[91] Gewiß muß man in Rechnung stellen, daß dies eine appellative Äußerung ist, aber in ihr spiegelt sich eine Einschätzung des französischen Werks wider, die derjenigen Bürgers ähnelt. Man hat keinen Sinn mehr für den Erzählstil Gallands. Was sein Werk auszeichnete, wird ihm jetzt als Schwäche angerechnet, der man nur durch starke Eingriffe beikommen kann. Zu denen aber, so meint offenbar Gramberg mit Bürger, ist Voß nicht fähig – oder im Hinblick auf das Publikum, für das er übersetzt, nicht willens.

In Grambergs Äußerung wird aber noch etwas anderes hörbar. Man kennt diesen Ton von Voltaire. Georges May hätte schon bei der Lektüre der Vorrede zu «Zadig» aufmerksam werden müssen, aber er ist in seiner Verteidigung der Gallandschen Übersetzung so sehr auf die Vorstellung fixiert, die Bewertung von Büchern, ihre Anerkennung oder Mißachtung seien allein abhängig vom ästhetischen Urteil der in der literarischen Öffentlichkeit urteilenden Schriftsteller und Kritiker, daß er eine entscheidende Institution gar nicht erst in den Blick nimmt: das Publikum. Dächte er überhaupt in literatursoziologischen Kategorien, so hätte ihm eine von ihm selbst zitierte Äußerung Théophile Gautiers die Augen geöffnet. In seiner Erzählung «La mille et deuxième nuit» schreibt Gautier 1842: «Votre sultan Schahriar, ma pauvre Scheherazade, ressemble terriblement à notre public; si nous cessons un jour de l'amuser, il ne nous coupe pas la tête, il nous oublie, ce qui n'est guère

[91] Briefe von und an Gottfried August Bürger. Bd. 3, S. 37.

moins féroce.»[92] Daß schon die erste Ausgabe der Übersetzung Gallands Opfer einer verlegerischen Manipulation aus Gewinnstreben war, ist symptomatisch. Sehr bald bemächtigte sich dann ein literarischer «Massenmarkt» seines Werks und bildete sich möglicherweise auch dank seiner heraus. Es dürfte gerade dieser Erfolg gewesen sein, der Galland um seinen literarischen Ruf gebracht, ja, der verhindert hat, daß er ihn überhaupt errang. Die spöttische Bemerkung Voltaires über das weibliche Publikum von «Les mille et une nuit» hatte gewiß einen misogynen Zug, aber sie galt wohl, ebenso wie die abschätzige Notiz über den unterhaltenden Charakter des Werks, vor allem seinem Erfolg. Eine solche Verbreitung und Qualität, so muß man Oulougs Urteil lesen, schlossen einander aus.

«Les mille et une nuit» wird zu dem Zeitpunkt, da Voß das Werk verdeutscht, in Frankreich längst als Sammlung von Feenmärchen gelesen, wenn es auch erst 1785/86 Aufnahme findet in das «Cabinet des Fées».[93] Christoph Martin Wieland beschreibt in der Vorrede zu «Dschinnistan» die Flut von Märchensammlungen, die den Markt in Frankreich und bald auch in anderen Ländern Europas überschwemmte: «Seitdem *Galland* mit den berühmten *Arabischen Mährchen*, und die *Gräfin d'Aulnoy* mit ihren *Feen-Mährchen* den allgemeinen Geschmack der lesenden Welt für diese Art von Gemüths-Ergötzung, so zu sagen ausfindig gemacht haben, war nichts natürlicher, als daß nun eine Menge Arbeiter mit mehr oder weniger Wiz, Geschmak, Menschen- und Sitten-Kenntnis, und Geschiklichkeit in der Kunst des Vortrags, oder auch manche mit gar nichts von allem diesem, ein so ſruchtbares Feld der schönen Litteratur in die Wette anbauten; und daß dieser Wetteifer nach und nach Mährchen von allen möglichen Gattungen in unendlicher Menge hervorbrachte.»[94]

In Deutschland wurden diese Märchen mit einiger Verspätung aufgenommen und hatten eine viel kürzere Blütezeit als in Frankreich. «Die sechziger Jahre des 18. Jahrhunderts stellen zugleich Beginn, und, in gewisser Weise, Höhepunkt der Rezeption dar.»[95] Von 1761 bis 1765 erscheint bei Raspe in Nürnberg das von Friedrich Immanuel Bierling herausgegebene «Cabinet der Feen» in neun Bänden.[96] Als Friedrich Johann Justin Bertuch von 1790 bis 1796 die «Blaue Bibliothek aller Nationen» herausgibt, veröf-

[92] Georges May, S. 143. («Euer Sultan Schahriar, meine liebe Scheherazade, gleicht schrecklich unserem Publikum; wenn wir es eines Tages nicht mehr unterhalten, so schlägt es uns nicht den Kopf ab, es vergißt uns, was kaum weniger grausam ist.»)

[93] Vgl. Victor Chauvin, S. 28.

[94] Christoph Martin Wieland: Dschinnistan, S. 7.

[95] Heinz Hillmann, S. 244.

[96] Apel/Miller, S. 33.

fentlicht er im 5. bis 8. Band (1790/91) zwar nicht die «sogenannte *Tausend und eine Nacht*, davon wenigstens die erste Hälfte schon ganz Europa kennt», sondern deren «ächte Ergänzung», nämlich die 1788/89 in Genf erschienene Ausgabe von Chavis und Cazotte,[97] aber die Absicht ist offensichtlich, Feenmärchen und «Tausend und eine Nacht» zusammenzuführen und damit den Publikumsgeschmack auszunutzen.

Aber schon Cramer setzte offensichtlich darauf, daß sich mit der Übersetzung von Feenmärchen Geschäfte machen ließen, und er konnte dabei auf einen neuen Markt rechnen. Die Zahl der Lesegesellschaften und vor allem der Leihbibliotheken war seit 1770 mächtig angestiegen.[98] Deren Leser verlangten offenbar vor allem Unterhaltungsliteratur, und es scheint so, als habe sich damals auch in Deutschland das Phänomen der literarischen Mode wenn nicht herausgebildet, so doch kräftig entwickelt. Das Kalkül Cramers scheint denn auch zumindest teilweise aufgegangen zu sein: Der Rezensent der Voß'schen Übersetzung vermerkte 1786 beifällig: «Über den Werth derselben haben wir, bey der Anzeige der vorhergehenden Theile, unsere Meynung gesagt, sie lautete ungefähr dahin, daß im Ganzen genommen, die Leser mit dieser Dollmetschung, die ohne Prätension einhertritt, zufrieden seyn können, und daß sie es auch wirklich sind, beweiset nun der gute Vertrieb dieses Buchs, das in allen Lesebibliotheken klassisch ist.»[99]

Der Ausdruck «klassisch» könnte einen Augenblick lang den Eindruck erwecken, die Aufnahme eines Werks in den Bestand einer Leihbibliothek sei gleichsam als dessen Nobilitierung verstanden worden. Zwar muß nicht unbedingt das Gegenteil der Fall gewesen sein – es gibt Beispiele für sehr anspruchsvolle Bibliotheken[100] –, aber im Ganzen ist festzustellen, daß die Aufklärer den Zusammenhang von Bibliotheksgründungen und erfolgreichem Absatz zunehmend mit Mißtrauen sahen, weil die neuen Leserschichten, die über die Leihbibliotheken ihr Lesebedürfnis stillten, sich ihrem Erziehungswillen zumeist nicht unterwarfen, vielmehr Unterhaltung statt Belehrung

---

[97] Friedrich Johann Justin Bertuch. Bd. 5, S. VII. Zitiert nach dem Exemplar der Sammlung von Maassen in der Universitätsbibliothek München. Jochen Dyck war so liebenswürdig, mir eine genaue Beschreibung der Bände 6–8 in der Landesbibliothek Oldenburg zu geben, die bestätigt, daß keine Texte aus dem Werk Gallands übernommen wurden. Zur Bibliographie s. Brüggemann, Nr. 102.

[98] Zu den Lesegesellschaften Marlies Prüsener; zu den Leihbibliotheken Alberto Martino; allgemein Reinhard Wittmann, Geschichte des deutschen Buchhandels.

[99] Allgemeine deutsche Bibliothek. 72. Bd., 2. Stück (vgl. Anm. 9), S. 392.

[100] Alberto Martino, S. 106–133.

suchten.[101] Ihr Mißfallen galt dann nicht nur der unkontrollierbaren Leselust, sondern auch den Büchern, an denen sie ihre Befriedigung fand.

Gallands Übersetzung, die «aristokratischen bis großbürgerlichen Vorstellungen des beginnenden 18. Jahrhunderts» entsprochen hatte,[102] war in Frankreich zur Lektüre für das große Publikum geworden. In Deutschland, wo es eine enge Verbindung von adligem und großbürgerlichem Publikum, wie Erich Auerbach sie in seinem Essay «La cour et la ville» beschrieben hat, zu dieser Zeit nicht gab, stellte man sich von vornherein auf eine andere Leserschaft ein, wenn man ein Werk wie «Les mille et une nuit» übersetzte. Voß übertrug, metaphorisch gesprochen, nicht das Werk, das, in rotes Maroquinleder gebunden, 1709 der Duchesse de Bourgogne überreicht wurde,[103] nicht den Text, den der Abbé Bignon bei Kerzenlicht auf dem Rückweg von Versailles in der Kutsche las.[104]

Voß selbst macht zwar, sieht man von der Aufnahme des Textes aus der «Bibliothèque des romans» in seine Übersetzung ab, keine Zugeständnisse an den – zu vermutenden – Wunsch des Verlegers, die Erfolge der Feenmärchen für die deutsche Ausgabe von «Les mille et une nuit» zu nutzen. Aber der launige Ton, den er in seiner Ankündigung anschlägt, und die kulinarischen Metaphern, die er darin verwendet, bringen nicht gerade eine Distanzierung von solchen Verlegerstrategien zum Ausdruck:

«Ich habe manchmal, nicht ohne Rührung, dem Durste meiner lieben Landsleute nach Romanen und Histörchen zugesehn. Gleich den Belagerten, denen der Feind die Wasserröhren verstopft hat, lechzen sie mit heissem Munde, und schütten alles hinunter, wenns nur naß ist. Ich kanns also nicht leiden, daß man über die Herren Verleger, Uebersetzer und Bücherschreiber spöttelt, die aus wahrer Menschenliebe ihre Keller und Vorrathskammern aufschliessen, und, was da ist, ihrem armen Nächsten, für eine billige Vergütung, freundlich mittheilen. Man sagt, der eine zapfe verrochenen Franzwein, der andere saures englisches Bier, dieser einheimischen Kretzer, jener schaligen Kofent, oder ein dickes süßliches Gesöff, das mit Empfindsamkeit, Zoten, Afterlaune, Scheniewesen, und andern berauschenden Siebensachen abgezogen sey, und mancher schöpfe sogar, ich weiß nicht woraus. Das mag alles seyn; es kühlt doch die Zunge, und ein Schelm giebts besser, als ers hat. Bey dem Scharfsinn unserer Uebersetzer, und bey ihrer rühmlichen Aufmerksamkeit auf alles, was zum Vergnügen und zum Unterricht der Teut-

[101] Sprechende Zeugnisse bei Alberto Martino, S. 14-29 und bei Rudolf Schenda, bes. S. 50–66.

[102] Wiebke Walther: Tausendundeine Nacht, S. 38.

[103] H. Omont (Hrsg.), S. 111.

[104] Ebd., S. 64.

schen auch nur das geringste beytragen kann, scheint es würklich etwas sonderbar, daß man ein Buch, welches viel Vergnügen und Unterricht gewährt, so lange hat ruhen lassen.»[105]

Anspruchsvolle Leser goutierten die Feenmärchen zu diesem Zeitpunkt vermutlich nur noch dann, wenn sie, wie in den Erzählungen Hamiltons, Voltaires, Crébillons oder wie in Wielands «Don Sylvio», auf geistreiche Weise parodiert wurden. Und diesen Forderungen genügte «Tausend und eine Nacht» nicht mehr. Bereits in einem Brief des Jahres 1769 an Rijklof Michaël van Goens spricht Wieland vom «gout presque universel que même les personnes raisonnables et éclairées ont pour les ouvrages de Féerie, p. e. pour les Mille et une Nuits etc., et de la mauvaise honte qui fait que presque tout le monde rougit d'avouer ce même gout».[106] Das erinnert an die Verlegenheit, mit der noch vor einigen Jahren «gebildete» Leser die Lektüre von Kriminalromanen eingestanden. Gottfried August Bürger Bemerkung in einem Brief vom 13. August 1781 an Vossens Schwager Heinrich Christian Boie muß man – wie vieles bei ihm – nicht wörtlich nehmen, aber mit seiner Geringschätzung von «Tausend und eine Nacht» als einem Märchenbuch brachte er sicher eine weit verbreitete Ansicht über dieses Werk zum Ausdruck. Er würde sich, so schreibt er, «weder mit dem Musenalmanach, noch den alber-

---

[105] Voß: Ankündigungen, S. 301 (s. Anhang). Ich gebe hier einige Worterklärungen: verrochenen: verrauchten, der seine Kraft und seinen Geruch verloren hat; schaligen: schalen; Kofent: Dünnbier. – Auf diesen Abschnitt bezog sich wohl Wielands Bemerkung in einem Brief an Voß vom 28. Dezember 1781: «In der Wahl der Ausdrücke [einer Kritik an Voß] hätte ich behutsamer seyn sollen, das seh' ich jetzt wohl; aber damahls, da ich selbst noch von Unwillen *über die Art*, wie Sie Ihre arabischen Märchen *dem Publicum angekündigt* hatten, warm war, dachte ich nicht daran, daß gerade die, welche der Empfindlichkeit anderer Leute am wenigsten schonen, selbst am wenigsten leiden können, wenn man ein wenig hart an sie anstößt.» (Wieland: Briefwechsel. Bd. 7/1, S. 411) Wieland hatte seinen Versepen «Ein Wintermährchen» (1776) und «Schah Lolo» (1778) Erzählungen aus «Tausend und eine Nacht» zugrunde gelegt und fühlte sich offenbar durch die herabsetzenden Worte Vossens getroffen (vgl. den Kommentar von Waltraud Hagen in Bd. 7/2, S. 409).

[106] Christoph Martin Wieland: Briefwechsel. Bd. 4, S. 20. (Er spricht von dem «beinahe überall verbreiteteten Gefallen, das selbst die Vernünftigen und Aufgeklärten an den Darstellungen des Feenwesens, beispielsweise an den ‹Tausend und eine Nacht› usw., finden, und von dem Schamgefühl, das beinahe jedermann bei dem Eingeständnis dieses Gefallens erröten läßt».) In der Vorrede zu «Dschinnistan» weist Wieland zwar solche Empfindungen als unangemessen zurück, allein, daß ihm das als nötig erscheint, sagt etwas über den Ruf der Feenmärchen: «Es wäre eine sehr unnöthige Schamhaftigkeit, geneigte Leserinnen und Leser, wenn wir uns der Liebhaberey zu Geister- und Feen-Mährchen schämen wollten, da sie etwas so allgemeines unter den Menschen ist, daß die Wenigen, die man (wenn sie wollen) für Ausnahmen gelten lassen kann, eben so selten sind als die Personen, die keine Rose riechen können, ohne in Unmacht zu fallen, oder keine Sakpfeiffe hören, ohne Wasser zu machen.» (Ders.: Dschinnistan, S. 5)

nen arabischen Märchen abgeben, wenn es nicht um der LeibesNahrung und Notdurft willen geschähe».[107]

3. Vossens Übersetzung – eine «belle infidèle»?

Damit könnte das intellektuelle Klima bezeichnet sein, in dem Voß seine Übersetzungsarbeit unternahm. Seine Ankündigung deutet darauf hin, daß er sich auf dieses Klima einstellte. Aber darf man sich mit dieser Feststellung zufrieden geben? Ist wirklich vorstellbar, daß jemand, der im Umgang mit Texten der griechisch-römischen Antike ein strenges Übersetzer-Ethos entwickelt hatte, die dabei entwickelten Regeln in den Wind schlug, sobald er sich mit «modernen» Werken befaßte? Und wenn er das tatsächlich tun zu können glaubte – ist nicht denkbar, daß die Faszination durch den Gallandschen Text ihm gelegentlich eine größere Leistung abnötigte, als der Verlegerauftrag und seine eigene Vorstellung vom Zweck der Arbeit es verlangten?

Schließlich sollte man nicht allzu schnell von einer freien Übersetzung auf eine herablassende Haltung gegenüber dem Original und auf eine Geringschätzung der Übersetzungsaufgabe schließen. Es gibt, wie Astrid Seele betont hat, im 18. Jahrhundert nicht nur das Ideal der genauen Übersetzung, das sich vor allem bei der Übertragung von Werken der klassischen Antike herausgebildet hat, sondern auch die aus Frankreich übernommene Vorstellung von der Übersetzung «als einer ‹belle infidèle›, einer schönen Ungetreuen, die sich nicht durch sklavische Worttreue, wohl aber durch attraktive Lesbarkeit» auszeichnet.[108] «Dieses Übersetzungsideal bleibt in Frankreich lange Zeit dominant und ist in Deutschland hauptsächlich durch Christoph Martin Wieland vertreten, in dessen Übersetzungen sich die ästhetischen

[107] Briefe von und an Gottfried August Bürger. Bd. 3, S. 53.

[108] Astrid Seele, S. 15. Ich zitiere diese bei Manfred Fuhrmann und Ulrich Gaier entstandene, unveröffentlichte Magisterarbeit mit freundlicher Genehmigung der Verfasserin. Zu den «belles infidèles» vgl. vor allem die Arbeit von Roger Zuber. – Muhsin Mahdi stellt Gallands Übersetzung ausdrücklich in die Tradition der «belles infidèles» und stützt sich dabei auf Äußerungen des Übersetzers, die eine solche Zuordnung nahelegen könnten (Ders.: The Thousand and One Nights, S. 34ff.). Indessen: Einer der Gegner diese Übersetzungskonzepts war der von Galland verehrte Ménage (Zuber, S. 194ff.). Ob Galland sich wirklich als Urheber einer «schönen Ungetreuen» verstanden hat, erscheint mir daher als zweifelhaft – was an seiner Praxis freien Übersetzens nichts ändert. – Die Frage ist im übrigen, ob das Konzept der «belles infidèles» in Frankreich überhaupt jemals auf nachantike Texte angewandt worden ist. Das muß nicht ausschließen, daß Wieland genau das bewußt getan hat.

Zielsetzungen der französischen Rokokotradition mit dem Verständlichkeitsideal der deutschen Aufklärung zu geglückter Synthese verbanden.»[109]

Wieland stehe innerhalb des deutschen Sprachraums «mit seiner Übersetzungsmanier ziemlich allein da»,[110] schreibt Astrid Seele. Aber wäre nicht denkbar, daß Voß, ermutigt durch die Lektüre von Wielands Versepen, die auf Passagen von «Les mille et une nuit» zurückgingen,[111] und angeregt durch den Zauber des Gallandschen Erzählens, sich das Programm der «belles infidèles» zueigen gemacht hat?

Daß seine Distanz zu den Gallandschen Erzählungen nicht so groß war, wie die Ankündigung suggeriert, belegen die beiden brieflichen Äußerungen, die seine Freude an der Übersetzungsarbeit bezeugen. An Goeckingk schreibt er am 26. Februar 1781: «Es geht mir ziemlich schnell von der Hand, denn ich arbeit mit Lust.»[112] Und am 25. März 1782 heißt es in einem Brief an denselben Empfänger: «In meinem Fieber habe ich nichts anders thun können, als übersezen. Es war eine Wohlthat für mich, daß ich die 1001 Nacht hatte; sonst hätte mich Langeweile und Leerheit vollends aufgerieben.»[113] Wie ein Echo auf solche Äußerungen klingt eine Stelle in einem Brief Friedrich Leopold von Stolbergs vom 6. März 1781 an Voß: «Glück zur 1001 Nacht. Ich liebe sie sehr, es ist ein Reichthum der Phantasie drinnen den ich bewundere. Toby Mumssen sagt es sey ihm, wenn er sie gelesen habe, gewesen als ließ er sich durch ZauberGefilde in einem hohen Phaeton fahren.»[114] Fünf Jahre später, nachdem ihm Voß offenbar den fünften Band als Reiselektüre mitgegeben hat, schreibt er: «Im Fahren hat uns die Geschichte von der

---

[109] Ebd.

[110] Ebd.

[111] S. Anm. 105.

[112] Voß: Briefe an Goeckingk, S. 107.

[113] Ebd., S. 121. – Am 11. April 1781 schreibt Voß an Gleim: «... jetzt überseze ich auch für Cramer in Bremen die 1001 Nacht; u verdiene mit jedem Bogen einen blanken Luidor, u bin lustig u guter Dinge.» (Ich zitiere den Brief nach der Abschrift des Originals in der Handschriftensammlung der Schleswig-Holsteinischen Landesbibliothek, Cb 4. 77:11, die mir Frau Dr. Ute Pott freundlicherweise hat zukommen lassen; vgl. Voß: Briefe. Bd. II, S. 271.) Dieser Brief mag eher Zufriedenheit mit dem Honorar zum Ausdruck bringen, aber vielleicht darf man aus ihm zugleich eine gewisse Freude an der Übersetzungsarbeit herauslesen.

[114] Briefe Friedrich Leopolds Grafen zu Stolberg, S. 70.

Wunderlampe sehr ergözt.»[115] Man darf annehmen, daß Stolberg damit ein Gespräch über das Vergnügen an diesem Werk fortsetzt.[116]

Wenn Georg Christoph Lichtenberg in einem Brief an Gottfried August Bürger auf ähnliche Weise seine Bewunderung für «Tausend und eine Nacht» ausdrückt, so belegt das, welche Wirkung das Werk auf viele Zeitgenossen immer noch hatte: «Sie machen gewiß Ihr Glück, so bald sie nur diesen Zweck recht in's Auge fassen, und nun mit unverwandtem Blick immer gerade darauf zugehen, und sollten auch, wie in der herrlichen Erzählung in ‹Tausend und eine Nacht›, tausend Stimmen hinter Ihnen drein belfern, und ... Nun Adieu!» Ähnlich begeistert äußert sich Johann Gottfried Herder in den «Adrastea»: «*Gallands* tausend und Eine Nacht hat mehr als tausend und Einen Menschen vergnügt, vielleicht auch mehr als hundert und Ein artiges Märchen oder andre sinnreiche Dichtung ans Licht gefördert.»[117]

Es gibt überdies noch eine andere Rezeption der «Mille et une nuit». Sie gründet sich weniger auf deren literarische Qualitäten als auf ihren Beitrag zur Anthropologie oder – um es mit einem Begriff jener Zeit zu sagen – der Moral als einer Wissenschaft vom Verhalten des Menschen.[118] Montesquieu schreibt zwischen 1748 und 1755 in einer seiner letzten «Pensées»: «Il paraît visible par les *Mille et Une Nuits* (tome IV, *Histoire de Ganem, fils d'Abou-Ajoub, surnommé ‹l'Esclave de l'Amour›*, page 364) qu'en Orient la jalousie est peu offensée de ce qu'une femme aimerait quelqu'un qu'elle aurait vu, et qu'elle n'est offensée que de l'insulte que ferait un homme en jouissant de la femme ou de la maîtresse d'un autre. Ici Tourmente se contente de justifier Ganem, qui l'avait respectée et avait dit que ce qui est au maître est sacré pour l'esclave. Après quoi, sans que le calife le lui demande, elle lui dit qu'elle avait conçu de l'amour pour Ganem, ce que le calife ne désapprouve pas, et pardonne à Ganem, et dit à Tourmente qu'il veut le lui faire épouser.»[119] Mon-

---

[115] Ebd. S. 144 (9. Febr. 1786). Das bezieht sich auf die «Geschichte des Aladdin, oder die Wunderlampe», bei Voß: Bd. V, 1783, S. 131–294.

[116] Vossens Briefe an Stolberg sind leider bis auf neun verloren gegangen. In den erhalten gebliebenen Briefen ist von «Tausend und eine Nacht» nicht die Rede (vgl. Jürgen Behrens).

[117] Georg Christoph Lichtenberg: Briefwechsel. Bd. II, S. 856. Die Bemerkung bezieht sich auf die letzte Geschichte: «Histoire des deux sœurs» (bei Voß: «Die drei ausgesezten Königskinder», Band VI, 1785, S. 256-331). – Johann Gottfried Herder: Werke. Bd. 10, S. 47

[118] Der Artikel «Morale» der «Encyclopédie» definiert diese als «science des mœurs» (Bd. 22, S. 234).

[119] Montesquieu: Pensées, Le Spicilège, S. 653 (Nr. 2248), in der Ausgabe der Bibliothèque de la Pléiade Nr. 1089. («Es scheint nach den ‹Tausend und eine Nacht› [Band IV, Geschichte Ganems, des Sohns von Abou-Ajoub, genannt ‹der Sklave der Liebe›, Seite 364]

tesquieu liest das Werk als eine verläßliche anthropologische Quelle. Aus dem gleichen Geist verfaßt Georg Christoph Lichtenberg in den Jahren 1775/76 in seinem «Sudelbuch» eine Notiz über den Umgang mit «den Alten». Erst wenn man «bekannter mit der Welt geworden» sei, könne man – und das richtet sich auch gegen den Schulkanon oder doch gegen die Rezeption der Antike in der Schule – die bedeutenden von den unbedeutenden Autoren unterscheiden. Dann freilich zeige sich: «Kein Buch kann auf die Nachwelt gehen, das nicht die Untersuchung des vernünftigen und erfahrnen Weltkenners aushält [...]» Der Eintrag schließt mit dem Satz: «In der Tausend und einen Nacht ist mehr gesunde Vernunft als viele von den Leuten glauben, die Arabisch lernen, sonst hätten wir vermutlich schon Übersetzungen von den übrigen Bänden.»[120] Hier wird nun tatsächlich, wie Katharina Mommsen es formuliert hat, «der ‹Orient› ein ganzes Stück weit in die Nähe der ‹Antike›» gerückt, weil Lichtenberg in den großen Werken der griechischen und römischen Autoren wie in dem der arabischen Erzählliteratur «die Sprache der Natur schon in eine menschliche übersetzt»[121] erkennt. Ähnlich liest Edward Gibbon «Tausend und eine Nacht» als Dokument einer vorbildlichen Erkundung des Menschen und seiner Natur: In seiner Autobiographie schreibt er: «Before I left Kingston school, I was well acquainted with Pope's Homer, and the Arabian Nights-entertainments, two books which will always please by the moving picture of human manners and specious miracles.» Dieser Passus wurde um 1792/93 geschrieben.[122] Noch der alte Herder äußert sich ähnlich in einem Text, den wir erst aus der Nachlaßveröffentlichung kennen: «Die vielen und angenehmen Reisebeschreibungen nach Orient, die unter Ludwig 14. erschienen waren, *d'Arvieux*, *Chardins*, *Tourneforts*, *Taver-*

---

deutlich zu sein, daß im Orient die Eifersucht wenig berührt wird etwa dadurch, daß eine Frau einen Mann liebt, den sie gesehen hat, daß sie vielmehr nur durch den Schimpf erregt wird, den ein Mann einem anderen durch den Liebesgenuß mit seiner Frau oder seiner Geliebten zufügt. Hier begnügt sich Tourmente damit, Ganem zu rechtfertigen, der ihr Achtung erwiesen und ihr gesagt hatte, daß dem Sklaven heilig sei, was dem Herrn gehöre. Woraufhin sie, ohne daß der Kalif sie danach gefragt hätte, ihm sagt, daß sie für Ganem Liebe empfunden habe; der Kalif mißbilligt das nicht und begnadigt Ganem und sagt Tourmante, daß er ihn mit ihr verheiraten will.»)

[120] Georg Christoph Lichtenberg: Schriften und Briefe. Bd. I, S. 403–405 (E 257). Der Herausgeber Wolfgang Promies bezieht diese Notiz auf eine spätere Ausgabe der zuerst 1710-1735 vollständig erschienenen Übersetzung, der Satz kann jedoch nur den zuerst 1706 veröffentlichten Einzelband meinen. (Schriften und Briefe. Kommentar zu Band I und Band II, S. 357; vgl. dazu Anm 29, 30 mit dem dazugehörenden Text.)

[121] Ebd., S. 403.

[122] Edward Gibbon: Memoirs of my Life, S. 36. Zur Datierung S. 13 (Vorwort der Herausgeberin). Irwin, S. 334 zitiert diese Äußerung ohne Quellenangabe und unterdrückt den Hinweis auf Popes Homerübersetzung.

nier, *Thevenots* u.f. *Herbelots* Bibliothek, *Gallands* tausend und Eine Nacht hatten die Europäer mit asiatischen Sitten so bekannt gemacht, daß der Orient ihnen näher gebracht schien.» Über ein halbes Jahrhundert hinweg reichen also die Zeugnisse, die eine bewundernde Rezeption von «Tausend und eine Nacht» als einem Beitrag zur Menschenkenntnis belegen. Ja, wenn Ernst Robert Curtius in den späten vierziger Jahren des 20. Jahrhunderts von «Tausend und eine Nacht» unter Anspielung auf Balzac als «jener Menschlichen Komödie des Orients» spricht, dann klingt noch etwas von dieser Einschätzung an.[123]

Voß wird keine dieser Äußerungen gekannt haben, aber warum sollte er blind geblieben sein für die in ihnen benannten Qualitäten und für den Glanz des Gallandschen Werks? Daher ist es vielleicht angebracht, nicht eine einzige Übersetzerhaltung zu unterstellen, vielmehr von Spannungen auszugehen, die dann auch ihren Niederschlag in dem deutschen Text gefunden haben könnten. Überhaupt könnte es angebracht sein, zumal bei einem Werk wie diesem, das hermeneutische Postulat der inneren Einheit des Kunstwerks aufzugeben.[124]

---

[123] Johann Gottfried Herder: Werke. Bd. 10, S. 856; Ernst Robert Curtius, S. 7. – Daß man «Tausend und eine Nacht» als sozial- und mentalitätsgeschichtliche Quelle lesen kann, hat Robert Irwin eindrucksvoll in mehreren Kapiteln seines Buches gezeigt. Vgl. an älteren Arbeiten O. Rescher und Nikita Elisséeff, neuerdings Patrice Coussonnet, der das am Beispiel einer bei Galland allerdings nicht vorkommenden Geschichte demonstriert. Weitere Literatur bei Wiebke Walther: Tausendundeine Nacht, S. 170.

[124] Vgl. dazu Anm. 128.

IV. Die Übersetzung

Die folgenden Abschnitte sind ein Versuch, unter solchen Prämissen die Voß'sche Übersetzung mit dem Original zu vergleichen. Es gibt ihn bisher nicht einmal in Ansätzen. Das Ziel ist nicht eine erschöpfende Analyse, sondern ein Vergleich, der einige Bearbeitungstendenzen der Voß'schen Übertragung sichtbar werden läßt. Denkbar wäre eine Orientierung an der Translationskritik gewesen, so wie sie Hans-Diether Grohmann seiner Arbeit über Claudius als Übersetzer zugrunde gelegt hat.[125] Indessen scheint sie eher dann hilfreich zu sein, wenn eine Übersetzung mit dem Anspruch auf eine genaue Wiedergabe vorliegt, als dann, wenn sich der Übersetzer das Recht zu Veränderungen nimmt, ja sie scheint überhaupt keine Kriterien für die Beurteilung eines freien Umgangs mit dem Original entwickelt zu haben. In dieser Verengung wird möglicherweise eine gewisse Neigung sichtbar, die Interpretation abzuschütteln.[126] Wer sich mit Vossens Übersetzung des Gallandschen Werks befaßt, muß sich indessen auf Interpretationen einlassen.

1. Rahmen und poetologische Steuerung

«Tausend und eine Nacht» gilt als klassische Rahmenerzählung. Im folgenden wird unterschieden zwischen Rahmenhandlung und Rahmenaktion(en). Von einer Rahmenhandlung sei die Rede, wenn innerhalb des Rahmens selbst eine Ereignisfolge erzählt wird, von einer Rahmenaktion dann, wenn innerhalb des Rahmens eine Interaktion, sei sie sprachlich oder gestisch, zwischen Erzähler(in) und Zuhörer(n) stattfindet.

Mia I. Gerhardt hat darauf hingewiesen, daß es in dem Werk eine Rahmen*handlung* eigentlich nicht gebe.[127] Am Anfang steht die Erfahrung Schahriars und seines Bruders Schahzenan, daß ihre Frauen ihnen untreu sind, steht der Entschluß Schahriars, «um der Treulosigkeit seiner künftigen Gemahlinnen auszuweichen, [...] jede Nacht eine andre zu heiraten, und sie den folgenden Tag erdrosseln zu lassen» (I, S. 23). Die Tochter seines Wesirs, Scheherazade, beschließt, sich dem Sultan als Gemahlin zuführen zu lassen und durch den Zauber ihrer Erzählungen «den Lauf jener Tirannei zu hemmen,

[125] Hans-Diether Grohmann, bes. S. 116ff.

[126] Ich verwende damit einen Ausdruck von Manfred Frank, S. 38.

[127] Mia I. Gerhardt: The Art of Story-Telling, S. 398f.

welche der Sultan über die Familien dieser Stadt ausübt» (I, S. 25). Das gelingt ihr. Am Ende faßt der Sultan den «Entschluß, sein grausames Gesez zu widerrufen, und seine würdige Gemahlin zu begnadigen» (VI, S. 330). Das arabische Original deutet immerhin eine Handlung zwischen der Ausgangssituation und der Begnadigung an, wenn es zum Schluß mitteilt, Scheherazade sei inzwischen Mutter dreier Söhne geworden. Galland – und mit ihm Voß – haben dieses Handlungselement nicht.

Die Rahmen*aktionen* dagegen sind schon bei Galland lebhaft. Ihnen kommt vor allem die Aufgabe zu, die Erinnerung an die Todesdrohung, unter der Scheherazade steht, immer wieder zu erneuern, deutlich zu machen, daß eine Möglichkeit der Rahmenerzählung Realität werden könnte: Scheherazade hat, findet ihre Erzählung nicht den Beifall des Sultans, ihr Leben verwirkt. Es gibt nun bei Voß nicht einen Versuch, aus den Rahmenaktionen eine Rahmenhandlung zu machen, wohl aber werden die Aktionen bei ihm lebhafter. Davon wird noch die Rede sein. Hier geht es zunächst um ein anderes Merkmal des Rahmens: In jeder Rahmenerzählung ist eine Möglichkeit angelegt, von der Voß auch Gebrauch macht: die nämlich, explizit oder implizit ein poetologisches Programm zu entwerfen und damit die Einstellung des Lesers zu steuern.

Wenn man einmal davon absieht, daß Voß häufig das Wort «conte» durch «Mährchen» übersetzt, findet man bei ihm keinen weiteren Versuch, die Zuordnung der Erzählungen zur Gattung der Feenmärchen noch zu betonen. Eher ist bei ihm eine Neigung zur Variation der Bezeichnungen festzustellen, wie sie der französische Text nicht aufweist. Bei Galland ist meistens von «conte» und «histoire» die Rede, Voß dagegen verwendet «Mährchen», «Historie», «Geschichte», «Abentheuer», «Begebenheit», einmal sogar «Schnurre» und neigt überdies dazu, der Gattungsbezeichnung ein Adjektiv hinzuzufügen: «schöne», «anmutige», «rührende», «herrliche» Geschichte, «sonderbahre Begebenheit(en)», «unerhörte Abentheuer», «wunderbare Dinge». Diese Variation entspricht offenbar Vossens Bild von der Vielfalt der Stile und Themen des Werks, und diese Vielfalt begründet für ihn, so scheint es, auch dessen Anziehungskraft.

Aber der deutsche Übersetzer begnügt sich nicht mit Ausdrücken, die die Attraktivität der Erzählungen betonen. Häufiger als Galland erweitert er die Rahmenaktion durch Äußerungen über die Wirkung einzelner Geschichten auf einen oder beide Zuhörer – offenkundig in der Absicht, die Neugier des Lesers zu wecken und wachzuhalten.

«Dinarzade fut encore très diligente cette nuit. ‹Si vous ne dormez pas, ma sœur, dit-elle à la sultane, je vous prie de nous raconter ce qui se passa dans ce palais souterrain entre la dame et le prince. – Vous l'allez entendre, répondit Scheherazade, écoutez-moi.›» (I, S. 150) Voß übersetzt: «Dinarzade war auch diese Nacht eine fleissige Weckerin, so lebhaft wirkte in ihren Gedanken das Bild des prächtigen unterirdischen Pallastes, der schönen Dame und des holzhauenden Königssohns, | [...].» (I, S. 225)

Daß Voß einen Dialog der Rahmenaktion durch einen Bericht wiedergibt, ist selten, weitaus häufiger sind bei ihm Passagen, in denen die formelhafte Evokation der Erzählsituation in ein lebhaftes Gespräch umgewandelt wird: «Le jour suivant, Dinarzade appela la sultane. ‹Ma chère sœur, lui dit-elle, je vous prie de nous raconter de quelle manière le génie traita le prince. – Je vais satisfaire votre curiosité›, répondit Scheherazade.» (I, S. 154f.) Daraus wird bei Voß: «Dinarzade träumte die ganze Nacht von unterirdischen Schlössern und Genien, und erwartete mit Ungeduld die Stunde, da sie ihre Schwester wecken konnte. O liebe Schwester, rief sie, erzählt doch weiter! Was machte der Genius mit dem Prinzen? Das will ich euch sagen, sprach die Sultanin; hört zu.» (I, S. 234)

Voß kennt durchaus noch wirkungsvollere Formen der Erregung von Spannung. Galland leitet die 56. Nacht so ein: «Sur la fin de la nuit suivante, Dinarzade, impatiente de savoir quel serait le succès de la navigation de Zobéide, appela la sultane: ‹Ma chère sœur, lui dit-elle, si vous ne dormez pas, poursuivez, de grâce, l'histoire d'hier; dites-nous si le jeune prince et Zobéide arrivèrent heureusement à Bagdad. – Vous l'allez apprendre›, répondit Scheherazade.» (I, S. 213) Voß formt das so um: «Gegen das Ende der folgenden Nacht rief die ungeduldige Dinarzade der Sultanin: O liebe Schwester, erzählt doch weiter! ich kann das Ende kaum abwarten. Der junge Prinz ging mit Zobeiden zu Schiff; nicht wahr? Nun, kamen sie denn auch glücklich nach Bagdad? Ihr sollt es erfahren, antwortete Scheherazade; nur Geduld!» (I, S. 342) Daß Dinarzade das bereits Erzählte in der Form einer Frage rekapituliert, gibt ihren Worten etwas Drängendes, noch ehe sie das «Wie geht es weiter?» ausspricht.

Voß hätte die Möglichkeit, den Rahmen auch in den Dienst anderer Erzählabsichten[128] als der der Spannungserregung zu stellen. So könnte er den

---

[128] Wie schon der Begriff des «Kunstwollens» in der Definition Erwin Panofskys nicht auf Absichten eines realen Urhebers verweisen soll, verwende ich Begriffe wie «Erzählabsicht», «Erzählintention» als «Interpretationskonstrukt» (so Simone Winko, S. 40 in dem Sammelband von Jannidis/Lauer/Martinez/Winko). Ebensowenig meine ich mit «Autor» den empirischen Urheber des Werks, vielmehr verstehe ich darunter mit Karl Eibl einen «Kohärenzfaktor» (Ders.: Ebd., S. 47ff.). Wenn ich davon spreche (vgl. den Text zu Anm. 124), daß bei Voß die Vorstellung von der Einheit seiner Übersetzung vielleicht einzuschränken sei, also «Störungen» der «Kohärenz» vermute, dann deshalb, weil ich die Möglichkeit von Spannungen zwischen den Absichten des empirischen Autors und der «Intention» des textinternen Autors unterstelle.

(zu vermutenden) Wünschen des Verlegers folgen und das Märchenhafte der Erzählungen betonen – was nicht geschieht –, könnte sich aber ebensowohl davon absetzen – was er ebensowenig tut. Welche Erzählintentionen vor allem die späteren Teile seiner Übersetzung bestimmen, in denen nicht mehr Dinarzade die Drängende, Fragende, Kommentierende ist, in denen vielmehr – stärker als bei Galland – der Sultan das Erzählte beurteilt und das Weitererzählen vorantreibt, wird weiter unten analysiert werden. Gewiß ist, daß Voß mit einer solchen Veränderung der Sultansrolle tief in die Struktur des Werks eingreift, möglicherweise tiefer als mit allen anderen Veränderungen. Davon soll am Ende dieser Untersuchung die Rede sein. Hier geht es zunächst einmal um die Tendenzen der Bearbeitung, die in seiner Übersetzung der Erzählungen selbst sichtbar werden.

2. Die Übersetzung der Erzählungen

Vorbemerkungen

Voß macht nur wenige und kaum nennenswerte Fehler. So übersetzt er einmal «hôtel» mit «Gasthof», «pavillon» (Gartenhaus) mit «Zelt», «Barbe» (Berberpferd) mit «barbarisches Pferd».[129] Immer geht es dabei um Wörter, die Realien bezeichnen; ihre falsche Übersetzung beeinträchtigt das Verständnis des Textes kaum und und führt nicht zu tiefgreifenden Sinnveränderungen. Nur einmal scheint Voß einen Abschnitt – eine Schlüsselstelle im doppelten Sinne des Worts – nicht verstanden zu haben. Bei Galland spricht Ali Babas Bruder Cassim, der das Zauberwort «Sésame, ouvre-toi!» vergessen hat, die wirkungslose Zauberformel «Orge, ouvre-toi!» aus und ist damit, in die Räuberhöhle eingesperrt, dem Tod ausgeliefert. (III, S. 247) Voß gibt das Wortspiel (Sesam – Gerste) nicht wieder. Liest man jedoch seine Übersetzung, möchte man eher an eine bewußte Entscheidung gegen eine wörtliche Wiedergabe glauben: «Aber in dem Taumel seiner Entzückung hatte er das Wichtigste vergessen; Er [!] stand an der Thüre, und wußte nicht, was er sagen sollte. Sum – sum – sam, stotterte er nachdenkend; endlich glaubte ers gefunden zu haben, und rief: Simson, thue dich auf! Aber die Thüre blieb verschlossen.» (VI, S. 49) Auch die Abweichung bei der Beschreibung einer Prinzessin wird der Leser nicht aufs Voß'sche Fehlerkonto schreiben, vielmehr belustigt als Geschmacksäußerung lesen: «Elle a les cheveux d'un brun et d'une si grande longueur qu'ils lui descendent beaucoup plus bas que les

[129] Galland, I, S. 114; II, S. 288; III, S. 143 – Voß, I, S. 161; IV, S. 49; V, S. 245.

pieds [...].» (II, S. 155) – «Ihre langen goldenen Haare wallen in üppiger Fülle bis über ihre Fersen hinab [...].» (III, S. 214)

Wo Voß etwas wegläßt, deutet nichts darauf hin, daß er es nicht verstanden hätte oder einer Übersetzungsschwierigkeit aus dem Wege gegangen wäre. Denn diejenigen Passagen, die ganz nahe am Original bleiben, verraten eine vortreffliche Kenntnis des Französischen und darüber hinaus eine Fähigkeit zur genauen und ausdrucksvollen Wiedergabe des Originals, hinter der diejenige Habichts und seiner Mitarbeiter zurückbleibt. Man braucht nur diese kleine Passage aus dem Anfang des Werks im Original und in den beiden Übersetzungen nebeneinanderzustellen:

«Le grand-vizir, qui, comme on l'a déjà dit, était malgré lui le ministre d'une si horrible injustice, avait deux filles, dont l'aînée s'appelait Scheherazade, et la cadette Dinarzade. Cette dernière ne manquait pas de mérite; mais l'autre avait un courage au-dessus de son sexe, de l'esprit infiniment, avec une pénétration admirable. Elle avait beaucoup de lecture et une mémoire si prodigieuse que rien ne lui était échappé de tout ce qu'elle avait lu. Elle s'était heureusement appliquée à la philosophie, à la médecine, à l'histoire et aux beaux-arts; et elle faisait des vers mieux que les poètes les plus célèbres de son temps. Outre cela, elle était pourvue d'une beauté excellente, et une vertu très solide couronnait toutes ces belles qualités.» (I, S. 35)

Voß: «Der Großvezier, der, wie wir schon gesagt haben, wider seinen Willen der Diener einer so schrecklichen Ungerechtigkeit war, hatte zwei Töchter, wovon die älteste Scheherazade, und die jüngste Dinarzade hieß. Dieser leztern fehlte es nicht an Verdiensten; aber jene hatte einen Mut, der über ihr Geschlecht ging, unendlich viel Wiz, und einen bewundernswürdigen Scharfsinn. Sie hatte eine grosse Belesenheit, und ein so erstaunliches Gedächtniß, daß sie nicht das geringste vergaß, was sie gelesen hatte. Sie hatte sich mit vielem Glücke auf die Filosofie, Medizin, Geschichte und schönen Wissenschaften gelegt; und machte beßre Verse, als die berühmtesten Dichter ihrer Zeit. Ueberdies besaß sie eine vollkommne Schönheit, und eine sehr strenge Tugend krönte ihre übrigen Vollkommenheiten.» (I, S. 25)

Habicht: «Der Groß-Wesyr, welcher, wie gesagt, wider seinen Willen der Vollstrecker einer so empörenden Ungerechtigkeit war, hatte zwei Töchter, von denen die ältere *Scheherasade* und die jüngere *Dinarsade* hieß. Diese letzte war nicht ohne Vorzüge; die erste aber besaß einen Muth über ihr Geschlecht hinaus, viel Geist und bewundernswürdigen Scharfsinn. Sie hatte dabei eine große Belesenheit und ein erstaunliches Gedächtniß, so daß nichts ihr entfiel von allem, was sie gelesen hatte. Mit Erfolg hatte sie sich der Weltweisheit, der Arzneikunde, der Geschichte und der schönen Künste beflissen; und sie machte bessere Verse als die berühmtesten Dichter ihrer Zeit.

Ueber dies alles war sie mit einer außerordentlichen Schönheit begabt; und eine festgegründete Tugend krönte alle ihre schönen Eigenschaften.» (I, S. 24) Habicht übersetzt genauer, aber umständlicher und ist nicht gefeit gegen den Gebrauch falscher sprachlicher Bilder: Die Wendung «eine *festgegründete* Tugend *krönte* [...] ihre [...] Eigenschaften» unterläuft Voß jedenfalls nicht.

Nicht selten zeigen gerade die Stellen, an denen Voß frei übersetzt, welch vortrefflicher Prosaschriftsteller er ist. In der letzten Erzählung des Werks gibt ein Springbrunnen dem Sultan Anlaß zur Bewunderung: «Quand le sultan fut arrivé au jet d'eau jaune, il eut longtemps les yeux attachés sur la gerbe, qui ne cessait de faire un effet merveilleux en s'élevant en l'air et en retombant dans le bassin.» (III, S. 429) Gäbe es Anthologien, die Poesie und Prosa vereinten, so hätte Vossens Übersetzung dieser Stelle ihren Platz neben den Brunnen-Gedichten Conrad Ferdinand Meyers und Rainer Maria Rilkes oder den Brunnenbeschreibungen Fritz Alexander Kauffmanns in seinem Buch «Roms ewiges Antlitz»: «Sie gingen hin, und der Sultan heftete staunend seinen Blick auf die Stralen des goldgelben Wassers, welche, wie eine Garbe vereinigt, in die Luft stiegen, und oben in die Ründe sich ausbreitend mit abgewandten Bogen in das marmorne Becken zurückfielen.» (VI, S. 323)

Während es in Vossens Briefen nur einen schwachen, im literarischen Werk überhaupt keinen Widerhall von «Tausend und eine Nacht» zu geben scheint, findet sich in seiner Übersetzung des Gallandschen Werks die eine oder andere Homer-Reminiszenz. Schon das französische Original verweist in einer Fußnote zu der «Geschichte von Sindbad dem Seemann» auf Homer, und Voß übersetzt sie auch: «Offenbar hat der arabische Verfasser dieses Mährchen aus Homers Odüssee genommen.» (II, S. 36)[130] Liest man diese Stelle geradezu als Lizenz für sprachliche Übernahmen aus Ilias und Odyssee, so wird man die Zahl der Anspielungen auf Homer und andere literarische Werke der Antike sehr gering finden. Nur wenige Situationen scheinen bei Voß Erinnerungen an Homer auszulösen, so etwa die des Festmahls: «Auch der Wein schmeckte ihm treflich; und in der That war es ein göttlicher Trank» («qui était en effet très délicieux»). – «Der Prinz lobte den reinen Wohlgeschmack jedes Gerichts, und bezeugte, daß die leckersten Zubereitungen der Menschen gegen diese Götterkost nur Abscheu erregten» («surpassaient toutes celles que l'on faisait parmi les hommes»).[131] Eine weitere Anspielung stellt sich ein bei der Beschreibung eines Wettkampfes dreier

---

[130] Vgl. Galland, I, S. 250. Zu einer gemeinsamen Quelle der Sindbadgeschichten und der Odyssee s. Uvo Hölscher, S. 112–115. Vgl. auch den Schlußabschnitt dieser Arbeit.

[131] Galland, III, S. 138, Voß, V, S. 238 bzw. Galland, III, S. 352, Voß, VI, S. 209.

Königssöhne, dessen Sieger eine Prinzesssin zur Gemahlin bekommt. Einer der beiden Verlierer berichtet: «Ich war schon über ein Meile gegangen, als ich mich besann, daß keiner von den berühmtesten Helden des Alterthums einen Pfeil so weit hätte schnellen können» («la force de pousser une flêche à une si longue distance qu'aucun de nos héros les plus anciens et les plus renommés par leur force n'avait jamais eue»).[132] Wie hier die Anspielung zustande kommt – das Possessivpronomen wird durch den bestimmten Artikel ersetzt –, das deutet eher auf einen unbewußten Mechanismus als auf eine bewußte Entscheidung des Übersetzers.

In keinem Fall erhalten die Homer-Reminszenzen eine über den jeweiligen Passus hinausweisende stilistische Funktion. Das ist anders bei den Anspielungen auf die Bibel. Es sind deren gleichfalls nur wenige, aber sie verdienen größere Aufmerksamkeit. Als in der «Geschichte des Kogia Hassan Alhabbal» der «Held» um sein Geld gebracht worden ist, tröstet er seine Frau mit diesen Worten: «Nous vivons pauvrement, lui dis-je, il est vrai; mais qu'ont les riches que nous n'ayons pas? Ne respirons-nous pas la même air? Ne jouissons-nous pas de la même lumière et de la même chaleur du soleil? Quelques commodités qu'ils ont plus que nous pourraient nous faire envier leur bonheur, s'ils ne mouraient pas comme nous mourons. A le bien prendre, munis de la crainte de Dieu, que nous devons avoir sur toutes choses, l'avantage qu'ils ont plus que nous est si peu considérable que nous ne devons pas nous y arrêter.» (III, S. 220)

Gewiß, auch Gallands Erzähler stellt fromme Betrachtungen an, aber bei Voß ist die Rede stärker von biblischem Vokabular und biblischer Sprechhaltung geprägt, läßt zum Beispiel die Bergpredigt (Math. 6, 25–34) deutlicher anklingen als der französische Text: «Trocknet die Thränen, liebe Frau, sprach ich zu ihr. Wir sind arm; aber was haben die Reichen doch im Grunde im voraus? Athmen wir nicht die selbige Luft? Erfreut uns nicht das selbige Licht, und der selbige Sonnenschein? Sie essen und trinken zwar besser; aber sie werden doch auch nur satt, und vielleicht mit Ueberdruß. Sie haben ein weicheres Lager, und schlafen vielleicht nicht einmal so ruhig, als wir. Und wie lange dauerts, so kommt der Tod, der uns alle gleich macht.» (VI, S. 4)

---

[132] Galland, III, S. 358; Voß, VI, S. 216.

«Réflexions morales» nennt der Sprecher bei Galland solche Betrachtungen.[133] Ist es ein Zufall, daß Galland damit den Ausdruck verwendet, den La Rochefoucauld allen anderen zur Bezeichnung seiner Aphorismen vorgezogen hat?[134] Galland ein Moralist? Es gibt viele gute Gründe, genau das zu behaupten.

Hugo Friedrich hat in seinem Montaigne-Buch einen knappen Abriß der Geschichte der Moralistik als einer Wissenschaft von den *mores* gegeben. Sie umfasse die «Gebräuche jeglicher Art, Lebensformen, Charaktere, Zeitverhältnisse, inneres Beschaffensein, Wesen, – beinahe alles, was sich, außerhalb des bloß Physischen, auf den Menschen bezieht».[135] Die moralistische Literatur beschränkt sich nicht auf die Form des Essays oder der Maxime. Es gibt auch ein moralistisches Erzählen. Mme de Lafayette, Freundin La Rochefoucaulds, gilt selbst denjenigen, die einem engen Begriff von Moralistik anhängen, als moralistische Erzählerin. Galland war ihr nicht nur durch seine Freunde Gilles Ménage, Jean Regnault de Segrais und Pierre Daniel Huet verbunden, Intellektuelle, die zu ihrem Kreis gehört hatten, vielmehr war sie offensichtlich auch sein literarisches Vorbild.[136] Er hatte darüber hinaus persönliche Beziehungen zu einem anderen moralistischen Prosaschriftsteller, Gabriel-Joseph de Guilleragues, Botschafter Frankreichs an der Hohen Pforte und Verfasser der «Lettres portugaises» (1669).[137]

Wie sie will Galland offensichtlich die menschlichen Verhaltensweisen darstellen. Dieter Steland hat zu Bedenken gegeben, daß ein solches Erzählen nicht schon moralistisch sei. Aber Gallands Werk erfüllt nun tatsächlich eine entscheidende Bedingung jeder moralistisch zu nennenden Erzählung: Wie La Rochefoucauld, wie Mme de Lafayette macht er die Grenzen «menschlicher Selbstverfügung» sichtbar.[138] «Autonomieskepsis» hat Jürgen von Sta-

---

[133] Galland, III, S. 220; Voß spricht von «moralischen Beobachtungen» (VI, S. 4). Es ist wenig wahrscheinlich, daß sich Galland – trotz seiner Sympathien für den Jansenismus – mit dem Begriff der «réflexions morales» auf das Werk des Jansenisten Pasquier Quesnel «Le Nouveau Testament en français, avec des Réflexions morales sur chaque verset» (1693/94) bezogen hat.

[134] Harald Wentzlaff-Eggebert, S. 126ff.

[135] Hugo Friedrich, S. 220, der Abriß auf den Seiten 220ff.

[136] Raymond Schwab, bes. S. 216ff.

[137] Jürgen von Stackelberg: Französische Moralistik, S. 145 nennt «Racine, Guilleragues und Mme de Lafayette die nächsten Geistesverwandten La Rochefoucaulds». Die Widmungsempfängerin der «Mille et une nuit» war die Tochter von de Guilleragues (vgl. Anm. 54).

[138] Dieter Steland, S. 59.

ckelberg die Einstellung genannt, die diesem Vorgang zugrunde liegt.[139] Auch wer nur die «Histoire de Sindbad» oder die «Histoire d'Aladdin» gelesen hat, weiß, daß das geradezu die Grundhaltung des Gallandschen Erzählens ist.

Über moralistische Erzählungen und moralistische Maximen hat Dieter Steland des weiteren bemerkt: «Gewiß äußert sich die geistige Verwandtschaft zwischen den Erzählungen der Mme de Lafayette und den Maximen La Rochefoucaulds aufs augenfälligste in solchen Stellen, deren erzählerisch ausgebreiteter Lebensstoff durch eine sentenzhafte Erzählereinschaltung in der Art einer La Rochefoucauldschen Maxime ergänzt wird oder die zumindest den Leser veranlassen, eine Einsicht zu gewinnen, die im Stile der ‹Maximes› formuliert werden könnte; aber der moralistische Gehalt der Lafayetteschen Erzählungen – wie anderer moralistischer Erzählungen auch – ist nicht auf solche Stellen beschränkt.»[140]

Daß indessen Galland auch die Form der knappen sentenzartigen Aufzeichnung gepflegt hat, ist bekannt. Gemeinsam mit Freunden veröffentlichte er 1693 Äußerungen seines Freundes Gilles Ménage unter dem Titel «Menagiana»[141] und sammelte die Aussprüche von Jean Regnault de Segrais, die dann nach seinem Tode im Jahre 1721 unter dem Titel «Segraisiana» herauskamen. Bedürfte es eines Belegs für die Verehrung, die man in diesem Kreis La Rochefoucauld entgegenbrachte, so hätte man ihn in dieser Bemerkung der «Segraisiana»: «Monsieur de la Rochefoucauld était l'homme le plus poli; qui savait garder toutes les bienséances, et surtout qui ne se louait jamais.» Das war ein Bekenntnis zu La Rochefoucauld als «vorbildlichem *honnête homme*».[142]

Diese Sammlungen Gallands enthielten eher Gespräche und Anekdoten, aber mit einem anderen Buch stellt er sich unzweifelhaft in die Tradition der

---

[139] Jürgen von Stackelberg: Französische Moralistik, S. 25ff.

[140] Dieter Steland, S. 59.

[141] Raymond Schwab hat den Einfluß Ménages auf Galland dargestellt und auch die Schreibung des Titels «Les mille et une nuit» ohne Plural-s darauf zurückgeführt. Einer der Aussprüche in den «Menagiana» lautet: «J'ai écrit en quelque endroit de mes ouvrages *vingt et un cheval*. Cette manière de parler a été condamnée par l'Académie française, et tous ceux qui vont à l'armée assurent que l'on dit *vingt et un chevaux*. Il faut céder à l'usage, mais il n'y a qu'en cette rencontre où l'on se serve du pluriel au lieu du singulier. C'est une bizarrerie de notre langue.» (Ebd., S. 230) («Ich habe irgendwo in meinen Werken geschrieben *vingt et un cheval*. Diese Sprechweise ist von der Académie française verurteilt worden, und wer immer zur Armee geht, versichert, man sage *vingt et un chevaux*. Man muß sich dem Sprachgebrauch anbequemen, aber nur bei dieser Verbindung bedient man sich des Plurals statt des Singulars. Das ist ein sonderbarer Zug unserer Sprache.»)

[142] Zitiert nach Oskar Roth, S. 7. («Herr de La Rochefoucauld war der allerhöflichste Mensch, der alle Formen des Anstands zu wahren wußte und der sich vor allem niemals selbst lobte.»)

moralistischen Aphoristik. Im Jahre 1693 veröffentlicht er «Les Paroles remarquables, les bons Mots, et les Maximes des Orientaux». Im «Avertissement» ordnet er diese Texte in eine Tradition ein, die mit zwei Ahnherren der Moralistik, Plutarch und Valerius Maximus, ihren Anfang genommen hatte. Wer die hier ohne Plan ausgewählten Texte aus dem zweiten Teil, den «Maximes», liest, wird feststellen, daß sie echte moralistische Sentenzen sind:

> «L'Envie n'a point de repos.» (S. 232)
> «Il n'y a point de maladies plus dangereuses que le defaut de bon sens.» (S. 233)
> «L'esprit se connoît dans la conversation.» (S. 246)
> «La mauvaise conduite doit se considerer comme un pécipice d'où il est difficile de se tirer.» (S. 248)
> «Les plaintes sont les armes des foibles.» (S. 249)
> «Le principal point pour acquerir da la reputation consiste à bien peser & bien regler ses mots.» (S. 255)
> «Le même qui vous flatte, vous deteste dans l'ame.» (S. 259)
> «Rien n'est plus difficile que de se connoître soi-même.» (S. 266)[143]

Wie sehr er die Gattung schätzte, belegt auch sein jüngst aus dem Nachlaß ediertes Buch «Le voyage à Smyrne» aus dem Jahre 1678. Es enthält einen Anhang «Aphorismes ou les mœurs des Turcs comparés à celles des Français» mit insgesamt 166 knappen anthropologisch-moralistischen Sentenzen.[144]

Aber selbst in «Les mille et une nuit» fehlen solche Sentenzen nicht. Auch wenn man nicht allen den Charakter moralistischer Maximen zuerkennen wird, hat man doch den Eindruck, sie ließen sich ohne große Mühe entsprechend umformen. Bei Voß wäre das nicht immer möglich, denn bei ihm gibt es zwei Typen der knappen Aussage über die *condition humaine*, deren einer nicht in der Tradition der Moralistik steht. Von diesem Typ soll zunächst die Rede sein.

Wo es in solchen Reflexionen um die Fehlbarkeit des Menschen, um seine Sterblichkeit und um die Notwendigkeit geht, sich in das Schicksal zu fü-

---

[143] Die Traditionsberufung in Galland: Les Paroles remarquables, S. 3v-4v bzw. 8f–8v. («Der Neid hat keine Ruhe. – Es gibt keine gefährlicheren Krankheiten als den Mangel an gesundem Menschenverstand. – Den Geist erkennt man im Gespräch. – Schlechtes Betragen muß man als einen Abgrund sehen, aus dem man nur schwer herauskommt. – Die Klagen sind die Waffen der Schwachen. – Der wichtigste Schritt, Ansehen zu erwerben, besteht darin, daß man seine Worte wohl wägt und gut führt. – Eben der, der Dir schmeichelt, verachtet Dich im Innern seiner Seele. – Nichts ist schwieriger, als sich selbst zu kennen.»)

[144] Galland: Le voyage à Smyrne, S. 187ff. In Gallands Nachlaß findet sich ferner ein Manuskript mit Worten der Kirchenväter.

gen, löst der Gallandsche Text bei Voß offenbar die Neigung aus, Wörter und Wendungen der christlichen religiösen Sprache zu verwenden. In der «Geschichte von Sindbad dem Seemann» ist der Held in einem Augenblick höchster Verzweiflung versucht, seinem Leben ein Ende zu machen: «[...] mais, comme il est doux de vivre le plus longtemps qu'on peut, je résistai à ce mouvement de désespoir, et me soumis à la volonté de Dieu qui dispose à son gré de nos vies.» (I, S. 252) Voß übersetzt: «Aber selbst im Elende ist das Leben noch süß; ich widerstand meiner Verzweifelung, und ergab mich in den Willen Gottes, der unsere Tage gezählt hat.» (II, S. 40) Nun nimmt auch Galland hier den Gestus religiösen Sprechens an, aber seine Aussage ist weniger formelhaft, wirkt viel stärker reflektiert; auch könnte man sie ohne Mühe in eine Sentenz aus dem Geist der Moralistik umformen. In der folgenden Passage wird ein theologischer Sinn bei ihm überhaupt nicht mehr erkennbar. In ihr knüpft der Erzähler an den Bericht über Aladdins Verlust der Wunderlampe diese Reflexion: «On dira que la précaution d'Aladdin était bonne, mais au moins qu'il aurait dû enfermer la lampe. Cela est vrai; mais on a fait de semblables fautes de tout temps, on en fait encore aujour'hui, et l'on ne cessera d'en faire.» (III, S. 146) Voß übersetzt: «Aladdins Vorsicht war gut, aber er hätte die Lampe doch wenigstens einschließen sollen. Sehr richtig. Allein wir finden auch hier bestätigt, was jener Weise sagt: Alle Söhne des Fleisches sind Narren, und selbst die klügsten sinds nur weniger.» (V, S. 251) Obwohl es keine Bibelstelle gibt, die der Übersetzer hier heranzieht, wird jeder Leser, zumindest der mit der Sprache der Lutherbibel vertraute, ein Bibelzitat annehmen, nicht zuletzt deshalb, weil der «Weise» ihn an die Sprüche Salomos und den Prediger Salomo erinnert.

Wie christlich die Maximen La Rochefoucaulds seien, ist eine Streitfrage, die immer wieder aufkommt. Aber es besteht doch Einigkeit darüber, daß ein «unmerkliches Hinausdrängen christlicher Diktion und theologischer Argumentation aus den Maximen» festzustellen ist.[145] Ob sich bei Galland die gleiche Tendenz auswirkt, könnte nur ein Vergleich seiner Übersetzung mit den arabischen Originaltexten zeigen. Es scheint so, daß er sich des religiösen Vokabulars vor allem dann bedient, wenn die Erzählung «von der Religion der Muselmänner»[146] und von der muslimischen Glaubenspraxis handelt. Voß zeigt keine Neigung, solche Passagen zu «christianisieren», und auch da, wo er sich in seiner Übersetzung zitierend auf Bibel oder Gesangbuch bezieht oder zu beziehen scheint, legt er kein wie immer verstecktes religiöses Be-

[145] Gerhard Hess, S. 98. Vgl. auch Fritz Schalk, S. XV.
[146] Voß, III, S. 377.

kenntnis ab,[147] man wird sich den Vorgang vielmehr so zu erklären haben, daß Aussagen über die *condition humaine* ein bei ihm durch religiöse und sprachliche Erziehung entstandenes Sprachrepertoire aktivieren. Freilich würde diese Aktivierung wohl kaum stattfinden, wenn das religiöse, auf Bibel oder Gesangbuch zurückgreifende Sprechen nicht eine poetische Funktion hätte. Es ist bezeichnend, daß das Urteil über Aladdin im Schlußsatz sich der Form des Sprichworts annähert. Das (echte oder fingierte) Bibelzitat hat offenbar dieselbe Funktion wie das Sprichwort oder die sprichwörtliche Redensart. «Wie immer – so hier» ist ihre Botschaft auch dort, wo nicht explizit der Wiederholungscharakter der Handlung oder des Sachverhalts ausgesprochen wird.[148]

Trifft die Annahme zu, daß Voß, stärker als Galland, die Neigung hat, verallgemeinernden Aussagen den Status des zeitlos Gültigen zu verleihen – den die moralistische Maxime nur ihrer Form nach beansprucht –, so muß es bei ihm außer den Anspielungen auf die Bibel auch eine größere Zahl von Sprichwörtern geben als bei dem Franzosen. Das trifft nun in einem gewissen Maß zu. Von einem Sprichwort, das Voß erfindet, wird noch im Abschnitt über die Gedichte die Rede sein. Hier geht es um zwei weitere, wenn auch nicht ganz so eindeutige Fälle. Als der Held der «Geschichte von Nureddin Ali und der schönen Perserin» in tiefste Not geraten ist, macht sie, die Perserin, ihm den Vorschlag, sie als Sklavin zu verkaufen. Auf seinen Protest hin antwortet sie: «Pour détruire la raison que vous m'apportez, je n'ai qu'à vous faire souvenir que la nécessité n'a pas de loi.» (II, S. 277) «Aber Noth bricht Eisen, und ich kann es nicht ansehn, daß ihr im Elend verschmachtet!» (IV, S. 31) läßt Voß die schöne Perserin sagen. In derselben Geschichte hält der Hausverwalter, wenn auch resigniert, seinem Herrn Nureddin Ali die Verschwendungssucht vor: «Vous êtes le maître, Seigneur, reprenait le maître d'hôtel. Vous voudrez bien néanmoins que je vous fasse souvenir du proverbe qui dit que qui fait grande dépense et ne compte pas se trouve à la fin réduit à la mendicité sans s'en être aperçu.» (II, S. 272) Die deutsche Fassung lautet: «Ihr habt zu befehlen, mein Herr, antwortete der Schaffner; indeß erlaubt mir, euch an das Sprichwort zu erinnern: Man muß sich strecken nach seinen Decken. Wer sich weiter verthut, als sein Vermögen reicht, der kömmt, ehe er sichs versieht, an den Bettelstab.» (IV, S. 23) Gewiß, auch Galland zeigt in diesen Passagen eine Nähe zum Sprichwort, wenn er nicht gar eines erwähnt, aber er gibt dessen Inhalt nur indirekt wieder, während Voß seine Aussagen direkt in die Form des Sprichworts kleidet.

---

[147] Zu solchen Fragen Albrecht Schöne, S. 24.

[148] Vgl. dazu Harald Wentzlaff-Eggebert, S. 344.

Wo Galland unbestreitbar moralistische Sätze ausspricht, verhält Voß sich ganz anders. Einige der maximenähnlichen Bemerkungen Gallands übersetzt er überhaupt nicht, so z.B. diese: «Quelquefois, comme Votre Majesté ne l'ignore pas, et comme elle peut l'avoir expérimenté par elle-même, nous sommes dans des transports de joie si extraordinaires que nous communiquons d'abord cette passion à ceux qui nous approchent, ou que nous participons aisément à la leur. Quelquefois aussi nous sommes dans une mélancholie si profonde que nous sommes insupportables à nous-mêmes, et que, bien loin d'en pouvoir dire la cause, si on nous la demandait, nous ne pourrions la trouver nous-mêmes si nous la cherchions.» (III, S. 179)[149] «Je ne finirais pas si je rapportais à Votre Majesté tout ce que la douleur lui mit alors dans la bouche. Elle n'ignore pas combien les femmes sont éloquentes dans leurs afflictions.» (III, S. 219)[150] «L'amour est une passion qu'on n'abandonne pas quand on le veut: elle domine, elle maîtrise, et ne donne pas le temps à un véritable amant de faire usage de sa raison.» (III, S. 357)[151] Es ist wohl kein Zufall, daß die von Voß ausgelassenen «réflexions morales» Ausdruck der «Autonomieskepsis» sind.

Doch wie verhält er sich, wenn er solche moralistischen Aussagen tatsächlich übersetzt? Dazu einige Beispiele. Der Held der «Geschichte von Ganem, dem Sohn Abu Aibu, dem Sklaven der Liebe» wird Zeuge des Versuchs, die Favoritin des Kalifen lebendig zu begraben. «A la vue d'un si bel objet, non seulement la pitié et l'inclination naturelle à secourir les personnes qui sont en danger, mais même quelque chose de plus fort que Ganem alors ne pouvait pas bien démêler, le portèrent à donner à cette jeune beauté tout le secours qui dépendait de lui.» (II, S. 382) In der deutschen Fassung lautet die Stelle: «Das lebhafteste Mitleid, und ein dunkles noch stärkeres Gefühl, das er bloß für Menschlichkeit hielt, durchwallte sein Herz, und trieb ihn, alles mögliche zur Rettung dieser jungen Schönheit zu versuchen.» (IV, S. 209)

---

[149] Die Entsprechung müßte bei Voß, V, S. 295 stehen. («Manchmal, wie Eurer Majestät nicht unbekannt ist und wie sie es vielleicht selbst erfahren hat, haben wir so außerordentliche Freudenzustände, daß wir dieses Gefühl sogleich jenen mitteilen, die in unsere Nähe kommen, und daß wir leicht an den ihren teilnehmen. Manchmal aber sind wir auch in einem Gefühl so tiefer Schwermut befangen, das wir uns selbst nicht ertragen können und daß wir, unfähig, dafür den Grund anzugeben, wenn man uns danach fragte, ihn nicht fänden, wenn wir ihn suchten.»)

[150] Die Entsprechung müßte bei Voß, VI, S. 3 stehen. («Ich käme an kein Ende, wenn ich Eurer Majestät alles mitteilte, was ihr der Schmerz in diesem Augenblick in den Mund legte. Eure Majestät weiß, wie beredt die Frauen in ihren Kümmernissen sind.»)

[151] Die Entsprechung müßte bei Voß, VI, S. 216 stehen. («Die Liebe ist eine Leidenschaft, die man nicht aufgibt, wenn man will: Sie beherrscht, bemeistert und gibt einem nicht die Zeit, von seiner Vernunft Gebrauch zu machen.»)

Nach vielen Verfolgungen und Leiden werden Ganem und Tourmente schließlich durch die Gnade des Kalifen vereint. «‹Oui, mon cher Ganem, reprit Tourmente, je me suis justifiée dans l'esprit du Commandeur des croyants, qui, pour réparer le mal qu'il vous a fait souffrir, me donne à vous pour épouse.› Ces dernières paroles causèrent à Ganem une joie si vive qu'il ne put d'abord s'exprimer que par ce silence tendre si connu des amants.» (II, S. 418)[152] Voß schreibt: «Ja, mein beßter Ganem, antwortete Fetnab, ich habe mich bei dem Beherscher der Gläubigen gerechtfertigt, und um das Böse, das er auf euch gebracht hat, zu vergüten, schenkt er mich euch zur Gemahlin. Diese Worte überströmten Ganem mit so entzückender Freude, daß er sie lange sprachlos mit dem seelenvollen Blicke des Liebenden anstaunte.» (IV, S. 276)[153]

Galland macht Aussagen über die Menschennatur, die man ohne Schwierigkeiten in eine moralistische Maxime verwandeln könnte. Voß bietet eine Analyse der seelischen Vorgänge in einer bestimmten Figur in einem bestimmten Augenblick. Bei ihm blickt Ganem die Favoritin mit dem Blicke nicht *der*, sondern *des* Liebenden an. Das heißt nun freilich nicht, daß man den Moralisten psychologische Einsichten absprechen könnte. Zu Recht nennt Nietzsche La Rochefoucauld einen «Meister der Seelenprüfung» und verwendet mit Bezug auf die Analysen der Moralisten mehr als einmal den Ausdruck Psychologie.[154] Indessen: Auch wenn es Zusammenhänge zwischen der Moralistik des 17. und frühen 18. Jahrhunderts und der Seelenkunde um 1780 geben mag, so sind die Unterschiede doch unübersehbar. Während der Moralist den Menschen seinen Affekten ausgeliefert sieht, die von außen affiziert werden und deren Wirkungsweise jener nicht durchschaut, verlegt die Psychologie der zweiten Hälfte des 18. Jahrhunderts die Triebkräfte in den Menschen selbst und versucht, ihre Dynamik zu erfassen. Freilich genügt es nicht, die Umformung moralistischer Aussagen Gallands mit dem Hinweis auf die unterschiedliche Psychologie zu erklären. Voß hätte ja historisierend dem Text durchaus treu bleiben können. Die entscheidende Erklärung dürfte

---

[152] Auf diesen Gnadenerweis des Kalifen bezieht sich der oben zitierte Aphorismus Montesquieus (vgl. Anm. 119 u. den dazugehörenden Text).

[153] Voß verwendet den Namen Fetnab und merkt dazu auf S. 215 in einer Fußnote an: «Fetnab heißt im Arabischen Quälerin.» Das ist nicht etwa ein Beleg dafür, daß Voß doch Arabisch gekonnt hat oder sich von Fachleuten hat beraten lassen, vielmehr greift er hier auf die Erläuterung einer späteren Ausgabe des französischen Textes zurück. Eine solche Ausgabe lag mir vor in: Le Cabinet des Fées, ou Collection Choisie des Contes des Fées, et autres Contes Merveilleux. Bd. 7–12. Amsterdam 1785 (Exemplar der Stadt- und Universitätsbibliothek Frankfurt am Main. Dort fehlt allerdings Bd. 12). Die von Voß in den Text aufgenommenen Frauennamen stehen dort in einer Fußnote (Bd. 10, S. 36).

[154] Friedrich Nietzsche: Menschliches, Allzumenschliches, S. 476.

in der gesellschaftlichen Situation der beiden Autoren und ihrem Verhältnis zum Publikum zu finden sein.

Gerhard Hess hat die pragmatische Funktion der Moralistik analysiert. Die moralistische Menschenlehre werde im Frankreich der 60er und 70er Jahre des 17. Jahrhunderts «zur gesellschaftlichen Angelegenheit» und schaffe dabei «Formen der Aussage», «die den Ansprüchen der *société des honnêtes gens* gemäß sind».[155] Zwar hat Oskar Roth vor dem voreiligen Versuch gewarnt, die Maximen und ihren Gebrauch «einer mondänen *honnêteté*» zuzuschlagen, «so als wären sie deren natürlicher Ausdruck», hat aber nicht grundsätzlich bestritten, daß es Zusammenhänge zwischen «der Lebenspraxis und insbesondere der Konversationsform» des *honnête homme* einerseits und den Maximen La Rochefoucaulds andererseits gebe.[156] Moralistik, so hat es Jürgen von Stackelberg knapp formuliert, ist «Geselligkeitsliteratur».[157]

In der Gesellschaft, die die Moralistik pflegt, ja die sich durch ihren Gebrauch als kultiviert ausweist, fühlt Galland sich heimisch; für Voß ist sie nicht existent. Das Gesellschaftsideal und die ästhetischen Kategorien der Moralisten sind ihm fremd, und er hat nicht das kultivierte Publikum, das zwischen *la cour et la ville* angesiedelt ist.[158] Als jemand, der, fern von der großen Gesellschaft, in der Provinz lebt, wendet er sich schriftlich an ein lesendes Publikum. Überträgt er die Erfahrungen, die er in seinem privaten Zirkel macht, auf diese Leserschaft, dann kann er davon ausgehen, daß sie weniger den Wunsch hat, geistreiche Maximen zu lesen, mit denen sie womöglich in der Gesellschaft brillieren könnte, als vielmehr den, Einblicke in das Seelenleben von Individuen zu gewinnen, ja im Miterleben sich selbst als eine moralischer Empfindungen fähige Person zu erweisen.[159]

Wenn man so will, «modernisiert» Voß die moralistischen Aussagen Gallands. Aber wie läßt sich diese Feststellung mit derjenigen vereinbaren, daß er dazu neigt, den zeitlos gültigen Charakter von Aussagen über die Menschennatur durch Bibelton und Sprichwortgebrauch zu betonen? Hat man es hier mit zwei Sprachebenen zu tun, einer «modernen» empfindsamen und einer traditionelleren, die möglicherweise von ganz anderen Texten inspiriert ist? Davon später.

---

[155] Gerhard Hess, S. 88.
[156] Oskar Roth, S. 293.
[157] Jürgen von Stackelberg: Französische Moralistik, S. 21.
[158] Vgl. dazu Erich Auerbach.
[159] Vgl. dazu z.B. Gerhard Sauder, S. 193ff.

In den zuletzt angeführten Galland-Texten wird zugleich etwas anderes sichtbar. Seine Figuren können über ihre Liebe, über die mit ihr verbundenen Empfindungen der Angst oder der Freude, nicht sprechen, weil sie davon wie von außen ergriffen werden und sich selber in solchen Augenblicken der Affektauslösung fremd sind.

In der «Geschichte von Ganem» sucht die Favoritin des Kalifen Harun Alraschid nach ihrem Ganem. Ein Juwelier erzählt ihr von einem Kranken, dessen er sich angenommen habe: «Tourmente tressaillit à ce discours du joaillier, et sentit une émotion dont elle ne pouvait se rendre raison.» (II, S. 415) Voß übersetzt: «Die schöne Favoritin erröthete vor Freuden bei der Erzählung des Juweliers, und ihr Herz erbebte von geheimer Ahndung.» (IV, S. 270) In der deutschen Fassung bemächtigt sich kein Gefühl unwiderstehlich der Figur, und sie bleibt auch in diesem Augenblick noch Herrin ihrer selbst. Den Unterschied in den Reaktionen bringt das deutlich zum Ausdruck. Gallands «Heldin» bittet darum, daß sie zu dem Kranken geführt werde; Vossens Figur wird selbst aktiv: «Führt mich, sprach sie mit Ungestüm, in die Kammer dieses Kranken; ich wünsche, ihn zu sehn.» (IV, S. 270)

Die Stellen bei Galland, an denen die Figuren nicht durchschauen, welche Gefühle von ihnen Besitz ergriffen haben, sind zahlreich. Nahezu immer ersetzt Voß den Gallandschen Unsagbarkeitstopos durch eine ‹positive› Aussage, so auch in der «Geschichte von Kamaralzaman». Der Prinz Kamaralzaman gelangt, als Sterndeuter verkleidet, zu der geliebten Prinzessin Badure: «La princesse reconnut le prince, le prince le reconnut. Aussitôt ils coururent l'un à l'autre, s'embrassèrent tendrement, et, sans pouvoir parler dans l'excès de leur joie, ils se regardèrent longtemps [...].» (II, S. 187) Bei Voß lautet das so: «Die Prinzeßin erkannte den Prinzen, der Prinz erkannte sie. Schnell liefen sie einander entgegen, umarmten sich mit Innbrunst; und ohne vor Entzücken ein Wort zu reden, sahn sie sich an [...].» (III, S. 264) Hier macht nicht die Überwältigung durch ein fremdes Gefühl die Liebenden stumm; das Schweigen selbst ist Ausdruck des Gefühls.

Der Topos des Unbegreiflichen – und deshalb Unsagbaren – ist eine Form des «je ne sais quoi», einer im Frankreich des 16. bis 18. Jahrhunderts so beliebten Denk- und Redefigur.[160] Die Literatur darüber ist reich, aber die Arbeiten gehen meist begriffsgeschichtlich vor und legen dabei vor allem nichtfiktionale Texte zugrunde. Größere stilgeschichtliche Untersuchungen, noch dazu an fiktionalen Texten, scheinen zu fehlen. Karlheinz Stierle spricht

---

[160] Vgl. dazu bes. Erich Köhler.

zwar in seinem Aufsatz über die Negation in fiktionalen Texten nicht über das «je ne sais quoi», aber seine Bemerkungen sind hilfreich für eine stilistische Analyse dieser Negationsform in den Gallandschen Erzählungen. Ohne Zweifel sind Gallands Mitteilungen über die Empfindungen seiner Figuren Aussagen «der Art, ‹er weiß nicht daß›». «In diesem Fall», so Stierle, «sind die Perspektiven des über den Sachverhalt verfügenden *sujet de l'énonciation* und des über den Sachverhalt nicht verfügenden *sujet de l'énoncé* getrennt.»[161]

Auf der Ebene des Erzählten, des *énoncé*, bringt das «je ne sais quoi» – das ja eines der Figuren, nicht das des Erzählers ist – die unwiderstehliche, von den Figuren nicht begriffene Macht der Gefühle zum Ausdruck. Darin klingt der «Zweifel an der Rationalität der menschlichen Natur» an,[162] der diese Denk- und Redefigur hervorbringt. Der Theoretiker des «je ne sais quoi», Dominique Bouhours, schreibt: «Les sentimens de sympathie & d'antipathie naissent en un instant, & lorsque nous y pensons le moins: on aime, & on haït, sans que l'esprit s'en aperçoive, & si ie l'ose dire, sans mesme le cœur le sçache.»[163] Diese Sicht auf die menschliche Psyche und ihr Verhältnis zur Rationalität war Galland, selbst wenn er das Werk von Bouhours nicht gekannt haben sollte, aus der Moralistik vertraut, ja sie war die seine. Auf der Ebene der *énonciation*, des Erzählens, leistet das «je ne sais quoi» etwas ganz anderes. Der Erzähler stellt das Nichtbegreifen seiner Figuren dar, ist ihm selbst nicht ausgeliefert, ja, gibt deutlich seine Distanz und sein Mehrwissen zu verstehen, ohne – mit Ausnahmen – dieses Mehrwissen sofort preiszugeben.

Wiederum ist es sinnvoll, nach der pragmatischen Dimension dieses Erzählens zu fragen. Möglicherweise soll die Differenz der Perspektiven einem stilistischen – und gesellschaftlichen – Ideal genügen. Die Zurückhaltung des Erzählers gegenüber dem Nichtbegreifen seiner Figuren könnte den Zweck haben, seine «délicatesse» zu bekunden, die nach Bouhours das «je ne sais quoi» des «bel esprit» ausmacht und seiner Konversation wie seinen literarischen Werken erst ihren «höchsten ästhetischen Reiz» verleiht, und zugleich wäre sie ein Zeugnis für die Gelassenheit des Moralisten.[164] Eine Hypothese, gewiß, aber doch wohl eine, für die sich Gründe angeben lassen. Gallands soziale Stellung konnte ihm ein solches literarisch-geselliges Verhalten nahele-

---

[161] Karlheinz Stierle, S. 260.

[162] Erich Köhler, S. 253.

[163] Dominique Bouhours, S. 337. («Die Gefühle von Sympathie und Antipathie entstehen in einem Augenblick, und dann, wenn wir daran am wenigsten denken; man liebt, und man haßt, ohne daß der Geist dessen gewahr wird und, wenn ich das so sagen darf, ohne daß selbst das Herz es weiß.»)

[164] Erich Köhler, S. 257.

gen. Er verkehrte früh in Kreisen des gebilderten Bürgertums und der Nobilität, auch des Hofadels, keineswegs als ein *cousin* Pons avant la lettre, sondern als geschätzter Unterhalter.[165] Aber eine solche Stellung war prekär und legte dem, der weder über Geld noch über Macht verfügte, nahe, sein Verhalten an den Idealen derer auszurichten, auf deren Protektion er angewiesen war.[166] Wie sehr ihm das bewußt war, zeigen seine Einleitung und seine «Avertissements» zu «Les mille et une nuit», zeigt sein geschickter Umgang mit Manuskripten und Widmungsexemplaren des Werks.

Das Publikum, das die Spannung zwischen dem «je ne sais quoi» der Figuren und dem Wissen des Erzählers goutieren könnte, gibt es für Voß nicht. Das heißt nicht, daß bei ihm die Doppelperspektive ganz aufgehoben würde – auch bei ihm weiß der Erzähler mehr –, aber das ist ästhetisch nicht von Belang. Von Belang ist jetzt für Voß – und man darf annehmen: für sein Publikum – etwas anderes.

In der «Geschichte des jüdischen Arztes» tritt eine Dame in das Haus des Erzählers ein. «Elle ôta le voile qui lui couvrait le visage, et fit briller à mes yeux une beauté dont la vue me fit sentir des mouvements que je n'avais point encore sentis.» (I, S. 407) Bei Voß heißt es, sie ließ «meinen Augen eine Schönheit entgegenstralen, bei deren Anblick mein Herz von ungewöhnlichen Trieben aufwallte» (II, 295). Auch bei Voß werden die Gefühle durch etwas von außen Kommendes ausgelöst, aber der Reiz trifft auf etwas, das darauf antwortet und nun die Person von innen ergreift. Die deutsche Übersetzung verwendet zur Darstellung dieses Vorgangs immer wieder Formen des inchoativen Verbs «wallen»: «mein ganzes Vaterherz wallte ihm entgegen» (I, S. 57); «ein inniges überwallendes Gefühl der Vaterliebe [...] durchbebte sein Herz» (II, S. 182); «sein Herz wallte von feuriger Liebe und Dankbarkeit» (IV, S. 117). Gallands Figuren werden buchstäblich überwältigt: «Mon fils, mon cher fils! m'écriai-je aussitôt en l'embrassant avec un transport dont je ne fus pas maître [...].» (I, S. 56) Vossens Gestalten entdekken im Augenblick der höchsten Empfindung ein neues Selbst. «Inbrunst» ist das Wort für diese Gefühlssteigerung: «Mein Sohn, mein lieber Sohn, rief ich alsobald, indem ich ihn mit der feurigsten Inbrunst in meine Arme schloß!» (I, S. 62) Sie sprechen die Sprache des Herzens, auf die das Publikum sympathetisch reagieren kann.

---

[165] Nach L. Grillon hat er z.B. das Personal der französischen Botschaft in Konstantinopel mit der Aufführung von Komödien unterhalten, die er selbst geschrieben hatte (S. 183).

[166] Norbert Elias. Bd. II, bes. S. 409ff.

Galland, selber kein Hofmann, aber mit Adel und Hochadel vielfältig verbunden, schreibt, wenn er nicht überhaupt vorwiegend diesen Personenkreis anspricht, stets so, daß das Werk seinen Beifall finden könnte. Wahrscheinlich deshalb stellt er die Räume, innerhalb deren seine Geschichten sich abspielen, glanzvoller dar, als das Original es tut. Rida Hawari hat das am Beispiel seiner Beschreibung Bagdads gezeigt. Nureddin Ali und die «schöne Perserin» fliehen vor ihrem Verfolger in die Residenzstadt; sie streifen lange durch deren Straßen. «Mais il n'était jamais venu à Bagdad, et il ne savait où aller prendre logement. Ils marchèrent longtemps le long des jardins qui bordaient le Tigre et ils en côtoyèrent un qui était fermé d'une belle et longue muraille. En arrivant au bout, ils détournèrent par une longue rue bien pavée, où ils aperçurent la porte du jardin avec une belle fontaine auprès.» (II, S. 285) Die Angabe «par une longue rue pavée» ist ein Zusatz Gallands – es gibt noch andere –, nach Hawari in der Absicht eingefügt, beim Leser den Eindruck zu vermitteln, «that Bagdad was as civilized as Versailles».[167] Oder sind es Erinnerungen Gallands an Konstantinopel, die hier gleichsam produktiv werden? In einem Brief vom 10. März 1718 berichtet Lady Montagu von der Pracht im Hause der Favoritin des verstorbenen Sultans Mustapha und beruft sich zur Beglaubigung ihrer Erzählung auf «Tausend und eine Nacht»: «Now, do I fancy that you imagine I have entertained you, all this while, with a relation that has, at least, received many embellishments from my hand? This is but too like (say you) the Arabian Tales: these embroidered napkins! and a jewel as large as a turkey's egg! – You forget, dear sister, those very tales were written by an author of this country, and (excepting the enchantments) are a real represention of the manners here.»[168] Ist es ein Zufall, daß Voß dagegen sein liebendes Paar «eine lange schöngepflasterte Gasse» (IV, S. 45) entlangehen läßt?[169]

Setzen die Personen Gallands ihren Weg auf den Prachtstraßen fort und betreten sie einen Lustgarten oder einen Palast, so finden sie sich umgeben von einem kaum vorstellbaren Luxus. Werden sie dann von Hofbeamten oder gar vom Herrscher empfangen, so erleben sie eine bis ins Feinste ausgebildete Kultur der Gesten und Reden. Galland zeigt gerade bei der Beschreibung der

---

[167] Rida Hawari, S. 153.

[168] Mary Wortley Montagu, S. 157.

[169] Man muß freilich bedenken, daß Straße und Gasse lange Zeit «als wesentlich gleichgeltend» erschienen (Grimm. Bd. 4, Sp. 1439). Ich halte es jedoch für wahrscheinlich, daß Voß mangels Erfahrung sich eine prächtige Straße überhaupt nicht vorstellen konnte.

höfischen Redeszenen und der Gastmähler bei Hofe die Neigung, den Stil des Originals in «highly cultivated narrative»[170] zu verwandeln. «He gives», schreibt Hawari, «a somewhat [...] aristocratic tone to the style.»[171]

Es gibt mehrere eindrucksvolle Redeszenen in dem Werk, darunter die zwischen dem Prinzen Firuz Schah mit der Prinzessin von Bengalen in der Geschichte «Das Zauberpferd» und die zwischen dem Prinzen und seinem Vater in der «Geschichte des Prinzen Achmed und der Fee Pari-Banu», von der Raymond Schwab gesagt hat, sie sei ein Echo der «rhétorique des ruelles précieuses», d.h. der Salons einer Marquise de Rambouillet oder einer Mlle de Scudéry.

Beide Gespräche werden von Voß auf charakteristische Weise verändert. Die Unterredung von Vater und Sohn, die dann Anlaß gibt zu einem Gespräch zwischen dem Sohn und der Fee, erinnert Schwab an die «Astrée» des Honoré d'Urfé und die «Clélie» der Madeleine de Scudéry. Voß läßt die subtilen Reflektionen über die Macht und über die Verpflichtungen der Liebe – die Schwab zu dem Ausruf veranlassen: «Quel Céladon [gemeint ist der Held des ersten der beiden Romane] aurait dit mieux?»[172] – einfach weg und nimmt so den Gesprächen eine Dimension, die sie für das Publikum Gallands vermutlich erst attraktiv gemacht hat.[173]

Das andere der beiden Gespräche findet zwischen der Fee und dem Prinzen statt, der am Vorabend mit dem Zauberpferd auf dem Dache ihres Palastes angekommen ist. Galland inszeniert das Gespräch, indem er ausführlich die Vorbereitungen der Prinzessin und ihre Stimmung beschreibt. «Je n'ai pas déplu au prince de Perse en déshabillé, je m'en suis bien aperçue, disait-elle en elle-même: il verra autre chose quand je serai dans mes atours [etwa: in feierlichem Aufzug].» (III, S. 302) In der deutschen Fassung lautet das: «Ich habe es wohl gemerkt, sprach sie bei sich selbst, daß ich dem Prinzen von Persien im Nachtgewande nicht misfiel; ich muß dafür sorgen, daß ich seiner Aufmerksamkeit auch bei Tage würdig erscheine.» (VI, S. 137) Indem Voß aus dem «déshabillé» ein «Nachtgewand» macht, nimmt er der

[170] Rida Hawari, S. 155. Auch die Pracht des Gartens ist Gallands Erfindung (Ders., S. 154).

[171] Ebd., S. 162.

[172] Raymond Schwab, S. 211. («Welcher Celadon hätte sich besser ausgedrückt?»)

[173] Ebd., S. 211. Vgl. Galland, III, S. 357 bzw. 360; die Stellen müßten bei Voß VI, S. 216 bzw. VI, S. 218 stehen. Zu der ersten der beiden Auslassungen Vossens s. Anm. 151. – Wiebke Walther bietet in «Drei Geschichten aus Tausendundeiner Nacht» eine eindringliche Analyse dieser Geschichte in den verschiedenen Fassungen und weist darauf hin, daß Firuz Schah bei Galland «ein etikette- und pflichtbewußter Märchenprinz» ist (S. 145), der den Vorstellungen der höfisch-aristokratischen Gesellschaft im Frankreich des frühen 18. Jahrhunderts entspricht.

Stelle die Pointe, denn im Begriff des «déshabillé» ist das Gegenteil, die prachtvolle höfische Kleidung, mitzudenken. Es folgt dann die Begegnung der beiden.

«La princesse de Bengale n'eut pas plus tôt appris que le prince de Perse l'attendait qu'elle vint le trouver. Après les compliments réciproques de la part du prince, sur ce qu'il avait éveillé la princesse au plus fort de son sommeil, dont il lui demanda mille pardons, et de la part de la princesse, qui lui demanda comment il avait passé la nuit et en quel état il se trouvait, la princesse s'assit sur le sofa, et le prince fit la même chose, en se plaçant à quelque distance par respect.» (III, S. 303) Voß übersetzt: «Sobald die Prinzeßin von Bengalen vernahm, daß der persische Prinz sie erwartete, eilte sie nach seinem Zimmer. Der Prinz entschuldigte sich, daß er ihre nächtliche Ruhe gestört hätte, und bat um Verzeihung. Eure wunderbare Ankunft, antwortete die Prinzeßin, bedarf keiner Entschuldigung. Ich wünsche nur, daß ihr die Nacht wohl geruht, und euch von der weiten Reise wieder erholt habt. Aber wollen wir uns nicht sezen? Die Prinzeßin sezte sich, indem sie es sagte, auf den Sofa, und der Prinz sezte sich aus Ehrerbietung in einiger Entfernung von ihr.» (VI, S. 138) Die Prinzessin Gallands «eilt» nicht, sie richtet auch nicht die wenig zeremoniöse Aufforderung an den Prinzen, sich zu setzen. Und während Galland selbst im Satzbau die Reziprozität der sprachlichen Gesten deutlich werden läßt, macht Voß daraus eine belanglose Wechselrede und hebt so den beinahe rituellen Charakter der Begrüßungsszene auf.

Die Prinzessin bittet sodann Firuz Schah, die «aventure surprenante» («erstaunliche Begebenheit») zu erzählen, die ihn nach Bengalen geführt hat. Voß scheint zu fürchten, daß er durch die Wiederholung dessen, was bereits dargestellt worden ist, den Leser langweile, und schreibt: «Der Prinz erzählte drauf seine ganze Geschichte, von der Feier des Newrux an bis zu seiner Ankunft im Schlafgemach der Prinzeßin. Das übrige, sprach er, brauche ich nicht zu sagen, ihr wißt es selbst.» (VI, S. 139) Bei Galland dagegen gibt der Prinz einen langen Bericht, der es ihm nicht nur erlaubt zu zeigen, daß er die Kunst des Erzählens beherrscht, der ihn vielmehr auch, ohne daß er in ein Selbstlob verfiele, als einen Mann von Mut, Ehrgefühl und höfischem Anstand erweist.

Gallands Prinz fährt fort: «Il ne me reste qu'à vous remercier de votrre bonté et de votre générosité, et vous supplier de me marquer par quel endroit je puis vous témoigner ma reconnaissance d'un si grand bienfait, telle que vous en soyez satisfaite.» (III, S. 305) Bei Voß zeigt er sich von der «Großmut und Gnade so innig gerührt», daß er nichts lebhafter wünscht «als eine würdige Gelegenheit», die Prinzessin von seiner «brennenden Dankbegierde zu überzeugen» (VI, S. 139). Während das französische Original ein Beispiel vollendeter höfischer Rhetorik präsentiert, zeigt der deutsche Text Unsicherheiten in der Wahl des Tons.: «innig gerührt» – das ist die Sprache der Empfindsamkeit; «brennende Dankbegierde» – das könnte einer Rede der Barockzeit entnommen sein. Das «holde Erröthen» (VI, S.139), mit dem die Prinzessin bei Voß auf die Anrede reagiert, gibt der Aussage Gallands wiederum eine empfindsame Note: «Le rouge qui lui en monta au visage ne servit qu'à la rendre plus belle et plus aimable aux yeux du prince.» (III, S. 306)

Wie sehr Voß die Szene und den Charakter der Personen ändert, wird vollends deutlich gegen Ende des Dialogs: «Quant à votre cœur, ajouta la princesse de Bengale d'un ton qui ne marquait rien moins qu'un refus [nichts weniger als eine Zurückweisung], comme je suis bien persuadée que vous n'avez pas attendu jusqu'à présent à en disposer, et que vous ne devez avoir fait choix que d'une princesse qui le mérite, je serais fort fâchée de vous donner lieux de lui faire une infidélité.» (III, S. 306) Bei Voß lautet die Äußerung: «Was euer Herz anlangt, fügte sie mit schüchterner Stimme hinzu, so kann ich kaum glauben, daß es so lange in der Gewalt eines so feurigen empfindungsvollen Prinzen geblieben sey; und es würde mir leid thun, wenn ich euch Anlaß gäbe, eine würdigere Prinzeßin durch Untreue zu betrüben.» (VI, S. 140) Wiederum ist nicht denkbar, daß Galland seine Prinzessin «mit schüchterner Stimme» sprechen ließe. Gallands Prinzessin redet auch nicht von einer «würdigeren» Rivalin, sondern von einer, die des Prinzen würdig ist, und sie sagt das so, daß selbst diese, mit der Absicht der Ausforschung geäußerte Vermutung noch ein Kompliment enthält. Galland läßt seine beiden Liebenden einander ihre Gefühle auf eine Weise mitteilen, die die Regeln höfischen Sprechens vollkommen erfüllt. Voß kennt diese Regeln nicht oder mag sie nicht übernehmen. Bei ihm sprechen sich der Prinz und die Prinzessin über ihre Gefühle aus wie die Gestalten eines empfindsamen Romans.

Solche Veränderungen zeigen sich auch in der Darstellung von Gastmählern. Eines bereitet die Prinzessin von Bengalen dem persischen Prinzen: «Comme le concert était des plus doux et ménagé de manière qu'il n'empêchait pas le prince et la princesse de s'entretenir, il passèrent une grande partie du repas, la princesse à servir le prince et à l'inviter de manger, et le prince, de son côté, à servir la princesse de ce qui lui paraissait le meilleur, afin de la prévenir, avec des manières et des paroles qui lui attiraient de nouvelles honnêtetés et de nouveaux compliments de la part de la princesse; et, dans ce commerce réciproque de civilités et d'attentions l'un pour l'autre, l'amour fit plus de progrès, de part et d'autre, qu'en un tête-à-tête prémedité.» (III, S. 307) «Da die Musik sehr sanft tönte, so hinderte sie die beiden Liebenden nicht, mit einander zu reden. Die Prinzeßin legte dem Prinzen vor, was ihr am leckersten schien, und nöthigte ihn zu essen; und der Prinz wagte es manchmal, auch ein Leckerbißchen für die Prinzeßin auszuwählen, und ihr durch seine Schmeicheleien ein Lächeln abzugewinnen.» (VI, S. 141) Erneut taucht bei Galland das Wort «réciproque» auf, und wiederum signalisiert es höfische Etiquette. Gabe und Gegengabe, Geste und Antwortgeste sind durch das Hofritual aufeinander bezogen, und kein Eigenwille und keine Gefühlsäußerung dürfen diesen Zusammenhang aufbrechen. Daß gerade unter dem Zwang der Formen die Liebe sich der beiden leichter bemächtigen kann als bei einem – man darf hinzufügen: keiner Regel unterworfenen – Stelldichein, ist eine Vorstellung, die Voß fremd bleiben muß. An die Stelle der strengen Konvention tritt bei ihm eine «Privatisierung» der Beziehungen.

Das Ideal, unter das er seine Erzählungen stellt, kommt hier – wie auch sonst oft – in einem winzigen Zusatz zum Ausdruck. Der schon mehrfach erwähnte Ganem erklärt der von ihm geretteten Tourmente seine Liebe. Er weiß, daß ihre Beziehung zum Kalifen ihm Entsagung auferlegt, aber er spricht doch die Hoffnung aus, daß seine «tendresse» ihr selbst nach der Rückkehr in den Palast im Gedächtnis bleibt. Voß übersetzt «tendresse» mit «treue Zärtlichkeit», und das Adjektiv soll wohl die Tiefe und Unerschütterlichkeit der Empfindungen Ganems wie auch deren Unschuld bekunden.[174] An die Stelle aristokratischer Umgangsformen, bei denen die Distanz der Personen zueinander den Einbruch der Leidenschaft nicht ausschließt, tritt bei Voß eine Beziehung, in der innige Gefühle die Nähe der Gestalten zueinander herstellen.

Entsprechend reden die Personen einander an. Während im französischen Original der Erzähler scharfsinnig die Gefühle der liebenden Frau analysiert – «Ce discours alarma la fée, et elle craignait que ce ne fût un prétexte pour l'abandonner [...]» (III, S. 353) –, läßt Voß einen Galland fremden Gefühlston anklingen: «Warum mich verlassen, mein Trauter?» sagt die Fee Pari-Banu zum Prinzen Achmed, «mit holder Stimme, welche Mitleid foderte». (VI, S. 210)

Ähnlich reden die Personen bei Voß auch übereinander. Als in der Geschichte «Die drei ausgesezten Königskinder» der Prinz Bahman aufbricht, um die wunderbaren Dinge ausfindig zu machen, deren Besitz seine Schwester sich wünscht, gibt er sie in die Obhut des zurückbleibenden Bruders mit den Worten: «Ihr bestellt unterdeß mit unserer Schwester die Wirthschaft, und sorgt dafür, daß sie nicht tiefsinnig werde, die liebe Schwärmerin!» (VI, S. 280) Bei Galland klingt das viel nüchterner: «Vous resterez avec notre sœur, qu'il n'est pas besoin que je vous recommande.» (III, S. 401f.) Bis in die Gesten hinein sind die Beziehungen der Geschwister durch innige Gefühle

[174] Galland, II, S. 387; Voß, IV, S. 219.

geprägt. Als der älteste Bruder nicht zurückkehrt, folgt ihm der zweite, und auch er bleibt verschollen. Der Schwester gelingt es dank ihrer Umsicht und ihrem Mut, die beiden aus dem Zauberschlaf zu erlösen, zu dem sie verdammt waren. «De la sorte, elle reconnut les princes Bahman et Perviz, qui la reconnurent aussi et qui vinrent l'embrasser. En les embrassant de même et leur témoignant son étonnement: ‹Mes chers frères, dit-elle, que faites vous donc ici?› Comme ils eurent répondu qu'ils venaient de dormir: ‹Oui; mais, reprit-elle, sans moi votre sommeil durerait encore [...].›» (III, S. 415) Dann erzählt sie die Geschichte ihrer Rettungstat. Bei Voß fragen die geretteten Brüder: «[...] wer hat uns im Schlafe hergeführt?» «Erst einen Kuß!» antwortet die Prinzessin, ehe sie ihren Bericht beginnt. (VI, S. 301)

Die Verwandlung von aristokratischer Distanz in eine von Empfinduntgen hergestellte Nähe greift nun auch auf den Rahmen über. Hier die Versionen der Schlußszene:

«Le sultan des Indes ne pouvait s'empêcher d'admirer la mémoire prodigieuse de la sultane son épouse, qui ne s'épuisait point et qui lui fournissait toutes les nuits de nouveaux divertissements par tant d'histoires différentes.

Mille et une nuits s'étaient écoulées dans ces innocents amusements; ils avaient même beaucoup aidé à diminuer les préventions fâcheuses du sultan contre la fidélité des femmes; son esprit était adouci; il était convaincu du mérite et de la grande sagesse de Scheherazade; il se souvenait du courage avec lequel elle s'était exposée volontairement à devenir son épouse, sans appréhender la mort à laquelle elle savait qu'elle était destinée le lendemain, comme les autres qui l'avaient précédée.

Ces considérations et les autres qualités qu'il connaissait en elle le portèrent enfin à lui faire grâce. ‹Je vois bien, lui dit-il, aimable Scheherazade, que vous êtes inépuisable dans vos petis contes: il y a assez longtemps que vous m'en divertissez; vous avez apaisé ma colère, et je renonce volontiers, en votre faveur, à la loi cruelle que je m'étais imposée;

«Die tausend und erste Nacht war verflossen, als Scheherazade diese Erzählung endigte. Der indische Sultan bewunderte ihren Geist und ihr unerschöpfliches Gedächtniß nicht weniger, als ihre erhabenen Tugenden und den Edelmut, daß sie im Vertraun auf ihre Verdienste und den Schuz der Vorsehung, die gefahrvolle Rettung der schönen Landesjungfraun gewagt hatte. Sein Unglaube an weibliche Tugend war besiegt, und er faßte den ernsten Entschluß, sein grausames Gesez zu widerrufen, und seine würdige Gemahlin zu begnadigen. Ich sehe wohl, sprach er, liebenswürdige Scheherazade, daß eure Erzählungen, womit ihr mich so angenehm unterhaltet, fürs erste noch kein Ende nehmen werden. Ihr habt meinen Zorn besänftiget, der gegen die Falschheit und Arglist eures Geschlechts erbittert war; denn so viele Schönheit und Anmut, mit einem so großmütigen und treuen Herzen vereint, ist hinlänglich, das Andenken jener Missethäterinnen aus meiner Seele zu vertilgen. Lebt, und genießt der Freude, die Erretterin eures Geschlechtes zu seyn. Mit diesen Worten umarmte er seine edle Gemahlin,

je vous remets entièrement dans mes bonnes grâces, et je veux que vous soyez regardée comme la libératrice de toutes les filles qui devaient être immolées à mon juste ressentiment.› La princesse se jeta à ses pieds, les embrassa tendrement, en lui donnant toutes les marques de la reconnaissance la plus vive et la plus parfaite.» (III, S. 433)

die vor Dankbarkeit und Liebe in Thränen zerfloß.» (VI, 330)

Daß Galland von den Erzählungen als «innocents amusements» spricht, mutet wie eine Ironie an, wie auch die Schahriar in den Mund gelegte Äußerung, er gebe das Gesetz auf, das er sich «auferlegt hatte», als ironische Entlarvung der Machtverschleierung erscheint. In jedem Fall aber ist deutlich, daß der von Galland dargestellte Sultan als Herrscher mit unumschränkter Gewalt zu denken ist. Auch wenn Scheherazade die Füße des Sultans «zärtlich» küßt, so evoziert diese Geste doch die Proskynese, das Zeichen vollständiger Unterwerfung unter den Fürsten, der Herr ist über Leben und Tod. Ein theaterhafter Zug der Szene ist unverkennbar, aber er hebt den Eindruck nicht auf, daß das «Gesetz» dieses Herrschers auch im Falle der Scheherazade brutale Wirklichkeit hätte werden können.[175] Bei Voß dagegen ist von der Bedrohung, die in Gallands Erzählung noch im Augenblick der herrscherlichen Milde gegenwärtig ist, nichts mehr zu spüren. Seine Schlußszene erinnert an ein Tableau bürgerlicher Familiendramen, wie Gemmingen oder Iffland sie zu dieser Zeit auf die Bühne brachten.

Galland, Voß und die erotischen Szenen des arabischen Originals

«Tausend und eine Nacht» gilt zu Recht als eines der großen Werke der erotischen Literatur, ja es gibt darin Passagen, die man auch heute noch als obszön bezeichnen würde. Aber wenn sich mit dem Werk die Vorstellung verbindet, es sei voller obszöner Erzählungen oder Erzählabschnitte, dann verdankt sich das mehr Übersetzern wie Burton oder Mardrus als dem Original selbst, denn sie haben ihr Teil dazu beigetragen, daß aus erotischen Szenen schlüpfrige oder grob sexuelle wurden.

---

[175] Die Übersetzung vom Anfang des 18. Jahrhunderts bewahrt den Ton des französischen Originals sehr viel besser: «Die Princeßin fiel ihm zu seinen Füssen, und indem sie solche liebreich umarmete, gab sie ihm alle Merckmahle der nachdrücklichsten und vollkommensten Erkenntlichkeit.» (XI u. XII. Teil. Leipzig 1719, S. 522.)

Höfisch-aristokratischer Erzählstil und erotische Darstellungen schließen einander nicht aus. Aber wie verhält sich Galland tatsächlich bei der Übertragung solcher Abschnitte? Er kann selbstverständlich den doppelten Betrug, den Ehebruch der Gemahlinnen Schahzenans und Schahriers, ebensowenig eskamotieren wie das Erlebnis der beiden Herrscher mit dem Genius und der liebeshungrigen Dame, denn sie stellen die Ausgangssituation her, die dann das grausame Verhalten Schahriars auslöst. Aber Galland, um das gleich zu sagen, ist bei der Wiedergabe dieser Stellen überall um Mäßigung bemüht.

Berühmt ist die Badeszene in der «Histoire de trois calenders fils de rois et de cinq dames de Bagdad» («Geschichte von drei Kalendern, die Königssöhne waren, und von fünf Damen zu Bagdad»), bei der die drei Gastgeberinnen sich mit dem Lastträger in erotischen Spielen vergnügen. Sie ist, wie Wiebke Walther schreibt, «Gallands Schicklichkeitsbedürfnis zum Opfer gefallen». «Die vollständige Szene», so merkt sie dazu an, «mag in der Littmanschen Übersetzung nachgelesen werden (Li I, 104–8). Hinzuzufügen bleibt, daß Gallands Vorlage in der Beschreibung polygyner Sinnenfreude üppiger ausschweift als Littmann.»[176]

Eine ebenso berühmte Stelle findet sich in der «Geschichte von Kamaralzaman». In der 214. Nacht[177] schildert der Genius Danhasch der Fee Maimune die Schönheit der chinesischen Prinzessin Badure. «Le passage», hat Edmond Cary dazu geschrieben, «est, assurément, très délicat; il touche au scabreux».[178] Dabei bleibt unklar, ob man das auch auf den Text Gallands beziehen soll. Gallands Version wird hier – gemeinsam mit der Übersetzung Vossens – abgedruckt:

«Elle a les cheveux d'un brun et d'une si grande longueur qu'ils lui descendent beaucoup plus bas que les pieds, et ils sont en si grande abondance qu'ils ne ressemblent pas mal à une de ces belles grappes de raisin dont les grains sont d'une grosseur extraordinaire, lorsqu'elle les a accomodés en boucles sur sa tête. Au-dessous de ses cheveux, elle a le front

«Ihre langen goldenen Haare wallen in üppiger Fülle bis über ihre Fersen hinab, und gleichen, auf ihrem Haupte in Lokken gerollt, den schönsten Weintrauben mit hochgeschwollenen Beeren. Unter dem Haupthaar glänzt die schöngebildete Stirn so glatt wie ein hellpolirter Spiegel. Schwarze Augen auf der Fläche des Gesichts, schimmernd und feuer-

[176] Wiebke Walther: Tausendundeine Nacht, S. 38f.

[177] Bei Littmann die 178. Nacht.

[178] Edmond Cary, S. 65. («Der Abschnitt ist zweifellos sehr heikel ; er grenzt ans Obszöne.»)

aussi uni que le miroir le mieux poli, et d'une forme admirable; les yeux noirs, à fleur de tête, brillants et pleins de feu; le nez ni trop long ni trop court; la bouche petite et vermeille; les dents sont comme deux files de perles, qui surpassent les plus belles en blancheur; et, quand elle remue la langue pour parler, elle rend une voix douce et agréable, et elle s'exprime par des paroles qui marquent la vivacité de son esprit; le plus bel albâtre n'est pas plus blanc que sa gorge.» (II, S. 155)

reich; die Nase von dem schönsten Verhältnisse; der Mund klein und purpurroth; und die Zähne, wie zwo Schnüre der feinsten Perlen. Wenn sie redet, fließen ihre Worte, mit der Lebhaftigkeit ihres Geistes bezeichnet, in sanften und anmutigen Tönen dahin. Ihr Busen übertrifft den schönsten Alabaster an Weisse.» (III, S. 214)

Um wenigstens eine Vorstellung vom Original zu vermitteln, wird hier die Fassung Littmanns wiedergegeben:

«Ihr Haar ist dunkel wie die Nächte des Scheidens und
Voneinandergehens, ihr Antlitz aber ist hell wie die Tage des seligen
Wiedersehens; und schön hat der Dichter von ihr gesungen:
Sie löste eines Nachts drei Locken ihres Haares –
Und zeigte mir, wie nun vier Nächte draus entstanden.
Sie blickte auf zum Mond am Himmel mit ihrem Antlitz,
Und zeigte mir, wie sich zwei Monde zugleich verbanden.

Ihre Nase ist wie des gefegten Schwertes Schneide; ihre Wangen sind wie Purpurwein, ja, wie rote Anemonen sind sie beide. Ihre Lippen scheinen Korallen und Karneole zu sein; der Tau ihres Mundes ist lieblicher als alter Wein, und sein Geschmack löscht die Feuerpein. Ihre Zunge bewegt ein reicher Verstand; stets ist ihr eine Antwort zur Hand. Ihr Busen berückt einen jeden, der ihn erblickt – Preis sei Ihm, der ihn geschaffen und gebildet hat! – Und an ihn schließen sich zwei runde Arme an, deren Lob einst der verzückte Dichter kundgetan:

Zwei Arme – hätten sie nicht an Spangen ihren Halt,
So flössen sie aus den Ärmeln mit eines Stromes Gewalt.

Und sie hat zwei Brüste wie Kästchen aus Elfenbein, von deren Glanze Sonne und Mond ihr Licht entleihn; und einen Leib mit Falten so zart wie koptisches Gewebe von ägyptischer Art, gewirkt mit einer Faltenzier gleich dem gekräuselten Papier. Der schließt sich an einen schlanken Rumpf, undenkbar dem menschlichen Verstand, über Hüften gleich Hügeln aus Wüstensand; die ziehen sie nieder, wenn sie aufstehen will, und wecken sie, wenn sie schlafen will, wie der Dichter so trefflich von ihnen singt:

> Die Hüften hängen ihr an einem zarten Rumpfe,
> Und diese Hüften handeln schlecht gegen sie und mich.
> Sie halten stets mich fest, wenn ich nur an sie denke,
> Und ziehen sie herab zum Boden, erhebt sie sich.

Und diese Hüften werden getragen von zwei Schenkeln, rund und weich, und zwei Waden, Perlensäulen gleich. All dies wiederum ruht auf zwei zarten Füßen, schlank und scharf wie die Spitzen von Spießen, dem Werke Gottes, dessen Schutz und Vergeltung wir genießen. Und immer staune ich deswegen, wie sie in ihrer Kleinheit all das, was darüber ist, zu tragen vermögen.»[179]

Es wird rasch deutlich, wie sehr Galland in den Text eingreift. Die Beschreibung des Busens wird von ihm auf einen Satz verkürzt, was seinem Schönheitsideal nicht entspricht, gestrichen. Er nimmt den Vergleichen des Arabischen ihren hyperbolischen Charakter und macht aus der disjunktiven Aufzählung ansatzweise ein kohärentes Porträt. Was an Erotischem bleibt – und das ist nicht viel –, wird legitimiert durch die Kunst des Erzählers, die, allen Eingriffen zum Trotz, etwas vom Ton des Originals noch anklingen und so erkennen läßt, daß sich diese Beschreibung einem ganz anderen Stil- und Schönheitsideal als dem seinen verdankt, wenngleich die Leser, dank seinen glättenden Eingriffen, bei der Lektüre eher an das 4. Gedicht des Hohenlieds («Siehe, meine Freundin, du bist schön!») als an ein arabisches Beschreibungslied gedacht haben dürften.

Und Voß? Man sieht schon bei einem flüchtigen Vergleich seiner Beschreibung der Badure mit der Vorlage, daß er aus seiner Entfernung vom Stil Gallands keineswegs die Lizenz zur Verstärkung des Erotischen ableitet, obwohl die Wendung «mit hochgeschwollenen Beeren» mit ihrer Evokation von Sinnlichkeit zeigt, daß er das durchaus vermöchte.

Es gibt nur wenige Stellen, an denen Voß die erotische Spannung einer Szene steigert oder gar erst erfindet, und wenn er das tut, dann in der Absicht, die Anziehung einer Frau oder eines Mannes zu zeigen. Als zum Beispiel der Held der «Geschichte von Nureddin Ali und Bedreddin Hassan», im Schlaf von einem Genius nach Kairo gebracht, in den Palast des Wesirs geführt wird, heften sich aller Augen, vor allem die der Frauen, bewundernd auf ihn. «Lorsqu'elles virent entrer Bedreddin Hassan, elles jetèrent les yeux sur

---

[179] Littmann. Bd. II, S. 373f.

lui; et, admirant sa taille, son air et la beauté de son visage, elles ne pouvaient se lasser de le regarder. Quant il fut assis, il n'y en eut pas une qui ne quittât sa place pour s'approcher de lui et le considérer de plus près; et il il n'y en eut guère qui, en se retirant pour aller reprendre leurs places, ne se sentissent agitées d'un tendre mouvement.» (I, S. 320) Voß schreibt: «Er sezte sich nieder; und nun war keine, die nicht ihren Plaz verließ, und ganz sacht hinan schlich, um ihn in der Nähe zu beäugeln. Da standen die guten Weibchen, und verschlangen mit lüsternen Augen die Reize des Jünglings; endlich gingen sie in süsser Verwirrung zu ihren Sizen zurück, ihr Herz pochte, und ihre Kniee bebten.» (II, S. 154)

In der Geschichte «Das Zauberpferd» wird dann der erotische Anblick einer Frau beschrieben. Der Prinz, der unbemerkt in den Palast eingetreten ist, findet in einem Zimmer die schlafende Prinzessin: «Il s'approcha de son lit sans l'éveiller, ni pas une de ses femmes. Quand il fut assez près, il vit une beauté si extraordinaire et si surprenante qu'il en fut charmé et enflammé d'amour dès la première vue.» (III, S. 299f.) Voß malt die Szene aus: «Hier ruhte, in lieblichem Schlummer hingestreckt, eine Jungfrau von so außerordentlicher und himmlischer Schönheit, daß beim ersten Anblick sein Herz von der feurigsten Liebe entflammt wurde. Mit trunkenen Augen verschlang er die zauberischen Reize, die von der Röthe des Schlafs noch lieblicher blühten; sein Herz pochte mit mächtigen Schlägen, und seine Kniee zitterten vor banger Wollust.» (VI, S. 132) Man erinnere sich: Das ist jene Prinzessin, die sicher ist, wem sie im «déshabillé» gefallen habe, auf den werde sie im Glanz ihrer Robe und ihres Schmucks nur noch mehr Eindruck machen. Gerade der voyeuristische Blick auf die leichtbekleidete Schöne zeigt, daß Voß die Wertvorstellungen der Welt, in der Galland seine Personen agieren läßt, fremd sind.

Insgesamt aber bleibt Voß zwar nicht in den Grenzen der höfischen Konventionen, aber doch in denen der bürgerlichen Schicklichkeit.[180] Die Ge-

---

[180] Man kann darüber streiten, ob eine Stelle der Voß'schen Übersetzung, in der es nicht mehr um die Wirkung einer Person auf eine andere geht, einen erotischen oder gar obszönen Unterton hat, und noch mehr darüber, ob der Übersetzer sie bewußt so formuliert habe. In der Geschichte «Das Zauberpferd» hat der Prinz die Prinzessin für seinen Plan gewonnen, gemeinsam auf dem Zauberpferd nach Persien zu fliegen. «[...] dès le lendemain matin, un peu avant la pointe du jour [...] le prince tourna le cheval du côté de la Perse, dans un endroit où la princesse pouvait elle-même s'asseoir en croupe aisément. Il monta le premier; et, quand la princesse se fut assise derrière lui à sa commodité, qu'elle l'eut ambrassé de la main, pour plus grande sûreté, et qu'elle lui eut marqué qu'il pouvait partir, il tourna la même cheville qu'il avait tournée dans la capitale de Perse, et le cheval les enleva en l'air.» (III, S. 313) Voß: «Am andern Morgen, etwas vor Anbruch des Tages, da noch alles im Pallaste schlief, stieg sie mit dem Prinzen aufs Dach. Der Prinz richtete das

schicke Kamaralzamans und Badures nehmen eine Wendung, die beiden, Galland wie Voß, die Möglichkeit zur Ausmalung erotischer Szenen gegeben hätte. Der Prinz und die Prinzessin werden getrennt. Badure erreicht nach langer Irrfahrt, als Kamaralzaman verkleidet, die Hauptstadt der Elfenbeininsel. Dem Ansinnen des Königs, sie mit seiner Tochter zu vermählen, weiß sie nichts entgegenzusetzen. Nach der Vermählung aber gesteht sie der Prinzessin ihr Geheimnis. Sie gewinnt ihre Freundschaft, und beide spielen die ihnen zugedachte Rolle als König und Königin. Auch die verfänglichsten Szenen – so die «Hochzeitsnacht» und das täuschende Eingehen auf die Sitte, «die Zeichen der Brautnacht öffentlich sehn zu lassen» (III, S. 285) – werden von beiden Autoren dezent dargestellt, und dezent wird auch mitgeteilt, daß Badure später dem nunmehr auch an die Gestade der Insel verschlagenen und wiedererkannten Kamaralzaman vorschlägt, «wechselweise sein Bette» mit ihr und der Prinzessin Haiatalnefus zu teilen (III, S. 311).

Vorher, nachdem auch Badure sich dem von ihr längst erkannten Kamaralzaman offenbart hat, erzählen sie einander «ihre Abentheuer seit jener unglücklichen Trennung», und dann, so wird von dem Prinzen berichtet: «[...] il se plaignit à elle d'une manière obligeante de la cruauté qu'elle avait eue de le faire languir si longtemps. Elle lui en apporta les raisons dont nous avons parlé; après quoi, comme il était fort tard, ils se couchèrent ...» (II, S. 213)[181] – Der Prinz «beklagte sich auf eine schmeichelnde Art, daß es doch grausam gewesen wäre, ihn so lange schmachten zu lassen. Sie sagte ihm ihre Gründe, und endigte lächelnd mit einem Kusse: Nun bin ich doch nicht mehr grau-

---

Pferd nach Persien, und stellte es so, daß die Prinzeßin leicht hintenauf steigen konnte. Dann sezte er sich in den Sattel; die Prinzeßin sezte sich hinter ihm zurecht, umschlang ihn der Sicherheit wegen mit ihrem schönen Arm, und sagte ihm, daß er nur zureiten könnte. Er drehte den Zapfen unter der Mähne, und schnell erhub sich das Pferd in die Luft.» (VI, S. 149)

[181] Die drei Punkte im französischen Text scheinen eine Hinzufügung des Herausgebers zu sein, denn ich konnte sie in keiner der mir zugänglichen älteren Ausgaben finden. – Edgard Weber hat, inspiriert von der Psychoanalyse, eine erotische Dimension der arabischen Erzählung von Kamaralzaman und Badure aufzudecken versucht, bei der sie von einer latenten oder manifesten Homosexualität des Helden ausgeht, aus der er sich im Laufe der Geschehnisse befreie. Erst durch die Vereinigung mit Haiatalnefus werde dieser Prozeß abgeschlossen (vgl. bes. S. 235ff.). Wie immer Kenner des arabischen Originals diese Deutung beurteilen – sie läßt sich weder auf Gallands Fassung noch auf die seines Übersetzers Voß anwenden. Das Gleiche gilt für Jamel Eddine Bencheikhs sehr viel differenziertere Interpretation dieser Geschichte (vgl. Ders.: Les mille et une nuits ou la parole prisonnière, S. 97ff.) Zu Bencheikh s. Anm. 194 u. den dazugehörenden Text.

sam? Kommt zu Bette, Lieber; es ist schon spät.» (III, S. 309)[182] Der ostentative Erzählverzicht Gallands ist eine Geste, die auf den erotischen Vorgang verweist und doch zugleich den Takt des Erzählers bezeugt. Voß dagegen evoziert eine Szene, in der die Gefühlsäußerung der Frau jeden Gedanken an Erotik unterdrückt.

Noch einmal der Rahmen: Scheherazade und Schahriar

Galland – davon war bereits die Rede – teilt in einem «Avertissement» vor der 69. Nacht mit, der Leser werde künftig nicht mehr die Formel finden: «Ma chère sœur, si vous ne dormez pas, etc.» (I, S. 225) Er behält die Einteilung in Nächte noch bis zur 236. Nacht bei. Danach erfährt der Leser in einem weiteren «Avertissement», der Autor werde nunmehr auch auf diese Einteilung verzichten. Von jetzt an gelte: « [...] Scheherazade parle toujours sans être interrompue» (sie spreche, ohne unterbrochen zu werden). Galland beruft sich dabei auf den Lesergeschmack. Das muß kein Vorwand sein. Aber es gibt doch noch einen anderen Grund für einen Verzicht auf die Unterbrechungen. Bis zum Ende des achten Bandes konnte sich Galland eines arabischen Manuskripts bedienen, das in Nächte eingeteilt war.[183] Nach der 236. Nacht stützte er sich im wesentlichen auf die Erzählungen seines Gewährsmanns Hanna Diab.

Die Reduktion des Rahmens wirkt sich vor allem auf die Rolle Dinarzades aus. Bezeichnenderweise ist es am Ende der «Histoire d'Aladdin» nicht sie, die die beiden anderen weckt. «[...] après avoir entendu la fin de l'histoire d'Aladdin et de Badroulboudour, toute différente de ce qui lui avait été raconté jusqu'alors, dès qu'il [le sultan des Indes] fut éveillé, il prévint Dinarzade, et il l'éveilla elle-même, en demandant à la sultane, qui venait de s'éveiller aussi, si elle était à la fin de ses contes.» (III, S. 177)[184] Voß schreibt:

---

[182] Raimund Bezold macht mich darauf aufmerksam, daß in der Odyssee-Übersetzung Ares mit fast denselben Worten Aphrodite zum Ehebruch auffordert:

Komm, Geliebte, zu Bette, der süßen Ruhe zu pflegen! (VIII, V. 292)

Die Voß'sche Übersetzung dieser Stelle bei Galland ist sicher keine Anspielung auf die Odyssee, vielmehr dürfte die Stelle belegen, daß eine ähnliche Erzählhaltung beide Stellen aus sich hervorgebracht hat.

[183] Das Manuskript, heute in der Bibliothèque Nationale, wurde inzwischen von Muhsin Mahdi ediert und von Husain Haddaway ins Englische übersetzt. Eine deutsche Übersetzung von Claudia Ott ist in Vorbereitung.

[184] Dinarzades Verschlafen deutet die Möglichkeit an, daß der Sultan bei einer Erzählung einschliefe; aber Galland führt dieses Motiv nicht aus. Franz Hessel hat es spielerisch in einem Feuilleton, «Der Lastträger von Bagdad», aufgegriffen; allerdings läßt er

«In der folgenden Nacht weckte der Sultan selbst seine Gemahlin und Dinarzade, die er weidlich aushöhnte. Ich wollte euch nur fragen, sprach er zu Scheherazade, ob ihr mit euren Geschichten zu Ende seyd. Die letztere war hübsch.» (V, S. 294) Aus der immer wachen, lebhaften Schwester der Sultanin ist eine Langschläferin geworden. Im zweiten Teil des Werks erscheint sie nur noch wenige Male, und nach dieser Szene tritt sie nicht mehr auf. Aber es bedarf ihres Zurücktretens nicht, um dem Zuhörer/Leser deutlich zu machen, daß die Protagonisten der Rahmenaktionen Scheherazade und Schahriar sind.

Zunächst zu der Erzählerin. Will man die Rolle Scheherazades und des Sultans in «Tausend und eine Nacht» beschreiben, so muß man zwischen ihren Beziehungen zueinander und denen zum realen Zuhörer/Leser unterscheiden. Die neuere Erzählforschung spricht von intradiegetischer und extradiegetischer Sprechsituation.[185] Die Differenz dieser beiden Situationen macht einen besonderen Reiz des Werks aus.

Betrachten wir zunächst Scheherazades Beziehung zum Sultan, also die intradiegetische Sprechsituation. Sie muß erzählen, um ihr Leben und das der jungen Frauen ihres Landes zu retten, muß das bewirken, was Bruno Bettelheim die «Kraft der Verzauberung» durch Märchen nennt.[186] Daß das gelingen kann, führt mehr als ein Werk der Weltliteratur vor Augen, wenn auch keines so eindrucksvoll wie «Tausend und eine Nacht». Man kann die Beziehung zwischen Herrscher und Untertanin, zwischen Zuhörer und Erzählerin mit Begriffen der strukturalen Literaturwissenschaft fassen und zum Beispiel den «rhetorical code» analysieren, der ihr Verhältnis bestimmt.[187] Aber die Schwäche solcher – oft subtilen – Interpretationen ist, daß sie die potentielle Realität dieser Situation aus dem Auge verlieren. Die Verzauberung und Rettung durch Erzählen ist nicht nur ein literarisches Phänomen, das sich in der Wirklichkeit allenfalls da einstellt, wo man Kindern Geschichten erzählt, sie kann sich vielmehr auch in der krudesten Realität der Erwachsenenwelt ereignen, wie es Helmut Gollwitzers Erinnerungsbuch «... und führen, wohin du nicht willst» bezeugt.[188] In einem russischen Kriegsgefangenenlager erzählt er den verwahrlosten und verrohten Mitgefangenen abends Geschichten und schlägt sie in seinen Bann.

---

nicht den Sultan einschlafen, er erzählt vielmehr, wie er als Kind beim Lesen dem Schlaf verfällt.

[185] Martinez, Scheffel, S. 76ff.

[186] Bruno Bettelheim, so die Überschrift des ersten Teils seiner Darstellung.

[187] So verfährt z.B. Ferial J. Ghazoul, S. 35ff.; ähnlich Sandra Naddaff.

[188] Helmut Gollwitzer, S. 53ff.

Eine solche Macht des Erzählens muß Scheherazade ausüben. Bettelheim hat gezeigt, daß man dabei an Affekte appellieren muß. Aber wer Bettina Brentanos Wiedergabe des Berichts von Goethes Mutter, offenbar einer begnadeten Geschichtenerzählerin, genau liest, der erkennt, daß das Erzählen seine beinahe magische Wirkung erst entfalten kann, wenn es eine affektive Beziehung zwischen dem Erzähler oder der Erzählerin und dem Zuhörer herzustellen vermag: «Da saß ich, und da verschlang er mich bald mit seinen großen schwarzen Augen, und wenn das Schicksal irgendeines Lieblings nicht recht nach seinem Sinn ging, da sah ich, wie die Zornader an der Stirn schwoll, und wie er die Tränen verbiß.»[189] Erst wo diese Beziehung entsteht, kann das Erzählen den Zuhörer verwandeln.

Zunächst aber muß es Scheherazade gelingen, «de tenir en suspens le sultan des Indes par le récit de ses contes» (III, S. 387; von Voß nicht übersetzt). Sie erhält die Spannung des Sultans unter anderem durch ihre Erzählweise. Schon das arabische Original ist darauf bedacht, die Neugier des Sultans – und mit ihr die des Publikums – dadurch zu entfachen, daß es die Geschichte im erregendsten Augenblick der Handlung unterbricht. Daß diese Unterbrechung auch sonst zur Rhetorik des Erzählens im Orient gehört, belegen Berichte europäischer Reisenden. Donald Campbell schildert in seinem 1795 erschienenen Buch «A Journey over Land to India» den Besuch in einem Kaffeehaus in Aleppo, zu dem ihn ein französischer Freund eingeladen hat. Er erlebt den Auftritt eines berühmten Erzählers, ohne den Text zu verstehen, und daher begreift er auch nicht, warum «in the height and torrent of his speech» dieser plötzlich den Raum verläßt. «But how came he to break off so suddenly?», fragt er seinen Freund und erhält die Auskunft: «That [...] is a part of the art of his profession, without which he would not live: just as he gets to a most interesting part of the story, when he has wound the imagination of his audience up to the highest climax of expectation, he purposely breaks off to make them eager for the rest. He is sure to have them all next day, with additional numbers who come on their report, and he makes his terms to finish the story.» (II, S. 63)[190] Campbell spricht dann von der Wir-

[189] Bettina von Arnim: Sämtliche Werke. 3. Bd., S. 500; vgl. Bruno Bettelheim, S. 175ff.

[190] Donald Campbell. Teil II, S. 61. Ein deutsches Echo auf diesen Bericht findet man bei Bergk-Baumgärtner: Mährchen-Erzähler auf den Kaffehäusern in Haleb. Den Hinweis darauf fand ich in einem der Zettelkästen Carl Georg von Maassens in der Universitätsbibliothek München, deren Kenntnis ich Cornelia Töpelmann verdanke. – Ganz ähnlich beschreibt Patrick Russel in der zweiten Auflage von Alexander Russels Buch «The Natural History of Aleppo» eine solche Szene, die damit ende, daß der Erzähler «breaks off abruptly, and makes his escape from the room, leaving both the heroine and his audience, in the utmost embarrassment» (Bd. I, S. 149). Vgl. dazu Fatma Moussa-Mahmoud, S. 97.

kung der Geschichte auf das Publikum, verwundert über die erregte Anteilnahme am Schicksal der Figuren. «*C'est vrai, Monsieur!* and thereby they demonstrate the power of the poet [...].» (II, S. 64)

Scheherazades Rolle hat sich auch in der zweiten Hälfte des Werks nicht wesentlich verändert. Sie erinnert weiterhin, wenn auch in diesem Teil seltener, durch die Ankündigung einer Fortsetzung daran, daß der Sultan ihr Schicksal in der Hand hat. Im Grunde hat jede Eröffnung ihrer Erzählungen implizit oder explizit die Struktur dieses Satzes: «Si Votre Majesté veut que je lui raconte la suite, il faut qu'elle ait la bonté de prolonger encore ma vie jusqu'à demain.» (I, S. 203f. – Voß, I, S. 325: «Wenn eure Majestät die Folge der Geschichte zu hören wünscht, so werdet ihr die Gnade haben, mein Leben noch bis morgen zu verlängern.») Daran ändert auch Voß nichts.

Für die extradiegetische Situation ist charakteristisch, daß das Publikum nicht nur – wie der Sultan – Scheherazades Geschichten mithört, daß es vielmehr die Beziehung zwischen Erzählerin und Herrscher von außen sieht, also nicht nur das Erzählte, sondern auch das Erzählen miterlebt. Dadurch entsteht für den realen Zuhörer oder Leser eine Spannung, die der Sultan nicht kennt. Eine Form dieser Spannung ergibt sich aus der Ähnlichkeit von Rahmenwirklichkeit und erzählter Realität.[191] In der Geschichte «Le marchand et le génie» («Fischer [und Genius]», I, S. 74ff.) tötet der Kaufmann durch eine alltägliche Geste den Sohn des Genius und wird von diesem mit dem Tode bedroht. Drei alte Männer, Zeugen seiner Verzweiflung, bitten den Genius, dem zum Tode Verurteilten seine Schuld zu erlassen, wenn er die Geschichten, die sie erzählen, wunderbarer und überraschender findet als das Abenteuer des Kaufmanns. Es gelingt ihnen tatsächlich, ihn zu retten. Andere eingeschaltete Rahmengeschichten, in denen Personen gegen ihren Tod erzählen müssen, sind etwa die «Geschichte von drei Kalendern, die Königssöhne waren, und von fünf Damen zu Bagdad» (I, S. 158ff.) oder die «Geschichte von dem kleinen Pucklichten» (II, S. 215ff.). Sie alle schärfen das Bewußtsein dafür, daß Scheherazade durch das Erzählen ihr Leben zu retten versucht.

Die Spannung des Lesers wird dadurch noch weiter gesteigert, daß viele Geschichten, die Scheherazade ihre Figuren erzählen läßt, nun gerade nicht geeignet sind, ihre Gefährdung aufzuheben, denn sie handeln von bösartigen, verbuhlten, zaubernden Frauen und könnten das Vorurteil des Sultans gegen das weibliche Geschlecht, von dem die Bedrohung für die Erzählerin und für die jungen Mädchen des Königreichs ausgeht, verstärken. Mia I. Gerhardt hat die Frage gestellt, warum sich Scheherazade durch eine solche Themenwahl in Gefahr begebe, ohne darauf eine Antwort zu wissen: «[...] it is somewhat

---

[191] Dazu z.B. David Pinault, S. 102ff.

surprising when Sheherâzad's stories seem so ill-adapted to the dangerous situation she had put herself in. [...] All in all, in the first few stories, if we try to connect them with the frame, Sheherâzad appears to be rubbing in the king's conjugal misfortune, rather than helping him to get over it; unless we interpret her choice as destined to show the king that he is not the only one to suffer, but nothing bears out this interpretation.»[192]

Die Spannung des Zuhörers oder Lesers kann aber noch auf andere Weise gesteigert werden. Dazu trägt zum Beispiel die Geschichte vom Kaufmann und dem Genius durch ein erzählerisches Meisterstück bei, denn in ihr werden die einander gleichenden Rahmensituationen unmittelbar nebeneinandergestellt:

«Bald darauf sahn sie auf dem Felde einen dicken Dampf, wie eine Staubwolke, die der Wind fortwirbelt. Dieser Dampf nahte sich ihnen, verschwand plötzlich, und zeigte den Genius, der, ohne sie zu grüssen, mit dem Säbel in der Faust auf den Kaufmann zu ging, ihn beim Arme nahm, und ausrief: Steh auf, daß ich dich tödte, wie du meinen Sohn getödtet hast! Der Kaufmann und die drei erschrockenen Greise huben an zu weinen und zu wehklagen ... Hier sah Scheherazade, daß es Tag war, und brach ihre Erzählung ab, welche die Neugier des Sultans so gereizt hatte, daß er, um das Ende zu erfahren, den Tod der Sultanin noch einen Tag aufschob.» (I, S. 52f.; vgl. Galland, I, S.50)

Einmal ruft Galland und mit ihm Voß – wiederum mit einem bewundernswerten Kunstgriff – die Bedrohung gerade durch einen Verzicht auf das Erzählen ins Gedächtnis:

«Racontez-nous celui [d.h. le conte] du troisième vieillard, dit le sultan à Scheherazade; j'ai bien de la peine à croire qu'il soit plus merveilleux que celui du vieillard et des deux chiens noirs. – Sire, répondit la sultane, le troisième vieillard raconta son histoire au génie; je ne vous la dirai point, car elle n'est pas venue à ma connaissance; mais je sais qu'elle se trouva si fort au-dessus des deux précédentes, par la diversité des aventures merveilleuses qu'elle contenait, que le génie en fut étonné.» (I, S. 63)

«Wie ging es mit dem dritten Greis, sprach der Sultan zu Scheherazade? Ich kann mir kaum vorstellen, daß seine Erzählung wunderbarer sei, als die von dem Greise und den beiden schwarzen Hunden. | Sire, antwortete die Sultanin, der dritte Greis erzählte seine Geschichte dem Genius. Ich kann sie euch nicht wieder erzählen, denn ich habe sie nicht erfahren. Aber das weis

[192] Mia I. Gerhardt: The Art of Story-Telling, S. 399; vgl. auch Dies.: La technique du récit à cadre, S. 140f. Ähnlich Jamel Eddine Bencheikh: Les Mille et Une Nuits ou la parole prisonnière, S. 29ff., der aber eine Erklärung gibt (vgl. Anm. 194 u. den dazugehörenden Text).

ich, daß sie die beiden vorigen an Mannigfaltigkeit wunderbarer Auftritte so sehr übertraf, daß der Genius darüber erstaunte.» (I, S. 73)

Dieser Zug findet sich nicht im arabischen Original, sondern ist eine Erfindung des französischen Übersetzers.[193] Es ist bezeichnend, daß Galland, dem seine Freiheit gegenüber der Vorlage durchaus Wiederholungen oder Modifikationen des Erzählverzichts erlaubt hätte, von ihm nicht wieder Gebrauch macht. Er gibt die Rahmenhandlung nie ganz auf, aber er dünnt sie doch aus. Nie jedoch gibt er die Spannung auf, die aus der Bedrohung Scheherazades erwächst.

Man könnte die Frage Mia I. Gerhards, warum sich Scheherazade durch die Wahl ihrer Erzählgegenstände in Gefahr begebe, ebenso wie die, warum das Werk immer wieder – oft mit raffinierter Technik – ihre Gefährdung vor Augen führe, mit dem Hinweis darauf beantworten, daß das den Reiz der Erzählungen für den Leser erhöhe. Das ist auch ohne jeden Zweifel der Fall, aber Jamel Eddine Bencheikh hat mit Recht betont, daß man, wäre das der einzige Sinn dieser Erzählungen und dieser Darstellungstechniken, aus der Situation der Scheherazade einen beliebigen Anlaß für eine Erzählerin machte, eine Anzahl von ebenso beliebigen Geschichten vorzutragen. Scheherazades Bedrohtsein werde durch eine solche Deutung zu einem Vorwand für das Erzählen unterhaltsamer Geschichten.

In Scheherazades Erzählungen, so Bencheikh, verlangt die «parole prisonnière» (etwa: das weggesperrte, das eingekerkerte Wort) ihr Recht. In ihr artikuliert sich das Begehren (le désir) gegen das durch den Sultan verkörperte Gesetz (la loi). Begehren und Gesetz tragen in diesem Werk einen Zweikampf aus, und dieser Zweikampf gibt den kühnen Formen des Erzählens, mit denen Scheherazade den Sultan herausfordert, ihren Sinn. Es gehe nicht darum, daß Scheherazade durch das Erzählen ihren Kopf rettet, es gehe darum, daß sie das Wort, das des Begehrens, gegen den Spruch des Gesetzes behält. Darin, daß der Ausgang dieses Zweikampfes ungewiß ist, liege der unvergängliche Reiz von «Tausend und eine Nacht».[194]

Von diesem beinahe mythischen Gegensatz ist bei Galland – und bei Voß – nicht sehr viel übrig geblieben. Gewiß wird auch bei ihnen noch von ungebändigten Leidenschaften und fluchwürdigen Verbrechen erzählt, aber alles ist gegenüber dem Original, wie Bencheikh es beschreibt, gemildert. Dennoch ist es sinnvoll, sich seiner Deutung des arabischen Werks auch bei

---

[193] Vgl. dazu Muhsin Mahdi: The Thousand an One Nights, S. 43f. u. Anm. 105 auf S. 211. (Die Erzählung selbst fehlt im arabischen Manuskript Gallands.)

[194] Jamel Eddine Bencheikh: Les Mille et Une Nuits ou la parole prisonnière, bes. S. 10–13 u. S. 36–39.

der Lektüre der Gallandschen und der Voß'schen Version zu erinnern. Man bekommt einen Blick dafür, daß auch bei den beiden Übersetzern des 18. Jahrhunderts Scheherazade nicht eine passive, auf das Erzählen reduzierte Figur ist, die demütig, in ihr Schicksal ergeben, Geschichte um Geschichte aneinanderreiht in der Hoffnung, begnadigt zu werden, oder deren Bedrohtsein nur ein Vorwand ist für die Hervorbringung von Erzählungen. Auch in diesen Fassungen des Werks fordert sie den Sultan heraus, treibt mit ihm und seinen Vorurteilen ein mutiges, aber gefährliches Spiel und verlangt erzählend ihr Recht zum Weiterleben, ja nicht nur das: Indem sie den Sultan durch ihre Erzählungen in den Bann schlägt, bindet sie ihn auch an sich, erzwingt sie *seine* «Treue».

Indem der Leser gegenüber den Rahmenfiguren in die Rolle des Mehrwissenden versetzt wird, rückt ihn das Werk in eine Position, wie sie der Zuschauer in einem Theater einnimmt. Das herausfordernde Erzählen der Scheherazade und die Erzähltechniken, die die Kühnheit ihres Erzählens und ihr Bedrohtsein besonders deutlich machen, entziehen sich einem vorschnellen Urteil und öffnen das Werk für unterschiedliche Interpretationen – mögen sie nun feministisch, herrschaftskritisch oder, wie im Falle Bencheikhs, anthropologisch sein.

Das Drama, das sich vor den Augen des Zuschauers abspielt, braucht nicht nur die mutige Erzählerin, es bedarf des starken Sultans. Den schafft Galland in der Tat, und nie verändert er dessen Rolle. Wie sieht diese Rolle aus? Wiederum soll zunächst von der Beziehung des Sultans zu Scheherazade, also von der sogenannten intradiegetischen Sprechsituation, die Rede sein. Während Scheherazade zumindest am Anfang des Werks durch die Beschreibung des Erzählers und durchgängig durch ihr Verhalten ein gewisses persönliches Profil gewinnt, erscheint der Sultan eher als Instanz denn als Person, einer psychologischen Deutung durch den Leser ebensowenig zugänglich wie etwa der Sonnenkönig durch seine Untertanen. Galland läßt ihn nur wenige, meist formelhafte Sätze sagen und teilt kaum mehr über seine Gedanken und Empfindungen mit, als daß er «curieux» oder «impatient» sei und deswegen bereit, die Fortsetzung der Geschichte anzuhören – mit der Wirkung, daß die Vollstreckung der «loi cruelle» (III, S. 493) aufgeschoben wird. Mehr als einmal berichtet der Erzähler – wie hier am Ende der 70. Nacht – : «Schachriar, jugeant que le sultane achèverait la nuit suivante l'histoire des cinq dames et des trois calenders, se leva, et lui laissa encore la vie jusqu'au lendemain.» (I, S. 224; «Schahriar, der annahm, daß die Sultanin in der kommenden Nacht die Geschichte von den fünf Damen und den drei Kalendern fortsetzen werde, erhob sich und ließ ihr noch einmal das Leben bis zum nächsten Tag.» Nicht bei Voß, I, S. 360; eigene Übers.)

An solchen Introspektionen hat Scheherazade nicht teil. Sie erlebt den Aufschub immer nur als Betroffene: «Schahriar se leva sans rien dire et alla à ses occupations ordinaires.» (I, S. 147; «Schahriar stand auf, ohne ein Wort zu sagen, und ging an seine Reichsgeschäfte.» I, S. 220) – «Le sultan, qui s'était proposé d'entendre toute cette histoire, se leva sans dire ce qu'il pensait.» (I, S. 165; «Das muß ich hören, dachte der Sultan, indem er aus dem Bette stieg; aber er ließ sich nichts merken.» I, S. 252) Noch in der Rahmenaktion vor der letzten Erzählung der «Mille et une nuit» wird dieses Nichtwissen Scheherazades dargestellt: «La sultane Scheherazade, en continuant de tenir en suspens le sultan des Indes par le récit de ses contes, [sans] savoir, s'il la ferait mourir ou s'il la laisserait vivre, lui en raconta un nouveau en ces termes: | [...].» (III, S. 387) Nachdrücklicher kann man die Asymmetrie der Machtverhältnisse nicht darstellen: Scheherazade muß erzählen, der Sultan schweigt, und dieses Schweigen enthält immer eine Drohung. Auch wenn Voß sich bei der Übersetzung viele Freiheiten nimmt, fällt auf, daß er diese Stelle nicht übersetzt, die bei ihm dann etwa so hätte lauten müssen: «Die Sultanin Scheherazade, die fortfuhr, die Spannung des indischen Sultans durch den Vortrag ihrer Geschichten zu erhalten, ohne zu wissen, ob er ihren Tod herbeiführen oder sie am Leben lassen werde, erzählte ihm eine weitere mit diesen Worten.».

Einige Stellen der deutschen Übersetzung scheinen zu signalisieren, daß Voß diese Sultansrolle erhalten, ja, womöglich stärker hervortreten lassen möchte. Am Ende der 26. Nacht heißt es: «Schahriar, qui, comme on l'a déjà dit, avait pris son parti là-dessus, se leva pour remplir ses devoirs.» (I, S. 109) Die deutsche Fassung lautet: «[...] er stand stillschweigend auf, und ging an seine Reichsgeschäfte.» (I, S. 153) – Galland schreibt am Anfang der 31. Nacht: «Dinarzade, le lendemain, ne manqua pas de réveiller la sultane à l'heure ordinaire et de lui dire: ‹Ma chère sœur, si vous ne dormez pas, je vous prie, en attendant le jour qui paraîtra bientôt, de poursuivre le merveilleux conte que vous avez commencé.› Scheherazade prit alors la parole, et, s'adressant au sultan: ‹Sire, dit-elle, je vais, avec votre permission, contenter la curiosité de ma sœur.› En même temps elle reprit ainsi l'histoire des trois calenders: | [...].» (I, S. 119) Voß gibt das so wieder: «Des andern Morgens vor Tage weckte Dinarzade ihre liebe Schwester, und bat um die Fortsezung der gestrigen Geschichte. Scheherazade redete sogleich den Sultan an, und sprach: Sire, ich werde mit eurer Erlaubniß die Neugier meiner Schwester befriedigen. Der Sultan sagte nichts; und Scheherazade fuhr fort in der Geschichte der drei Kalender.» (I, S. 169)

Aber solche Einschübe täuschen über Vossens Erzählintentionen. Gerade die Sultansrolle wird von ihm verändert. Er hatte dabei zwei Möglichkeiten. Eine war die, den Sultan als jemanden darzustellen, der nicht nur ein hartes Gesetz über die Frauen seines Landes verhängt hat, der vielmehr auch sonst als bösartig-grausamer Tyrann auftritt. Er konnte sich damit in eine bestimmte Tradition der orientalisierenden Literatur stellen, die sich der Stereotypen von der «orientalischen Despotie»[195] bediente, oft weniger mit dem Vorsatz, ein negatives Bild vom Orient zu entwerfen, als vielmehr mit der – mehr oder weniger durchsichtigen – Absicht, «Kritik am europäischen Fürstenwesen»[196] zu üben. Kritik an ungerechter Herrschaft kommt in mehr als einer Erzählung von «Tausend und eine Nacht» vor, und warum hätte man sie nicht gegen den Sultan selbst wenden sollen? Diese im Werk schon angelegte Möglichkeit wurde noch im 20. Jahrhundert genutzt.[197] Vossens vielberedeter «Tyrannenhaß» konnte ihm eine derartige Umformung der Sultansrolle nahelegen.[198]

Es gibt nun in der Tat Szenen, in denen «sein» Sultan Züge einer Brutalität aufweist, die dem Gallandschen Werk fremd sind. Am Ende der «Histoire d'Aladdin» spricht Scheherazade den Sultan so an: «‹[...] Enfin elle [Votre Majesté] aura eu horreur des abominations de deux scélérats magiciens, dont l'un sacrifie sa vie pour posséder des trésors, et l'autre sa vie et sa religion à la vengeance d'un scélérat comme lui, et qui, comme lui aussi, reçoit le châtiment de sa méchanceté.› | Le sultan des Indes témoigna à la sultane Scheherazade, son épouse, qu'il était très satisfait des prodiges qu'il venait d'entendre de la lampe merveilleuse, et que les contes qu'elle lui faisait chaque nuit lui faisaient beaucoup de plaisir. En effet, ils étaient divertissants et presque toujours assaisonnés d'une bonne morale. Il voyait bien que la sultane les faisait adroitement succéder les uns aux autres, et il n'était pas fâché qu'elle lui donnât occasion, par ce moyen, de tenir en suspens, à son égard, l'exécution du serment qu'il avait fait si sollennellement de ne garder une femme qu'une nuit et de la faire mourir le lendemain. Il n'avait même presque plus d'autre pensée que de voir s'il ne viendrait point à bout de lui faire tarir le fond.» (III, S. 177)

Voß schreibt: «Und endlich wird eurer Majestät die Bestrafung der beiden gottlosen Zauberer gefallen. | Ja ja, rief der Sultan Schahriar, das waren

---

[195] Vgl. Jürgen Osterhammel: Die Entzauberung des Orients, bes. S. 271ff.

[196] Fawzi Guirguis, S. 278; vgl. Katharina Mommsen, Goethe und 1001 Nacht, S. XVII; Victor Klemperer, S. 96.

[197] In Taha Husseins Erzählung «Scheherazades Träume» wird die weise Scheherazade als Gegenbild zum wankelmütigen Herrscher dargestellt, der ständig an seine Pflichten gegenüber seinen Untertanen erinnert werden muß. Der gebildete Ägypter konnte die Geschichte auch als Mahnung an den damaligen König Faruk lesen. (Das Werk erschien zuerst 1943.) – Freundlicher Hinweis von Stefan Wild, vgl. auch Wiebke Walther: Tausendundeine Nacht, S. 163.

[198] Dazu Wilhelm Herbst. Bd. I, S. 111.

Schurken, welche in Oel gekocht zu werden verdienten. Ueberhaupt muß ich gestehn, daß die ganze Geschichte von der Wunderlampe sehr lehrreich und angenehm ist. Guten Morgen, Sultanin; die Morgenröthe scheint heute so lieblich, es wird ein schöner Tag.» (V, S. 293f.)

Der Kontrast ist umso größer, als dies eine der wenigen Stellen Gallands ist, an denen sich eine gewisse Entwicklung des Sultans andeutet. Hier scheinen höfische Gesittung und herrscherliche Tugend eine Verbindung einzugehen. Der Sinneswandel, der dann zur Begnadigung Scheherazades führt, kündigt sich an.

Auch in anderen Gedanken und Reden des Voß'schen Sultans wird eine Haltung sichtbar, die dem Fürsten Gallands fremd ist. «Schahriar», heißt es am Ende der 68. Nacht, «se leva, et lui laissa encore la vie jusqu'au lendemain.» (I, S. 224) – «Das sollte ich doch noch mit anhören, sprach der Sultan bei sich selbst, indem er aufstand. [...] Ei nun, auf Einen Tag kömmts ja nicht an!» (I, S. 360) Und am Ende der 122. Nacht teilt Galland die Gedanken des Sultans mit: «Je ne sais si je ne devrais pas la faire mourir aujourd'hui; mais non, ne précipitons rien [...].» (I, S. 355) – Voß macht daraus: «Eigentlich sollt ich sie heute hinrichten lassen; doch – – eile mit Weile!» (II, S. 215) Die Verwendung von Floskeln und sprichwörtlichen Redensarten in einem Augenblick, in dem es um Leben und Tod geht, gibt dem Sultan Züge einer jovialen Brutalität. Es ließen sich weitere Beispiele anführen. Und trotzdem: Eine durchgängige Umgestaltung der Sultansrolle zu der eines grausamen Despoten findet bei Voß nicht statt.

Natürlich hätte Voß auch den entgegengesetzten Weg wählen, hätte aus Schahriar einen in Wortwahl und Gestik eher bürgerlichen Zuhörer machen können. Damit wäre eine Bearbeitungstendenz, wie sie an den Erzähltexten sichtbar gemacht wurde, auch auf den Rahmen ausgedehnt worden. Daß sie tatsächlich auch bei der Veränderung des Rahmens am Werke ist, zeigt die Schlußszene der letzten Geschichte. In anderen Passagen des Werks wird man sie gleichfalls entdecken. Die 103. Nacht wird so eingeleitet: «Sire, dit Scheherazade au sultan des Indes, Votre Majesté n'a pas oublié que c'est le grand-vizir Giafar qui parle au calife Haroun-al-Raschid.» (I, S. 321) Danach beginnt sie sogleich mit der Erzählung. Voß macht daraus eine kleine Rahmenaktion: «Sire, sprach Scheherazade, zu dem indischen Sultan, eure Majestät hat doch nicht vergessen, daß der Großvezier Giafar dem Kalifen Harun Alraschid diese Geschichte erzählt? Was wollt ich, erwiederte er gähnend; fahrt nur fort.» (II, S. 156) Fürstlich ist das nicht, und wenn Voß den floskelhaften Schluß der 120. Nacht: «‹A ces mots, il sortit de l'appartement de sa fille, et lui laissa la liberté de se coucher ...› | Scheherazade voulait poursuivre son récit, mais le jour qui commençait à paraître l'en empêcha.» (I, S. 351) in einen kleinen Dialog verwandelt, evoziert er auch mit ihm nicht gerade die höfische Welt: «Bei diesen Worten ging er aus dem Zimmer seiner Tochter, die sich hurtig entkleidete, und ins Bette stieg. | Das mag sie thun, sprach Schahriar aufgeräumt, ich steige heraus. Was Bedreddin wohl sagen wird, wenn er nun ankömmt. Guten Morgen.» (II, S. 207f.) Aber wiederum ist festzustellen: Die Sultansrolle wird nicht konsequent «verbürgerlicht».

Das Bild wird noch diffuser, wenn man die Stellen des Rahmens betrachtet, an denen der Sultan ironisch dargestellt wird. Vossens Stilmittel ist dabei eine perspektivische Brechung: Die Mitteilung der Willensakte und Gefühlsäußerungen des Sultans aus der Binnenperspektive der Figur wird überlagert durch Urteile aus der Außensicht.

«Ce ne fut pas tant pour faire plaisir à Dinarzade que Schahriar laissa vivre encore la sultane que pour contenter la curiosité qu'il avait d'apprendre ce qui se passerait dans ce château.» (I, S. 94) – «Schahriar schenkte seiner Gemahlin noch herzlich gern einen Tag, nicht sowohl aus Gefälligkeit für Dinarzade, sondern aus höchsteigener Neugier, das Ding mit dem marmornen Schlosse ein wenig näher kennen zu lernen.» (I, S. 126)

«Scheherazade finit là le conte du pêcheur et du génie. Dinarzade lui marqua qu'elle y avait pris un plaisir infini; et, Schahriar lui ayant témoigné la même chose, elle leur dit [...].» (I, S. 112) – «Hier endigte Scheherazade die Geschichte vom Fischer und Genius. Dinarzade äusserte sogleich ihre unendliche Freude durch Ausrufungen, die wir schon gehört haben. Und als Schahriar ebenfalls seine gnädigste Zufriedenheit bezeugte; so sagte die Sultanin [...].» (I, S. 157)

«Le sultan, curieux de savoir ce que ferait le calender seul dans le château après le départ des quarante dames, remit au jour suivant à s'en éclaircir.» (I, S. 195) – «Der Sultan war neugierig zu wissen, was der einsame Prinz in dem Schlosse nach der Abreise der vierzig Damen vornehmen würde, und entschloß sich huldreichst der Sultanin noch die folgende Nacht zu schenken.» (I, S. 308)

«Il se leva pour faire sa prière et tenir son conseil, sans toutefois rien témoigner de sa bonne volonté à la sultane.» (II, S. 72) – «Er stand auf, verrichtete sein Gebet, und ging in die Rathsversammlung. Doch sagte er der Sultanin nichts von seiner gnädigsten Willensmeinung.» (III, S. 85)

Mit der ironischen Darstellung des Herrschers – wäre sie denn ein durchgehender Zug der Bearbeitung – hätte Voß eine erzählerische Möglichkeit gewonnen, über die Galland nicht verfügt, nicht verfügen will. Sie drückte eine politische oder moralische Kritik an der Sultansfigur aus, bekundete aber nicht unbedingt Zweifel an ihrer Macht. Die Erzählsituation bliebe daher erhalten: Scheherazade müßte gegen die Bedrohung auch durch diesen Herrscher erzählen. Eine antihöfische – wenn man so will: bürgerliche – Tendenz käme dabei nicht durch die Gestaltung der Herrscherrolle, sondern vor allem durch den Erzählmodus in das Werk. Aber wenn Voß mit dem Gedanken gespielt hat, die französische Vorlage auf diese Weise zu verändern, dann hat er das jedenfalls nicht konsequent getan. – Man wird seine Eingriffe überhaupt nicht angemessen deuten, wenn man unterstellt, er habe eine neue, kohärente Sultansrolle schaffen, wird vielmehr davon ausgehen müssen, daß er eine andere Beziehung zwischen dem Sultan und dem Leser, eine andere extradiegetische Sprechsituation, hat herstellen wollen als Galland.

Auch Gallands Fürst äußert Bedauern über die Unterbrechung der Erzählung, Neugier auf ihre Fortsetzung und Zufriedenheit, wenn nicht gar Genugtuung über ihren Ausgang, aber in der deutschen Übertragung sind solche Bekundungen häufiger und klingen emphatischer, nicht zuletzt deshalb, weil sie die indirekte Rede des Originals immer wieder durch direkte Rede ersetzt und diese noch lebhafter wirken läßt durch Fragen und Interjektionen.

«Scheherazade allait poursuivre, mais elle fut obligée d'interrompre son discours, parce que le jour paraissait.» (I, S. 375) – «Es ist schon Morgen, Sire, sprach die Sultanin. Schade! murmelte Schahriar, und stund auf.» (II, S. 246)

«Schahriar se leva, fort curieux d'apprendre ce que ferait le jeune homme de Bagdad dans le salon de la dame du Caire.» (I, S. 376) – «Schon wieder Tag? murrte Schahriar. Nun das ist doch auch ....! Dinarzade muß früher wecken!» (II, S. 248)

Nachdrücklicher als bei Galland urteilt bei Voß der Sultan über die Figuren der Erzählungen oder äußert gar Anteilnahme mit ihnen:

«Schahriar se leva en plaignant Bedreddin, et fort impatient de savoir la suite de cette histoire.» (I, S. 338) – «Der arme Bedreddin Hassan, sprach Schahriar! Schade, daß es schon Tag ist. Hm! seinem leiblichen Vater! Ich muß doch hören, wie es weiter ablief. Guten Morgen, Scheherazade.» (II, S. 187)

«En achevant ces mots, Scheherazade, remarquant qu'il était jour, se tut, et Schahriar se leva en riant de tout son cœur de la frayeur de Bedreddin, et fort curieux d'entendre la suite de cette histoire, que la sultane reprit de cette sorte le lendemain avant le jour: | [...].» (I, S. 349) – «Das ist doch würklich lustig, sprach Schahriar bei sich selbst, indem er aufstund. Du armer Bedreddin hast den Pfeffer vergessen! Nun mich verlangt recht, wie das ablaufen wird. Morgen Nacht mehr, Scheherazade.» (II, S. 204)

An den beiden zuletzt zitierten Passagen fällt noch etwas anderes auf: Voß neigt nicht nur dazu, das summarische Erzählen[199] Gallands durch einen Wechsel von Narration und Dialog zu ersetzen, er schafft kleine Szenen, in denen nicht nur die Rahmenfiguren miteinander sprechen, in denen vielmehr die Gestalten der Erzählung so angeredet werden, als seien sie anwesend. Es fehlt nur die Anrede an den realen Leser, aber man darf doch in Vossens Verwandlungen des Rahmens die Absicht vermuten, ihn mit einzubeziehen, eine Sprechsituation herzustellen, in der die Figuren des Rahmens und das Publikum miteinander kommunizieren. Gewiß ist es kein aristokratisches oder gar höfisches Publikum, das Voß hier im Auge hat – oder genauer, das er sich schafft, denn er wendet sich ja nicht an einen realen Leser- oder Zuhörerkreis –, eher eines, wie es sich an geselligen Abenden in einem literarisch interessierten bürgerlichen Zirkel traf.

Der Preis, den Voß für diese Veränderungen zahlt, ist hoch. Zwar behält er die erzählerischen Elemente bei, die bei Galland eine besondere Spannung des Lesers zu erzeugen vermochten, aber diese Spannung verliert in der deutschen Fassung ihre Kraft. Vossens Werk fehlt der Bezugspunkt: der mächtige, zur Vollstreckung seines Gesetzes fähige Sultan. Damit wird die Differenz zwischen intra- und extradiegetischem Erzählen, die das Gallandsche Werk auszeichnet und die ihm eine besondere ästhetische Qualität verleiht, wenn nicht aufgehoben, so doch gemindert. Voß setzt allein, so scheint es, auf die Magie des Erzählens und läßt damit den Leser in eine Position einrükken, die sich kaum von der des Sultans unterscheidet.

Voß mag gespürt haben, daß er mit solchen Veränderungen des Rahmens die ästhetische Komplexität des französischen Originals reduzierte. Jedenfalls ist man versucht, eine seiner Übersetzung eigene Erzählstrategie – von der gleich zu reden sein wird – als Antwort auf diese Reduktion zu deuten.

Maßvoller und gesteigerter Ausdruck

Der Gallandsche Gebrauch des «je ne sais quoi», sein moralistisches Erzählen, seine Darstellung höfischer Szenen leisten etwas, worauf Voß weitgehend verzichtet. Galland wendet sich an eine kultivierte Leserschaft, die den Takt seines Erzählens zu würdigen vermag. Voß schafft sich ein anderes Publikum, und er muß es seinerseits fesseln. Mit welchen Mitteln er das versucht, soll zunächst an zwei Beispielen aus Liebesgeschichten gezeigt werden.

---

[199] Martinez-Scheffel, S. 40, vgl. Eberhard Lämmert, S. 82ff.

In der «Geschichte von Beder dem persischen Prinzen, und Giauhare, der Prinzeßin des Königreichs Samandal» gibt die Königin Gülnare ihrem Sohn Beder, der von der zauberkundigen Königin Labe in einen Uhu (bei Galland in eine Eule) verwandelt worden ist, durch einen Gegenzauber die menschliche Gestalt zurück:

«Dans ce moment la reine Gulnare ne vit plus le vilain hibou: elle vit le roi Beder son fils; elle l'embrassa aussitôt avec un excès de joie, qu'elle n'était pas en état de dire par ses paroles; dans le transport où elle était, ses larmes y suppléèrent [ihre Tränen traten an die Stelle der Worte] d'une manière qui l'exprimait avec beaucoup de force. Elle ne pouvait se résoudre à le quitter, et il fallut que la reine Farasche le lui arrachât d'entre les bras pour l'embrasser à son tour. Après elle, il fut embrassé de même par le roi son oncle et par les princesses ses parentes.» (II, S. 373)

«Im Augenblick verschwand der garstige Uhu. Die Königin Gülnare umarmte ihren geliebten Beder mit Inbrunst, und weinte vor unaussprechlicher Freude. Sie konnte nicht satt werden, ihn zu küssen und an ihr Herz zu drücken; und die Königin Farasche mußte ihn mit Gewalt aus ihren Armen reissen. Nach den Liebkosungen der Großmutter umarmte ihn auch sein Oheim, der König Saleh, und drauf die Prinzeßinnen.» (IV, S.195)

Galland verschweigt keineswegs, daß die Gestalten seiner Erzählung von ihren Gefühlen überwältigt werden, aber wiederum stellt er eine Differenz zwischen der Ebene des Erzählten und der des Erzählens her. Auf der Ebene des Erzählten können die Empfindungen sich nicht unmittelbar Ausdruck verschaffen, auf der Ebene des Erzählens werden sie ausgesprochen. Auch an dieser Stelle hebt Voß die Differenz auf. Die Wirkung auf den Leser ist die, daß die Gefühle der Voß'schen Figuren als stärker erscheinen. Derselbe Eindruck wird in der «Geschichte von Abulhassan Ali Ebn Bekar, und Schemselnihar, der Favoritin des Kalifen Harun Alraschid» mit anderen Mitteln erzeugt. Der persische Prinz, getrennt von der Geliebten, erhält von ihr einen Brief:

«Le prince de Perse ne se contenta pas d'avoir lu une fois cette lettre; il lui sembla qu'il l'avait lue avec trop peu d'attention. Il la relut plus lentement, et, en lisant, tantôt ils poussait de tristes soupirs, tantôt il versait des larmes, et tantôt il faisait éclater des transports de joie et de tendresse, selon qu'il était touché de ce qu'il lisait. Enfin, il ne se lassait point de parcourir des yeux des carac-

«Der persische Prinz verschlang diesen Brief mit gierigen Blicken. Dann las er ihn noch einmal langsam, bald mit Seufzern und Thränen, bald mit lauten Ausbrüchen der Freude und Zärtlichkeit. Er wollte zum drittenmal anfangen; aber Ebn Thaher stellte ihm vor, die Vertraute hätte nicht lange Zeit, er müßte auf eine Antwort denken. Ach, rief der Prinz, wie kann ich einen so entzückenden Brief

tères tracés par une si chère main; et il se préparait à les lire pour la troisième fois, lorsque Ebn Thaher lui représenta que la confidente n'avait pas de temps à perdre, et qu'il devait songer à faire réponse. ‹Hélas! s'écria le prince, comment voulez-vous que je fasse réponse à une lettre si obligeante? En quels termes m'exprimerai-je dans le trouble où je suis? J'ai l'esprit agité de mille pensées cruelles, et mes sentiments se détruisent au moment que je les ai conçus, pour faire place à d'autres. Pendant que mon corps se ressent des impressions de mon âme, comment pourrai-je tenir le papier et conduire la canne pour former des lettres?›» (II, S. 102)

beantworten? Meine Seele wogt, wie ein stürmendes Meer; Gedanken rollen hinter Gedanken, und verschlingen einander. Wie soll mein Leib, zitternd von dem Ungestüm der Seele, das Papier halten, und das Rohr führen, um Buchstaben zu zeichnen?» (III, S. 133f.)

Obwohl auch Galland hier von heftigen Gefühlen spricht, vermittelt er sie dem Leser nicht in ihrer Unmittelbarkeit. Wo Voß davon redet, daß der Prinz den Brief «mit gierigen Blicken» «verschlang», stellt Galland durch die grammatische Negation «ne se contente pas» eine Distanz zwischen der Figur und dem Leser her. Ähnliches leistet seine Satzkonstruktion mit dem dreimaligen «tantôt», die das Mitgeteilte durch den Modus der Aussage mäßigt. Voß gibt diese kunstvolle Periode nicht wieder. Selbst die direkte Äußerung des Prinzen erscheint bei Galland nicht als unmittelbarer Gefühlsausdruck, weil die Empfindungen durch Reflexion gedämpft werden. Voß dagegen verwendet ein – an den Ton von Texten der Genieperiode erinnerndes – Bild, das, obwohl es von Gedanken redet, ein «Ungestüm der Seele» evoziert, in dem jede Reflexion untergeht.

Solche Steigerung der Gefühle weisen viele Liebesgeschichten in der Voß'schen Übersetzung auf. Der Abschnitt über die Gedichte wird weitere Beispiele bieten.

Voß kann bei den den abenteuerlichen, komischen oder gar possenhaften Geschichten so nicht verfahren, und doch gibt es auch in ihnen eine Form der Steigerung, wenn auch mit anderen künstlerischen Mitteln und in anderer Absicht. Charakteristisch für die Bearbeitungstendenzen, die Voß hier walten läßt, sind einige Änderungen, die er in der Geschichte von «Sindbad dem Seemann» vornimmt. Wiebke Walther war aufgefallen, daß Galland in der Erzählung der vierten Reise, auf der Sindbad lebendig in einer Höhle begraben wird, in den Text eingreift. In einer Gallands Version nahestehenden Fassung des Originals heißt es:

«Ich nährte mich von der Zehrung und dem Wasser, die ich mithatte, bis sie zu Ende gingen, da erwartete ich den Tod. Plötzlich wurde der Eingang zur Höhle geöffnet, und man ließ einen Toten herab und jemanden anders, der noch lebte. Als die Bahre unten anlangte, (sah ich), der Tote war ein Mann, und seine Frau lebte. Ich erblickte sie, aber sie nahm mich nicht wahr. Sie legten den Stein wieder (vor den Eingang) und gingen weg. Da packte ich mit der Hand einen großen Knochen und schlug sie auf den Kopf, so daß sie zu Boden fiel. Ich schlug sie ein zweites Mal, da starb sie. Ich nahm das Brot und das Wasser, das sie bei sich hatte, und ernährte mich davon.»[200]

Gallands Fassung lautet: «Je n'attendais plus que la mort, continua Sindbad, lorsque j'entendis lever la pierre. On descendit un cadavre et une personne vivante. Le mort était un homme. Il est naturel de prendre des résolutions extrêmes dans les dernières extrémités. Dans le temps qu'on descendait la femme, je m'approchai de l'endroit où sa bière devait être posée; et, quand je m'aperçus que l'on recouvrait l'ouverture du puits, je donnai sur la tête de la malheureuse deux ou trois grands coups d'un gros os dont je m'étais saisi. Elle en fut étourdie, ou plutôt je l'assommai, et, comme je ne faisais cette action inhumaine que pour profiter du pain et de l'eau qui étaient dans la bière, j'eus des provisions pour quelques jours.» (I, S. 263)

Voß: «Ich erwartete nichts als den Tod, fuhr Sindbad fort, als ich oben den Stein aufheben hörte. Man senkte eine Leiche und eine lebendige Person herab. Der Todte war ein Mann. In der äussersten Noth wählt man nicht lange unter Entschlüssen. Während der Zeit, da man die lebende Frau niedersenkte, näherte ich mich dem Orte, wo der Sarg stehn sollte; und als man die Oeffnung der Gruft wieder zudeckte, gab ich der Unglücklichen zwei bis drei starke Schläge mit einem grossen Knochen aufs Haupt. Sie wurde betäubt, oder vielmehr sie starb; und ich nahm aus ihrem Sarge das Wasser und Brot, wovon ich einige Tage lebte.» (II, S. 59f.)

Galland hat die Sindbads Tat begründenden (und entschuldigenden) Sätze, abweichend vom Original, in seine Übersetzung eingefügt; Voß hat sie, wie Martin Lowsky bemerkt hat, gestrichen oder reduziert. Es ist bezeichnend, daß die moralistische Sentenz «Il est naturel ...» bei ihm den Charakter eines Sprichworts annimmt. Lowskys Erklärung, seine «poetische Empfindsamkeit» habe «ihn offenbar die Stellen als Fremdkörper erkennen lassen»,[201] würde überzeugen, wenn Voß sonst genau übersetzte. Plausibler scheint die Deutung, daß Voß – ob bewußt oder unbewußt, bleibe dahingestellt – die rohen Züge dieser Abenteuergeschichte verstärkt hat. Daß er damit der arabi-

---

[200] Wiebke Walther: Tausendundeine Nacht, S. 39f. (Übers. W. Walthers).

[201] Martin Lowsky: Französischlehrer Stecher, S. 122f.

schen Fassung näherkam als sein Gewährsmann Galland, wäre dann nur ein Zufall. Diese Deutung wird auch durch die Fortsetzung des Berichts bestätigt, in der Voß die brutalen Züge der Selbsterhaltung Sindbads betont: «Au bout de ce temps-là, on descendit encore une femme morte et un homme vivant: je tuai l'homme de la même manière, et comme, par bonheur pour moi, il y eut alors une espèce de mortalité dans la ville, je ne manquai pas de vivres en mettant toujours en œuvre la même industrie.» (I, S. 263) – «Nach Verlauf dieser Zeit senkte man eine todte Frau und einen lebenden Mann herab; diesen richtete ich eben so hin. Und da zu meinem Glücke damals eine ansteckende Seuche in der Stadt herrschte, so fehlte es mir nicht an Lebensmitteln, die ich mir durch meinen Knochen erwarb.» (II, S. 60) Indem die Voß'sche Fassung für den Mord einen Ausdruck aus der Rechtssprache verwendet – «diesen richtete ich eben so hin» –, verweist sie gerade auf die Rechtlosigkeit der Handlung und betont ihre Grausamkeit. Das wird noch gesteigert dadurch, daß Voß da, wo Galland die Ermordung eher distanziert darstellt, mit der Erwähnung des Instruments den Tatverlauf realistisch evoziert.

In der «Geschichte des Barbiers» verteidigt sich der Erzähler – für Lichtenberg «ein abscheuliger Charakter»[202] – mit diesen Worten: «Il [der Jüngling, über den der Barbier nur Unglück gebracht hat] m'accuse d'être un babillard; c'est une pure calomnie: de sept frères que nous étions, je suis celui qui parle le moins et qui ai le plus d'esprit en partage. Pour vous en faire convenir, Messeigneurs, je n'ai qu'à vous conter mon histoire et la leur. Honorez-moi, je vous prie, de votre attention.» (I, S. 437) – «Er giebt mir Schuld, ich sey ein Schwäzer. Das ist klare Verleumdung! Von sieben Brüdern, so viel unser waren, bin ich derjenige, der am wenigsten redet, und am meisten Scharfsinn hat. Karglaut, aber sinnreich! ist mein Wahlspruch. Um euch davon zu überzeugen, meine Herren, brauche ich euch nur unsre Geschichte zu erzählen. Ich bitte euch um ein geneigtes Ohr.» (III, S. 5) Der Leser kennt ihn bereits als einen lästigen Schwätzer, und um so mehr genießt er hier den Versuch, die vorgebliche bescheidene Zurückhaltung durch eine sprichwörtliche Redensart zu beglaubigen.

Zur Verwendung von Sprichwörtern oder Wendungen, die Sprichwortcharakter vorgeben, neigt Voß auch sonst in solchen Erzählungen. In der «Geschichte von des Barbiers sechstem Bruder» wird von einem Scheinmahl erzählt, das zur Belustigung des Gastgebers für den hungrigen Gast inszeniert wird. «[...] mangez-donc: pour un homme affamé,» ruft der Wirt aus, «il me semble que vous faites la petite bouche.» (II, S. 63) – «Nun eßt doch! Ein Mann, der hungrig ist, deucht mich, sollte nicht so jüngferlich nippen.» (III,

[202] Georg Christoph Lichtenberg: Schriften und Briefe. Bd. I, S. 575 (F 809).

S. 70) In dem Abschnitt über die Gedichte wird von einem weiteren Beispiel, nunmehr einem gereimten, die Rede sein.

Kein Zweifel, daß Voß mit solchen Veränderungen den Eindruck des Komisch-Burlesken steigert. Denselben Effekt erzeugt er durch den Gebrauch eines volkssprachlich-derben Vokabulars. Der «abscheulige» Barbier sagt an einer anderen Stelle: «J'avais six frères, que vous auriez pu, avec raison, appeler babillards [...]. C'étaient des discoureurs importuns; mais moi, qui suis leur cadet, je suis grave et concis dans mes discours.» (I, S. 427) – Habicht übersetzt das ungeschickt und farblos: «Das waren unerträgliche Plauderer; aber ich, der jüngste, ich bin bedächtig und gedrängt in meinen Reden.» (III, 291) – Voß schreibt: «Diese hatten alle ein gutes Maulleder; aber ich, als der jüngste von ihnen, bin ernsthaft und kurz von Worten.» (II, S. 328) Weitere Beispiele ließen sich leicht beibringen, so etwa: «Le vizir [...] commanda qu'on lui donnât la bastonnade.» (I, S. 345) – «Der Vezier [...] verordnete ihm eine kräftige Prügelsuppe.» (II, S. 197) «Un jour qu'il travaillait, un petit bossu [...] se mit à chanter [...]. Le tailleur prit plaisir à l'entendre, et résolut de l'emmener dans sa maison pour réjouir sa femme. | ‹Avec ses chansons plaisantes, disait-il, il nous divertira tous deux ce soir.›» (I, S. 357) – «Mit seinen schnakischen Liedern, sprach er, wird er uns beiden diesen Abend genug zu lachen geben.» (II, S. 216)

Ein weiteres Stilmittel, das solchen Bearbeitungsprinzipien dient, ist die Verwendung wörtlicher Rede mit umgangssprachlichen Wörtern und Formen. Der zweite Bruder des Barbiers läßt sich in der Hoffnung, die Gunst einer Dame durch Eingehen auf ihre bizarren Launen zu erlangen, als Frau verkleiden:

«On lui rasa la moustache, et l'on se mit en devoir de lui raser aussi la barbe. La docilité de mon frère ne put aller jusque-là. ‹Oh! pour ce qui est de ma barbe, s'écria-t-il, je ne souffrirai point absolument qu'on me la coupe.› L'esclave lui représenta qu'il était inutile de lui avoir ôté sa moustache s'il ne voulait pas consentir qu'on lui rasât la barbe; qu'un visage barbu ne convenait pas avec un habillement de femme; et qu'elle s'étonnait qu'un homme qui était sur le point de posséder la plus belle personne de Bagdad fît quelque attention à sa barbe.» (II, S. 33)

«Dann schor man ihm den Knebelbart, und machte Anstalten, ihm auch den übrigen ganzen Bart abzunehmen. Nu was soll das? rief mein Bruder, in meinem Leben lasse ich mir den Bart nicht abschneiden! Ne, was zu viel ist, das ist zu viel! Man kann eine Sache auch übertreiben! Die Sklavin stellte ihm vor, es wäre umsonst, daß er den Knebelbart hergegeben hätte, wenn er sich nicht das ganze Gesicht glatt scheeren liesse; Frauenkleider und ein Bart dabei, wie das aussehen würde; und es wäre ja sonderbar, daß ein Mann, der auf dem Punkt wäre, die schönste Dame in Bagdad zu besitzen, sich noch um einen Lumpenbart bekümmerte.» (III, S. 25f.)

Konnte sich Voß bei der Steigerung der Gefühle in der Übersetzung der Liebesgeschichten des Vokabulars bedienen, das im empfindsamen Roman seiner Zeit oder auch in Wielands orientalisierenden Verserzählungen wie dem «Oberon» bereit lag, so fand er Wörter wie «Maulleder» oder «Prügelsuppe» zum Beispiel in abenteuerlichen oder komischen Volksbüchern, deren Lektüre er unter anderem betrieb, um «kernhafte Wörter» für ein Lexikon zu sammeln und die «alte Nerve» der deutschen Sprache zurückzugewinnen. Dieses Interesse hat ihn sein Leben lang nicht verlassen, wie ein Brief Jean Pauls über die Shakespeare-Übersetzung von Vater und Sohn bezeugt: «Für die niedersächsischen und altdeutschen Kernwörter sollte man euch danken.»[203]

Voß sagt an einer Stelle des Rahmens, die seine Zutat ist: «Scheherazade hatte dem indischen Sultan mit dieser lezten Erzählung viel Freude gemacht. Das Ding ist artig genug, sprach er; ich mag es wohl, wenn es so hübsch lehrreich ist; wiewohl es mir auch nicht minder gefällt, wenn es manchmal ein wenig bunt durch einander geht.» (VI, S. 118) Ob das bewußt formuliert ist oder eher unreflektiert dahingesagt – es drückt sich darin das Programm aus, dem sich die Veränderungen der deutschen Übersetzung verdanken. Gewiß, «bunt durcheinander» – das kann den oft verwirrenden Übergang von einer Szene zur anderen, kann das plötzliche Umschlagen der Handlung meinen, aber es trifft doch auch den Wechsel der Töne und Stillagen. Was in den Erzählungen als Möglichkeit angelegt ist, wird bei Voß verstärkt. Auch wenn es in der deutschen Übersetzung gelegentlich zu Stilmischungen kommt – es gibt derbkomische Einsprengsel in den Liebesgeschichten, sentimentale Passagen in den burlesken oder abenteuerlichen Stücken – , bestätigt sich doch insgesamt der Eindruck eines Wechsels von «empfindsamem» und «realistischem» Erzählen. In den Liebesgeschichten setzt Voß nachdrücklicher als Galland auf die Wirkung der Gefühle, in den abenteuerlichen und komischen Erzählungen stärker auf den Reiz des lebensvollen Details und den Effekt des Burlesken. Jede Erzählung muß den Leser neu für sich gewinnen, keine kann auf Wirkungen bauen, die von dem Gesamtwerk ausgehen.[204]

---

[203] Vgl. seinen Brief an Brückner in Briefe. Bd. 1, S. 170. Dazu Wilhelm Herbst. Bd. I, S. 82; II, 1, S. 84; II, 2, S. 42f. und Günter Häntzschel: Johann Heinrich Voß und die Heidelberger Romantik, S. 83 sowie Ders.: Johann Heinrich Voß in Heidelberg, S. 315f. – Das Jean Paul-Zitat in: Briefwechsel zwischen Heinrich Voß und Jean Paul, S. 72 (Brief vom 10. März 1819).

[204] Diese Dualität entspricht in gewisser Weise der von «Volkstümlichkeit» und «Klassizität», die Günter Häntzschel in der Homer-Übersetzung findet. Dort aber wird sie

Man mag versucht sein zu sagen, daß sich darin eine Instrumentalisierung der Geschichten von «Les mille et une nuit» allein zum Zweck der Unterhaltung des Publikums ausdrücke, daß hier eine ästhetische Reduktion stattfinde, in der sich eine gewisse Mißachtung der Vorlage dokumentiere. Wenn es nur so einfach wäre. Daß Voß «Les mille et une nuit» – gelegentlich – geringgeschätzt haben mag, ist das eine, was er künstlerisch realisiert hat, das andere. Wer die deutsche Übersetzung interpretiert, der kommt zwar nicht umhin festzustellen, daß die – freilich brüchige – Einheit des Gallandschen Werks bei Voß nahezu aufgegeben wird, muß aber gleichzeitig zur Kenntnis nehmen, daß Voß die Erzählungen seiner Vorlage auf beachtliche Weise umgestaltend übersetzt.

Voß verfügt über ein großes Repertoire an Übersetzungsweisen. Es gibt viele Stellen, an denen er ganz nahe am französischen Original bleibt und die deutlich werden lassen, daß nicht mangelnde Kenntnis des Französischen oder schriftstellerisches Unvermögen der Grund für Abweichungen sind. Gelegentlich macht er – kleinere – Hinzufügungen, generell aber strafft er den Text. Grundsätzlich ändert er den Stil der Vorlage: macht aus dem höfischen Ton ein eher «bürgerliches» Erzählen – aber ganz unbesorgt um die innere Einheit des Werks. Alle Fluchtlinien seiner Umgestaltung weisen auf einen Punkt außerhalb der Erzählung: auf einen Leser, den sich Voß im Erzählen zugleich erst schafft, wenngleich er dabei an die eine oder andere Erfahrung mit Zuhörern in der Familie oder in geselligen Kreisen angeknüpft haben dürfte, wie sie sich etwa um Gleim versammelten. Deshalb kann er so unbekümmert die Tonlagen seiner Erzählungen wechseln, kann auf «moderne» empfindsame Geschichten zum Teil derbkomische oder abenteuerliche folgen lassen, die einer viel älteren Erzähltradition verflichtet scheinen. Und deshalb ist für ihn kein Problem, was der Leser heute als Widerspruch empfinden mag: daß er in einem Augenblick, von der literarischen Qualität seiner Vorlage verführt, genau übersetzt und im nächsten auf das Freieste mit dem Ausgangstext verfährt.

Voß hat nicht die Absicht, ein Werk zu schaffen, das die Nähe von Orient und westlicher Kultur vor Augen führte. Er stellt sich auch nicht in eine intellektuelle Tradition, für die der Orient und «Tausend und eine Nacht» eine Schatzkammer bereitstellen, aus der man sich zur Erreichung

– nicht zuletzt durch den Vers – nach den Worten Häntzschels zu einer «Synthese» gebracht (Ders., S. 245ff.). – Auch das arabische Original kennt diese Dualität, wie Wiebke Walther in «Drei Geschichten aus Tausendundeiner Nacht» zeigt. Wiederum könnte man angesichts der Tatsache, daß Galland sie zu mildern versucht (Walther, S. 476), vermuten, Voß habe ein Gespür für die Originalversion gehabt (vgl. Anm. 201), aber die einfachere Erklärung ist, daß seine Erzählhaltung diese Spannung hervorgebracht hat.

seiner ästhetischen, pädagogischen oder politischen Ziele bedienen kann. Schließlich verfällt er nicht der Haltung, die das aus sich hervorgebracht hat, was Edward Said als Orientalismus bezeichnet. Wo er verändernd in den Text eingreift, ist er nie im Banne eines der Klischees, die diese Haltung bestimmen. Gallands Orient wird bei ihm nicht exotischer, dessen Bild des Westens, soweit er überhaupt erscheint, nicht strahlender. «Tausend und eine Nacht» ist für Voß ein Werk der Erzählkunst, dem er in den Grenzen, die ihm als Übersetzer gezogen sind, eigene literarische Möglichkeiten abgewinnt. Sein Werk ist in der Geschichte der Aneignung orientalischer Literatur in Deutschland singulär.

Wilhelm Herbst hat mit der Verdrängungskraft, die einige Voß-Philologen auch sonst im Hinblick auf «Tausend und eine Nacht» demonstriert haben, festgestellt, die «einzige Prosa-Uebertragung von seiner Hand» sei die deutsche Fassung der Apologie des Sokrates.[205] Was Voß auf dem Gebiet der Prosa vermochte, hätte man besser an seiner Galland-Übersetzung studieren können. Dieses Können soll noch einmal gezeigt werden: am Beispiel der Gedichte und ihrer Funktion in den Geschichten.

Die Gedichte

Jedem Leser der Littmannschen Ausgabe von «Tausend und einer Nacht» fallen die zahlreichen Gedichte auf, die den Prosatext unterbrechen. Die zweite Kalkuttaer Ausgabe, die Enno Littmann seiner Übertragung zugrunde gelegt hat, enthält insgesamt 1420 solcher Verseinlagen, wovon freilich 170 Wiederholungen sind.[206] Sie sind vom Erzähler eingefügte Zitate aus der poetischen Literatur und als solche auch kenntlich gemacht. «Manchmal geht der Erzähler noch einen Schritt weiter und nennt den Dichter der von ihm zitierten Verse ausdrücklich mit Namen.»[207] Es gibt keine größere Arbeit, die den Versuch unternähme, die literarische Funktion dieser Gedichte zu bestimmen.[208] Die Zurückhaltung der Forschung hängt möglicherweise damit zusammen, daß die Gedichte als Zutaten des 12. bis 14. Jahrhunderts identifiziert worden sind.[209] Man hat sogar, unter Berufung auf die spätere Einfügung der Verse, die Ansicht vertreten, man könnte sie weglassen, ohne den

[205] Wilhelm Herbst. Bd. I, S. 181.

[206] Enno Littmann: Alf-Layla wa-Layla, S. 364. Zu Littmanns Vorlage siehe das Nachwort in Bd. VI seiner Übersetzung

[207] Josef Horovitz, S. 375f.

[208] Vgl. Wolfgang Heinrichs, S. 271.

[209] Josef Horovitz, S. 375f.

Fluß des Prosatextes zu stören.[210] Wie problematisch dieses Urteil ist, macht Joseph von Hammer-Purgstalls Aufzeichnung aus dem Jahre 1819 deutlich: «Um von der magischen Kraft, womit Zaubergeschichten und Geistermährchen die brennende Einbildungskraft und das stürmische Gefühl des Arabers beherrschen, sich einen richtigen Begriff zu machen, muß man dieselben in dem Munde eines kundigen Erzählers einem Kreise hör- und schau- und thatenlustiger Beduinen vorgetragen gehöret haben, muß man sie gesehen haben diese versammelten und dicht gedrängten Kreise, nicht nur in der Mitte der Städte, und in den Kaffeehäusern, wo müßige Zuhörer weichlich auf Sofa und Polstern gelagert, und langsam die Würze von Mokka und den Rauch des Tabaks einschlürfend, sich den süßen Eindrücken hingeben, womit die Beredsamkeit des Erzählers dem Gehöre durch wohlgerundete Perioden, und durch den Zauber zierlich gereimter, mit Versen reich durchflochtener Prosa schmeichelt, sondern man muß auch Beduinenkreise gesehen haben (wie der Schreiber dieser Zeilen sie schaute), um den Redner der Wüste mit dichten Schultern gedrängt.»[211] Das Plädoyer für einen Verzicht auf die Gedichte ist Ausdruck einer Leserhaltung, die der künstlerischen Absicht der Erzählungen mit ihren Verseinlagen nicht gerecht wird und die auch die Wirkung der Verbindung von Prosa und Gedichten zumindest beim arabischen Publikum außer acht läßt.

Galland war alles andere als ein Stubengelehrter und dürfte in den Jahren seines Lebens im Orient ähnliche Erfahrungen gemacht haben wie Hammer-Purgstall. Trotzdem hat er auf die Wiedergabe der Gedichte verzichtet, hat vielmehr von Zeit zu Zeit Prosaversionen ihres Inhalts geboten. Die Gründe

---

[210] So Enno Littmann: Alf-Layla wa-Layla, S. 364 – ein Urteil, das bei jemandem überrascht, der in seiner Ausgabe die Gedichte übersetzt hat. Ähnlich Rudi Paret, S. 5, Fußnote; zustimmend auch Katharina Mommsen: Goethe und 1001 Nacht, S. 158. Behutsamer urteilt Oestrup in seinen «Studien über 1001 Nacht», S. 103. Einzelne Bemerkungen zur poetischen Funktion der Gedichte bei Wiebke Walther, S. 66ff.; Robert Irwin, bes. S. 21; Husain Haddaway, S. XXVIIf.; Wolfgang Heinrichs, S. 270f. Nachdrücklich wendet sich David Pinault gegen die Meinung, die Gedichte könnten weggelassen werden, vor allem unter Hinweis auf den ursprünglich mündlichen Vortrag der Erzählungen und die Wirkung der Verse auf das zuhörende Publikum. Am Beispiel der Geschichte «The False Caliph» (Littmann. Bd. III, 143ff.) legt er dann dar, was die Gedichte im Zusammenhang der Erzählung leisten (S. 119ff.). – Für die Wirkung dieser Verseinlagen auf einen nichtarabischen Dichter bringt Walter Grossmann ein Zeugnis bei: Rainer Maria Rilke hat sie in der Übersetzung von Mardrus begeistert gelesen. Neben dem «West-östlichen Divan» hätten sie seine «erste Vorstellung vom arabischen Gedicht» bestimmt, schreibt Rilke im Januar 1927 an Lotte von Wedel. (Grossmann, S. 463) – Die ungarische Ausgabe von Tamás Miklós hat, soweit mir bekannt, als einzige die Gedichte durch einen Lyriker übersetzen lassen (Ders., S. 4).

[211] Zitiert nach Katharina Mommsen: Goethe und 1001 Nacht, S. 22f.

dafür sind nicht bekannt. Seine Briefe schweigen darüber; auch in seinem Tagebuch scheint er darüber nichts mitgeteilt zu haben.[212] Könnte es sein, daß sein «Avertissement» über die Auslassung der 101. und der 102. Nacht die Gründe auch für die Nichtwiedergabe der Verseinlagen angibt? Es lautet in der Übersetzung von Voß:

«In der hundert ersten und hundert zweiten Nacht des Originals, sagt der französische Uebersezer, würden die sieben verschiedenen Kleidungen und dazu gehörigen Kostbarkeiten, womit sich die Braut beim Schall der Instrumente umkleidete, beschrieben. Ihm scheine diese Beschreibung nicht angenehm; und da überdies Verse darin vorkommen, die im Arabischen, sagt er, freilich schön sind, aber seinen Franzosen nicht schmecken würden; so hat er sich wohlbedächtig entschlossen, diese beiden Nächte nicht zu übersezen.» (II, S. 155)

Vielleicht hat Galland angenommen, die Verse würden seinen Landsleuten auch sonst nicht zusagen. Am wahrscheinlichsten ist jedoch, daß er nicht in der Lage war, die Gedichte auf eine für das Publikum seiner Zeit annehmbare Weise zu übertragen – man darf annehmen, daß er wußte, was der *bon goût* verlangte –, und sich daher dazu entschloß, sie allenfalls in Prosafassungen wiederzugeben.[213]

Die ihm nachfolgenden Übersetzer haben ihn oft schamlos ausgebeutet, seine Leistung aber zumeist herabgesetzt und ihm dabei auch die Auslassung der Gedichte vorgeworfen. Schon im Vorwort der Ausgabe von Habicht, von der Hagen und Schall aus dem Jahre 1825 heißt es, ihr Leser dürfe «eine Revision und Ergänzung der Galland'schen Uebersetzung» erwarten, «welche, neben einzelnen Erzählungen, namentlich auch die von Galland und seinen Herausgebern übergangenen, so eigenthümlichen und oft auch so bedeutsamen Gedichte liefert».[214] Wer freilich nach dieser Ankündigung Verse zu finden hofft, wird enttäuscht: Die deutschen Herausgeber liefern nur – ziemlich platte – Prosawiedergaben.[215] Das wiederholt sich bei Mardrus, dessen Ausgabe in dem Verlegervorwort Galland die Unterdrückung der Gedichte vor-

---

[212] Mohammed Abdel-Halim (Hrsg.): Correspondance d'Antoine Galland; H. Omont (Hrsg.): Journal Parisien d'Antoine Galland. Allerdings ist ein Teil der Tagebücher verloren gegangen. – Auffallend ist, daß Christoph Martin Wieland in «Dschinnistan» viele Gedichte seiner Vorlagen nicht übersetzt. Worauf sich freilich die Feststellung des Herausgebers gründet, er habe sie «abgelehnt», ist unklar (Ders.: Dschinnistan, S. 39 u. 42f.).

[213] Das vermutet Robert Irwin, S. 29.

[214] Habicht, I, S. V.

[215] Goethe freilich scheint die Prosawiedergaben der Gedichte eher mit Beifall aufgenommen zu haben. Katharina Mommsen beurteilt sie als «ansprechend» (Goethe und 1001 Nacht, S. 158, dort auch Goethes Äußerung).

wirft und dann selbst nur Prosaversionen bietet.[216] Burton hat wenigstens zugegeben, daß die Gedichte ein Alptraum (*bugbear*) für den Übersetzer seien und damit implizit auch Verständnis für den Verzicht auf ihre Übersetzung geäußert.[217]

Voß hat vermutlich als erster Übersetzer Gedichte in seinen Text eingeschaltet.[218] Insgesamt sind es acht Verseinlagen, verteilt auf alle Bände mit Ausnahme des vierten. Natürlich muß man, solange man seine Vorlage nicht zweifelsfrei identifiziert hat, mit der Möglichkeit rechnen, daß gerade *sie* Gedichte aufwies. Sehr wahrscheinlich ist das nicht; vielmehr spricht vieles dafür, daß es überhaupt keine Ausgabe der Gallandschen Übertragung mit eingestreuten Versen gibt.

Was Voß veranlaßt hat, die Gedichte zu schreiben, ist unbekannt. Gewiß, Galland hatte nicht verschwiegen, daß das arabische Original Lieder und Gedichte enthielt, aber er hatte ja gerade gezeigt, daß der Verzicht auf ihre Wiedergabe den Erfolg der Übersetzung nicht beeinträchtigte. Könnte Voß von Carsten Niebuhr, der seit 1778 als Landschreiber in Meldorf lebte und mit dem er 1781 zusammentraf, etwas über den Vortrag der Geschichten und die Wirkung der Verse auf das Publikum erfahren haben? In seinen beiden Reisebeschreibungen hatte der Orientreisende zwar nichts über «Tausend und eine Nacht» gesagt, aber sich doch als jemand ausgewiesen, der mit der Rolle der Literatur in der arabischen Gesellschaft vertraut war.[219] Aber das durch ihn möglicherweise vermittelte Wissen mußte in Voß nicht unbedingt die Bereitschaft erzeugen, in diesem Punkt von seiner Vorlage abzuweichen.

---

[216] Mardrus. Bd. I, S. XIII.

[217] Burton. Bd. 10, S. 257.

[218] Es war mir nicht möglich, alle vor seiner Übersetzung erschienenen europäischen Übertragungen daraufhin anzusehen. Wie problematisch verallgemeinernde Aussagen ohne einen umfassenden Überblick sind, zeigt Rida Hawaris sonst sehr lesenswerter Essay. Dort heißt es, die Verse des Originals seien westlichen Lesern unbekannt geblieben, «until Torrents published his one-volume edition in 1838» (S. 162). – Die wahrscheinlich 1706 erschienene einbändige deutsche Übersetzung von Amander (vgl. Anm. 29) enthält, wie mir Frau Marie-Christine Henning von der Universitäts- und Landesbibliothek Halle nach Einsichtnahme in das dort vorhandene Exemplar freundlicherweise mitgeteilt hat, keine Gedichte. Dasselbe gilt für die vollständige Übersetzung der Jahre 1710–1735 (vgl. Anm. 30), die ich in der Universitätsbibliothek Erlangen einsehen konnte. – Eine vollständige Zusammenstellung der Voß'schen Gedichte im Anhang.

[219] Voß: Katalog der Bibliothek weist die Werke nicht auf. Vgl. den Abschnitt «Dichter und Redner der Araber» in Barthold Georg Niebuhr: Beschreibung von Arabien, S. 105-108. Daß Voß sich gerade während der Arbeit an seiner Übersetzung zumindest mit dem anderen der beiden Werke, der «Reisebeschreibung nach Arabien», beschäftigt hat, dürfte eine Fußnote zu der Idylle «Der bezauberte Teufel» – das Gedicht erschien im Almanach von Voß und Goeckingk auf das Jahr 1781 – belegen; sie bezieht sich auf Bd. II, 399f. – Über Voß' Beziehung zu Niebuhr vgl. Wilhelm Herbst. Bd. I, S. 227.

Solange nicht ein Brief auftaucht, der darüber etwas mitteilte, kann man über seine Motive nur spekulieren. War es der Wunsch Voß', seine Vorlage zu übertreffen? Die Wiedergabe des «Avertissement» zur 101. und 102. Nacht scheint durch den Gebrauch der sonst in der Übersetzung nicht vorkommenden indirekten Rede eine gewisse Distanzierung von Galland auszudrükken. Wurde sein Ehrgeiz durch Bürgers großsprecherische Ankündigung angestachelt, er werde eine Ausgabe des Werks «bald in Prosa, bald in Versen» liefern?[220] Hatte er schlichtweg Freude daran, solche Gedichte zu schreiben? Immerhin gibt es zwei Briefzeugnisse, die von einem gewissen Vergnügen an der Arbeit zeugen. Schließlich: Hatte ihm sein Verleger nahegelegt, den Feenmärchen zu folgen, die – auch in deutschen Übersetzungen – Verseinlagen kannten?[221]

In jedem Fall fragt man sich, warum er weder in einen seiner Almanache noch später in seine Werkausgaben eines der für die Galland-Übersetzung geschriebenen Gedichte aufgenommen hat, so daß sie der Voß-Forschung bis heute verborgen geblieben sind.[222] Die Almanache der Jahre 1781 bis 1786 weisen nicht nur keines dieser Gedichte auf, vielmehr enthalten sie auch sonst keine Spuren seiner Beschäftigung mit «Tausend und eine Nacht». Nur der Almanach auf das Jahr 1781 enthält Gedichte mit einem orientalischen Stoff: «Der bezauberte Teufel. Eine orientalische Idille[!]» und «An Gökingk». Aber sie scheinen so wenig von «Tausend und eine Nacht» inspiriert, daß man versucht sein könnte zu fragen, ob die Verse in der Galland-Übertragung von fremder Hand stammen.

Weniger auf Vossens Motive als auf den Entstehungsprozeß der Gedichte könnte eine Stelle in der «Geschichte des zweiten Kalenders» hinweisen: «[...] so schrieb ich [...] vier Verse auf, die ich ihm überreichte. Ich sagte ihm darin, zwei bewaffnete Mächte hätten sich den ganzen Tag mit vieler Hize geschlagen, aber gegen Abend hätten sie Frieden gemàcht, und die Nàcht sehr ruhig auf dem Schlàchtfeld mit einander zugebràcht.» (I, S. 256) Auffal-

[220] Gottfried August Bürger: Ankündigung. In Ders.: Sämtliche Werke, S. 733–738, Zitat S. 734. Da die Ankündigung 1781 veröffentlicht wurde und Voß bereits in den ersten, 1781 erschienenen Band Gedichte aufgenommen hat, ist freilich ein Einfluß wenig wahrscheinlich. Weitere Äußerungen Bürgers zu seinem Plan in der zitierten Ausgabe, S. 1315, sowie bei Georg Schaaffs, S. 57–59. Vgl. auch Ulrich Joost: Bürger und Voß, S. 50f.

[221] Man braucht nur einen Blick zu werfen in die Anthologien von Heinz Hillmann und Friedmar Apel/Norbert Miller.

[222] Der handschriftliche Nachlaß Vossens in der Handschriftenabteilung der Bayerischen Staatsbibliothek München enthält unter der Signatur Vossiana 5 ein kleines Konvolut «Gedichte, die in der Ausgabe von 1802 nicht enthalten sind». Auch darin findet sich von den Gedichten seiner Galland-Übersetzung keine Spur.

lend ist die Reimprosa. Das arabische Original ist voll davon.[223] Sie stellt an den Übersetzer noch höhere Anforderungen als die Gedichte. Littmann hat den Versuch unternommen, sie in seiner Übertragung wiederzugeben;[224] aber da Galland auf ihre Wiedergabe verzichtet hatte, konnte Voß zumindest durch seine Vorlage auf dieses poetische Stilmittel gar nicht aufmerksam gemacht werden. Daher ist es auch wenig wahrscheinlich, daß er hier Reimprosa hat schreiben wollen, vielmehr sollte man den Satz wohl als ein im Entwurf stecken gebliebenes Gedicht deuten. Das könnte auf eine gewisse Spontaneität bei der Schaffung der Gedichte hinweisen.

Aber wie sehen diese Gedichte nun aus? Das erste der acht steht in der «Geschichte von drei Kalendern, die Königssöhne waren, und von fünf Damen zu Bagdad» (28. bis 69. Nacht).[225] Eine der fünf Damen, Amine, hat in der Stadt Getränke, Speisen und Gewürze eingekauft und sie sich von einem Lastträger nach Hause bringen lassen. Dieser, der «einen lebhaften und aufgeweckten Geist» hat (I, S. 158), weiß die Frauen so zu unterhalten, daß sie ihm erlauben, bei ihnen zu bleiben und mit ihnen ein Mahl einzunehmen. Amine schenkt dabei zunächst sich selbst und den beiden anwesenden Schwestern ein; «puis», heißt es bei Galland, «remplissant pour la quatrième fois la même tasse, elle la présenta au porteur, lequel, en la recevant, baisa la main d'Amine, et chanta, avant que de boire, une chanson dont le sens était [...].» (I, S. 119) Voß bringt das von Galland referierte Lied in diese Verse:

So wie von dem duftenden Blumenbeet
Der liebliche West noch lieblicher weht;
So schmeckt mir auch, schenckt ihn die Holde mir ein,
Weit köstlicher noch der köstliche Wein! (I, S. 170)

Robert Irwin zitiert dieses Gedicht – freilich in der dem Original näher kommenden Fassung, wie sie auch Littmann bietet – als Beispiel für die poetische Gattung der *Chamrijjat,* der Gedichte zum Lobpreis des Weins.[226] Durch das «Schenkenbuch» des «West-Östlichen Divan» ist diese Gattung auch den deutschen Lesern bekannt geworden, die sich sonst mit orientalischer Literatur nicht beschäftigen.

Der Anstoß zur Schaffung des Gedichts ist bei Voß sicher von der dargestellten Situation und von dem Signalwort «chanson» ausgegangen. Ähnlich wird es bei anderen Verseinlagen gewesen sein: Bedreddin «lui récita des

[223] Zu der Reimprosa bes. Enno Littmann, Tausendundeine Nacht, S. 36ff. u. Wiebke Walther: Tausendundeine Nacht, S. 64ff.

[224] Littmann, Bd. VI (Nachwort), S. 653.

[225] Voß, I, S. 158-364.

[226] Robert Irwin, S. 192.

vers», ein Dichter «disait aux Egyptiens», «ses compagnes se levèrent et chantèrent toutes ensemble» usf. Keineswegs aber schreibt Voß immer dann ein Gedicht, wenn die französische Vorlage von «chanson» oder «vers» oder «proverbe» spricht und deren Inhalt wiedergibt. Nicht einmal die Vermutung trifft zu, daß Voß nur dann Verse entwirft, wenn die Vorlage eine entsprechende Situation darstellt und den Inhalt eines Gedichts bietet. Das letzte der Gedichte in der Übersetzung wird so eingeleitet: «Habt ihr die Worte des Dichters nicht gelesen?» und lautet:

> Schleuß auf dein Herz! Wer sich zur Unzeit schämt,
> Sieht andre froh, da er sich grämt! (VI, S. 236)

Voß übernimmt hier zwar die für das Werk typische Berufung auf Worte eines Weisen oder Dichters und suggeriert so die Authentizität der Wiedergabe, aber der Verweis auf den Poeten und das Sprichwort selbst sind seine Erfindung.

Vossens Übersetzung weist ein weiteres zweizeiliges Gedicht auf, das zumindest den Eindruck erweckt, es mache von einem Sprichwort Gebrauch:

> Freund, wische das Maul, und schnüre den Packen,
> Und laß dir in anderen Küchen was backen! (V, S. 67)

sagt der «erwachte Schläfer» Abu Hassan zu dem (von ihm nicht erkannten) Kalifen. Und außer dem zitierten Trinklied gibt es zwei weitere Vierzeiler. Der eine aus der «Geschichte von Nureddin Ali und Bedreddin Hassan» lautet:

> Wer nennt euch schwarz? Wer nennt euch entmannt?
> Ihr wackern Männer aus Mohrenland!
> Ihr schirmt ja mit ungefärbter Treu
> Die Scheitel des Herrn vor dem Hirschgeweih! (II, S. 183f.)

Die Verse, mit denen hier der Eunuch erfreut wird, weil sie auf scherzhafte Weise das Lob der «Verschnittenen» aussprechen, stehen in der Tradition des Epigramms, einer von Voß selbst gepflegten Gattung. Wie sehr er sie schätzte, belegt auch die Tatsache, daß er zahlreiche Epigramme aus der Logau-Ausgabe von Lessing und Ramler in seinem Almanach auf das Jahr 1787 abdruckte.

Das andere vierzeilige Gedicht läßt sich nicht so leicht einer literarischen Tradition zuordnen. Man würde es eher in einem Singspiel oder einer Oper vermuten als in einem Prosawerk:

> Seht den Mond vor Freude glühn
> Auf der Himmelsbahn!

Vollbestralet sehn wir ihn
Bald zur Sonne nahn. (III, S. 98)

Von ihm wird noch die Rede sein.

Auch die bisher zitierten Gedichte selbst geben keinen expliziten oder impliziten Hinweis auf Vossens Motiv, sie zu schreiben. Aber vielleicht lenkt das folgende Gedicht darauf, ein Sehnsuchtslied, das die Schönheit Ägyptens und des Nils beschwört und neidvoll von denen spricht, die sich dieser Schönheit erfreuen dürfen:

Für euch nur strömt in segenreicher Milde
Der Nil von fernen Himmelsbergen her,
Und tränkt mit Heil die jauchzenden Gefilde,
Und tanzt, mit Schiffen stolz gekrönt, ins Meer:
Doch ich, dem hier einst Erd' und Himmel lachten,
Muß jezt verbannt in Wüsteneien schmachten! (II, S. 289f.)

Hat Voß die Geschichte besonders geschätzt? Man könnte versucht sein, das anzunehmen, wenn man sieht, wie er sie auch sonst überträgt. Gleich im Anschluß an das Gedicht heißt es bei ihm: «Wenn ihr nach der Insel hinseht, fuhr mein Vater fort, welche die beiden größten Arme des Nils bilden: welches lebhafte Grün! welche Pracht von tausendfarbigen Blumen! welche Menge von Städten, Flecken, Landhäusern und Kanälen! Und auf der andern Seite nach Ethiopien hin, welche wunderbare Abwechselung von reizenden Aussichten! Ich weiß das mannigfaltige Grün so vieler von Kanälen durchschnittenen Fruchtfelder der Insel nicht besser zu vergleichen, als mit schimmernden Schmaragden, in Silber gefaßt.» (II, S. 290)

Habichts Übersetzung, die Galland folgt, lautet: «‹Wenn ihr,› fuhr mein Vater fort, ‹von der Seite der Insel, welche die beiden größten Arme des Nils bilden, euch umschaut, welche Abwechselung des Grüns, welcher Schmelz aller Gattungen von Blumen, welche wundersame Menge von Städten, Flecken, Kanälen und tausend anderen angenehmen Gegenständen! Wenn ihr nun die Augen auf die andere Seite, nach Aethiopien zu, werft, wie viele andere Gegenstände der Bewunderung! Ich kann das Grün so vieler, von den verschiedenen Kanälen des Nils bewässerter Felder mit nichts besser vergleichen, als mit glänzenden in Silber gefaßten Smaragden.›» (III, S. 252)[227]

---

[227] Die Stelle lautet bei Galland: «Si vous regardez, ajouta mon père, du côté de l'île que forment les deux branches du Nil les plus grandes, quelle variété de verdure, quel émail de toutes sortes de fleurs, quelle quantité prodigieuse de villes, de bourgades, de canaux et de mille autres objets agréables! Si vous tournez les yeux de l'autre côté en remontant vers l'Ethiopie, combien d'autres sujets d'admiration! Je ne puis mieux comparer la verdure de

Voß übersetzt, wie ein Blick in Gallands Werk lehrt, nicht so genau wie Habicht, aber doch aus dem Geist des Originals und – so ist man versucht zu sagen – mit Sympathie. Daß seine Übertragung dieser Stelle im Vergleich zum Habichtschen Text die größere Evokationskraft hat, wird niemand bestreiten. Die offenbar einzige Stelle aus Vossens Korrespondenz, die ein Echo auf «Tausend und eine Nacht» ist, der Brief an Ernestine Voß vom 23. Juni 1781, beschwört glückliche Momente einer Wasserfahrt, und wenn man will, kann man darin ein aus Sympathie entstandenes norddeutsches Gegenbild zu der paradiesischen Nillandschaft und dem mit ihr verbundenen Glück sehen:

«Du wirst Dich freuen, liebes Mädchen, daß wir eine so glückliche Reise gehabt haben. Gestern Abend Klock 7 waren wir vor Hamburg, und Klock 8 ging ich, als ob mich ein Zauberer aus 1001 Nacht hirher gehext hätte, vom Baumhause ab. Wir hatten anfangs wenig Wind, aber nachher so viel, daß wir noch eine Stunde gegen die Ebbe ansegeln konnten. Im Otterndorfer Hafen saßen wir einigemale fest, weil die Ebbe schon so niedrig war. Sonst habe ich noch keine Reise gemacht, die mir so sehr gefallen hätte. Wir saßen da unterm Vordeck, wie in der Stube, aßen und trunken, rauchten Toback u[nd] lasen, kauften uns Kirschen von den vorüberfahrenden Böten, machten Spaß, oder lagen halbschlum[m]ernd auf unsern Überröcken. Als wir uns Hamburg nähert[en], kam uns ein dicker, dicker Schwarm von Schiffen entgegen, die mit der Ebbe absegelten: ein herrlicher Anblick!» [228]

Und doch wäre die Annahme, Voß habe dann Gedichte in die Darstellung eingeschaltet, wenn ihm die Erzählung besonders gefiel, problematisch, weil man keine Beweismittel dafür angeben, ja nicht einmal Plausibilitätskriterien für sie benennen kann. Sinnvoll dürfte nur der Versuch sein herauszufinden, ob die Verwendung der Gedichte einen Stilwillen bezeugt, der auch sonst in der Übersetzung zum Ausdruck kommt. Zu fragen ist also nach der literarischen Funktion der Gedichte.

---

tant de campagnes arrosées par les différents canaux du Nil qu'à des émeraudes brillantes enchâssées dans de l'argent.» (I, S. 404f.)

[228] Diese Zeilen entnehme ich mit freundlicher Genehmigung des Herausgebers Adrian Hummel aus dem Manuskript seiner demnächst erscheinenden Ausgabe: Ernestine Boie-Voß, Johann Heinrich Voß: Briefwechsel 1773–1794. In einem Brief an mich stellt der Herausgeber die Vermutung an, die Arbeit an «Tausend und eine Nacht» habe sich möglicherweise auch im häufigen Gebrauch des Wortes Hexe mit Bezug auf Ernestine – mit durchweg positiver Bedeutung – niedergeschlagen. – Wollte man eine Typologie der Rezeptionsweisen von «Tausend und eine Nacht» entwerfen, so ließen sich bei anderen Autoren leicht Texte finden, die man dem hier Zitierten an die Seite stellen könnte. Vgl. z.B. Goethes Darstellung seines «Glückszustands» in Sesenheim (Katharina Mommsen: Goethe und 1001 Nacht, S. 20).

Die nun ist bei diesem Gedicht nicht schwer zu ermitteln. Über seine Strophenform schreibt Horst J. Frank, sie sei «bereits im Barock vorzugsweise ein Gefäß für Reflexionen, nachdenkliche Betrachtungen und wehmütige Empfindungen»[229] gewesen. Mit einem auch sonst bei Voß zu beobachtenden Gespür für die Leistung literarischer Formen hat er diese Strophe gewählt, um eine paradiesische Landschaft als Gegenstand sehnsüchtiger Erinnerung darzustellen. Der Zauber der Erinnerung an Ägypten wird durch die poetische Form gesteigert. Voß macht so, eindrücklicher als Galland, glaubhaft, daß die «Einbildungskraft» des jungen Mannes, der den Lobpreis hört, «erhizt» wird und er von dem Gedanken an eine Ägyptenreise nicht mehr loskommt (II, S. 291).

Fragen wir nach der Funktion oder besser: nach der poetischen Leistung der beiden noch nicht erwähnten Gedichte. Sie stehen in den beiden einzigen Erzählungen, die zwei Verseinlagen enthalten. Die erste ist die vom «erwachten Schläfer». Im ersten Teil dieser Geschichte wird Abu Hassan, ein Kaufmann aus Bagdad, Opfer eines Scherzes, den sich sein Gast, der von ihm nicht erkannte Kalif Harun Alraschid, mit ihm erlaubt: Er wird in eine Situation versetzt, die ihn glauben macht, er sei der Kalif. Das «Erwachen» aus diesem «Traum» bringt ihn um den Verstand. Er kommt ins Tollhaus und kann sich erst nach vielen Leiden aus seiner Verwirrung befreien. Der Kalif erkennt bei einem erneuten Zusammentreffen, «daß er den Spaß zu weit getrieben» hat (V, S. 70), holt ihn an seinen Hof und verheiratet ihn mit einer Sklavin seiner Gemahlin Zobeide. Abu Hassan führt jetzt ein so üppiges Leben, daß seine Geldmittel bald erschöpft sind. Um sich aus dieser Not zu befreien, inszeniert er gemeinsam mit seiner Frau ein Täuschungsmanöver, dessen Opfer nun der Kalif und seine Gemahlin werden. Das Verwirrspiel, das das Herrscherpaar irreführt und beide vorübergehend sogar gegeneinander aufbringt, löst sich in Gelächter auf. Abu Hassan und seine Frau haben fortan ein «hinlängliches Auskommen» und leben «in der Gnade des Kalifen Harun Alraschid» und der Zobeide (V, S. 129).

Die Geschichte der zweifachen Täuschung und eines Rollentauschs, bei dem der Urheber der ersten Irreführung das Opfer der zweiten und umgekehrt das Opfer der ersten zum Akteur der zweiten wird, hat Mia Gerhardt an Calderón denken lassen.[230] Aber der Geschichte aus «Tausend und eine Nacht» fehlt die metaphysische Dimension von Dramen wie zum Beispiel «La vida es sueño»: Sie ist keine Darstellung des Lebens als Traum und Täuschung, ist vielmehr ganz realistisch, ohne Verweis auf ein Jenseits, in dem

[229] Horst J. Frank, S. 515.

[230] Mia I. Gerhardt: The Art of Story-Telling, S. 443ff.

sich der Sinn der irdischen Begebenheiten erst erschließt. Der – wenn man so will: amoralische – Wille, das Publikum zu unterhalten, immunisiert die Geschichte gegen jede Neigung, der Handlung eine metaphysische oder religiöse Deutung zu geben. Sie zeigt die Welt als Komödie.

Voß steigert das Komödien-, ja Possenhafte der Erzählung. Das wird besonders deutlich in der Übersetzung der Szene, in der Abu Hassan seine Frau für den Plan gewinnt, dem Herrscherpaar ihren Tod vorzuspielen. Gegen «une mort feinte», einen vorgetäuschten Tod, sagt Nuzhatul-Auadat bei Galland,[231] habe sie nichts einzuwenden. Voß macht daraus einen «Komödientod»[232] und steuert so die Erwartung des Lesers viel genauer als Galland. Solche die Lesehaltung beeinflussenden Signale enthält die Geschichte von Anfang an, wenngleich sie nicht immer so deutlich sind wie an dieser Stelle. Auch das Gedicht, das Abu Hassan bei dem abendlichen Mahl mit dem Kalifen vorträgt, ist daran beteiligt. Dieser «Schmaus», wie es bei Voß heißt, ist ein Schlüsselereignis, denn er bringt die Doppelkomödie in Gang.

Bei Galland verwendet der «Wirth», als er sich mit einem Gedicht an seinen Gast wendet, ein poetisches Bild, das zwar ungewöhnlich, aber doch in sich stimmig ist: «Wenn mein Haus [...] Empfindung hätte, und die Freude über das Glück, euch zu besitzen, fühlen könnte, so würde es solche laut an den Tag legen, und vor euch niederfallend ausrufen: Ach, welche Lust, welches Glück [...]», so lautet die Übersetzung von Habicht.[233] Voß schreibt: «Während der Kalif trank, erwiederte Abu Hassan: Man sieht es euch gleich an, daß ihr ein Mann seyd, der die Welt kennt, und zu leben weiß. Dann sang er in arabischen Versen, und schlug mit dem Finger den Takt auf den Tisch:

Beim Himmel! empfünde mein steinernes Haus;
Voll Ehrfurcht würd' es euch grüßen!
Es sprünge vor Freuden zum Dache hinaus,
Und würfe sich euch zu den Füßen!
Und riefe: Hopheißa! kein wehrterer Gast
Hat unter mir jemals gehauset!
Heil, Redlicher, dir! der den Weintrunk nicht haßt!
Trinkt, Kinder, und scherzet und schmauset!

---

[231] Galland, II, S. 481.

[232] Voß, V, S. 95. Die Erzählung hat schon früh zu Bühnenfassungen Anlaß gegeben (vgl. Habicht, XIII, S. 220); am bekanntesten ist wohl die Oper «Abu Hassan» von Carl Maria von Weber geworden (uraufgeführt 1811); in dem Textbuch folgte der Verfasser Carl Hiemer dem zweiten Teil der Erzählung. Vgl. den Artikel «Der träumende Bauer» in: Elisabeth Frenzel, S. 83-86.

[233] Habicht, VII, S. 17.

Der Kalif, der von Natur sehr munter war, freute sich über die närrischen Einfälle seines Wirthes.» (V, S. 12f.)

Was bei Galland poetischer Ausdruck der Courtoisie des Gastgebers war, wird hier ins Närrische, ja Groteske gewendet. Das wird unterstützt durch die Sprache des Gedichts: Der Konjunktiv *sprünge* war schon zu Vossens Zeit in der Hochsprache stark rückläufig;[234] *empfünde* sowie *würfe* wurden vermutlich als archaisierend empfunden. Indem Voß diese Konjunktive benutzt, macht er von einem Stilmittel Gebrauch, das im Possenspiel der Zeit häufig ist: der Verwendung volkssprachlicher und veralteter Wörter und Formen.[235] Und die Strophe mit dem Wechsel von amphibrachischen Vier- und Dreihebern sowie von männlicher und weiblicher Kadenz ist vortrefflich geeignet, die ausgelassene Stimmung des Gastmahls zu evozieren.[236]

Die Erzählung braucht solche Steuerungen, ja bedarf weit reichender Signale, denn wenn sie auch gegen ein sinngebendes Jenseits abgeschlossen ist, droht ihr doch der Einbruch des Tragischen, so etwa in den Szenen, in denen Abu Hassan in seiner Gemütsverwirrung seine Mutter mißhandelt, also ein, wie er später voll Reue sagt, «abscheuliches himmelschreiendes Verbrechen» begeht (V, S. 68), ins Tollhaus gebracht und dort täglich auf das Grausamste ausgepeitscht wird. Die impliziten und expliziten Erzählerhinweise auf den Gattungscharakter der Geschichte müssen die Einstellung des Lesers über solche Passagen hinweg erhalten. Das Gedicht macht stärker als die Prosafassung die possenhafte Ausgelassenheit der beiden Schmausenden und Trinkenden deutlich und ist darüber hinaus ein viel kräftiger auf den Leser wirkender Appell, die Geschichte als das zu lesen, was sie sein soll: eine Komödie mit burleskem Einschlag.

Am Hofe Harun Alraschids spielt auch die andere Geschichte, die zwei Gedichte enthält: die von Abulhassan Ebn Bekar und Schemselnihar, der Favoritin des Kalifen. Aber hier tritt nicht nur ein ganz anderes Personal auf, die Geschichte hat nun wirklich tragische Züge. Abulhassan, ein in Bagdad lebender persischer Prinz, begegnet im Hause eines Kaufmanns der Favoritin, und beide verlieben sich sogleich ineinander. Es kommt zu einem heimlichen Treffen im Palast Schemselnihars. Ihr Eintreten wird dem wartenden Prinzen durch den Gesang der «Frauenzimmer» angekündigt:

Seht den Mond vor Freude glühn [...]

---

[234] Johann Christoph Adelung. 4. Teil, S. 239.

[235] Vgl dazu etwa Goethes Farcen. Vgl. dazu S. 93ff.

[236] Horst J. Frank, S. 602.

Der Auftritt hat etwas opernhaft Inszeniertes, und dieser Eindruck wird durch das Gedicht noch gesteigert. Die Begegnung der beiden Liebenden wird auf diese Weise stärker als in der Gallandschen Fassung dramatisiert.

Abdulhassan und Schemselnihar erklären einander bei diesem Beisammensein ihre Liebe. Sie werden aufgeschreckt durch den unangekündigten Besuch eines leitenden Hofbeamten, und der Prinz muß fliehen. Getrennt von der Geliebten und ohne Hoffnung auf ein Wiedersehen, verfällt er in Schwermut; seine Kräfte lassen nach, und auch Schemselnihar erkrankt. Die beiden Liebenden können miteinander nur noch Briefe und mündliche Nachrichten über Boten austauschen, bis es noch einmal unter abenteuerlichen Umständen zu einer Begegnung kommt. Aber sie wird wiederum gestört. Zwar werden die Liebenden von den Räubern, die sie entführt haben, freigelassen, aber jede Hoffnung auf eine weitere Zusammenkunft ist vereitelt, weil der Kalif durch Verrat über ihre Beziehung unterrichtet worden ist. Der Prinz flieht und stirbt, entmutigt und entkräftet, an seinem Zufluchtsort. Der Kalif gewährt der Favoritin Verzeihung, aber auch sie stirbt. Die Vertraute Schemselnihars bittet die Mutter des Prinzen, den «Wunsch zu gewähren, daß die beiden Liebenden, die in ihrem Leben nur Eine Seele gehabt, auch nach ihrem Tode nur Ein Grabmal haben möchten» (III, S. 195). Sie werden tatsächlich Seite an Seite beerdigt, und ihr Grab wird zu einem Pilgerziel und einer Gebetsstätte.

Bei ihrem ersten Zusammentreffen singt eine der Sklavinnen aus dem Gefolge der Favoritin dieses Lied:

Hoch über alle Freuden steigt die Freude
Der Liebenden!
Ein Herz und Eine Seele, schweben beide
Gleich Himmlischen,

Von Wonne fort zu Wonne; sehn verachtend
Der Erde Glück;
Umarmen sich, wenns stürmt, und seufzen schmachtend,
Mit nassem Blick:

Wir lieben uns! Denn ach, Verfolger, saget:
Wer kann, wer kann,
Was Gott so reizend schuf, nicht lieben? Klaget
Das Schicksal an! (III, S. 103)

Das Gedicht stellt die Liebe des Abulhassan und der Schemselnihar als eine vom Schicksal über die beiden verhängte Leidenschaft dar, zugleich ist es eine Vorausdeutung auf ihren Tod. Damit spricht es, nachdrücklicher freilich als die Prosafassung der Vorlage, das aus, was Galland auch sonst mitteilt, und doch verändert es den Stil.

Goethe hat die Erzählung in der Gallandschen Fassung im Herbst 1799 im Zusammenhang mit seiner Arbeit an der Übersetzung und Bearbeitung von Voltaires «Mahomet» gelesen.[237] Am 1. Oktober vermerkt er dazu in seinem Tagebuch: «Abends zu Hause Tausend und Eine Nacht. Geschichte des Abulhassan. Betrachtung über die Verbindung der unbedingtesten Zauberey und des beschränktesten Reellen in diesem Mährchen.»[238] Der Tagebucheintrag stellt schon in seiner «Ausführlichkeit eine Besonderheit dar»[239] und bezeugt Goethes besonderes Interesse an der Erzählung. Katharina Mommsen versucht das Rätsel, das diese Tagebuchnotiz darstellt, durch die Deutung aufzulösen, der Ausdruck «unbedingteste Zauberey» bezeichne hier das Phänomen, für das Goethe später den Begriff des Dämonischen gefunden habe.[240]

Ob Goethe tatsächlich den Begriff des Dämonischen auf diese Geschichte angewandt hätte, mag offenbleiben. Was ihn faszinierte, war wohl auch weniger die «unbedingteste Zauberey» als vielmehr deren enge Verbindung mit dem «beschränktesten Reellen».[241] Diese Verbindung ist auch anderen Lesern von «Tausend und eine Nacht» aufgefallen. Hegel sagt in den «Vorlesungen über die Ästhetik»: «Bei der Entgötterung der Natur und Menschenwelt und dem Bewußtsein von der prosaischen Ordnung der Dinge läßt sich innerhalb dieser Weltanschauung [der des ‹Mohammedanismus›], besonders wenn sie zum Märchenhaften übergeht, schwerer die Gefahr vermeiden, daß dem an und für sich Zufälligen und Gleichgültigen in den äußerli-

---

[237] Katharina Mommsen: Goethe und 1001 Nacht, S. 68ff. Elise Keudell verzeichnet die Entleihungen des Werks von Galland. Einen Überblick über die vielen Augenblicke der Beschäftigung Goethes mit den «contes» gibt Kartharina Mommsen. Sie will offenbar nicht ausschließen, daß Goethe die Voß'sche Übersetzung gekannt habe (S. 119, Anm. 2).

[238] Katharina Mommsen, S. 69.

[239] Ebd., S. 70.

[240] Ebd., S. 73f.

[241] Katharina Mommsen spricht das an einer anderen Stelle sehr genau aus: «Was Goethes eigener Art zu fabulieren besonders entgegenkam, war der ausgeprägte Realismus orientalischen Erzählens. 1001 Nacht schildert Welt, Dinge und Menschen mit unbeirrbar natürlicher Wirklichkeit, gleichgültig ob es sich um die Sphäre des Alltags oder des Zaubers handelt. Der Zauber wächst unmittelbar an und aus der Wirklichkeit hervor, er erweist sich als übernatürlich, aber nie – wie in so vielen Märchen anderer Provenienz – als unnatürlich.» (Dies.: Goethe und 1001 Nacht, S. 297.)

chen Umständen, die nur als Gelegenheit für das menschliche Handeln und die Bewährung und Entwicklung des individuellen Charakters da sind, ohne inneren Halt und Grund eine wunderbare Deutung gegeben wird. Hiermit ist zwar der ins Unendliche fortlaufende Zusammenhang von Wirkung und Ursache abgebrochen, und die vielen Glieder in dieser prosaischen Kette von Umständen, die nicht alle deutlich gemacht werden können, sind auf einmal in eins zusammengefaßt; geschieht dies aber ohne Not und innere Vernünftigkeit, so stellt sich solche Erklärungsweise, wie z.B. häufig in den Erzählungen in Tausendundeine Nacht, als bloßes Spiel der Phantasie heraus, welche das sonst Unglaubliche durch dergleichen Erdichtungen als möglich und wirklich geschehen motiviert.»[242] Deutlicher noch als Hegel hat Friedrich Georg Jünger darauf hingewiesen, daß die Grundlage der Verschränkung von Wunderbarem und Realem – André Miquel spricht geradezu von der «osmose de ces deux éléments» – der Islam sei.[243]

Mit welchen ästhetischen Mitteln diese «Osmose» dem Leser ästhetisch vermittelt wird, hat Tzvetan Todorov durch eine Analyse des «literarischen A-Psychologismus» von «Tausend und einer Nacht»gezeigt.[244] Die Handlung wird hier nicht aus dem Charakter einer Person entwickelt, sie «illustriert» diesen Charakter auch nicht, vielmehr ordnet sie sich die Gestalt unter.[245] «Eine Charaktereigenschaft ist nicht lediglich die Ursache für eine Handlung und auch nicht lediglich deren Wirkung: sie ist, genau wie die Handlung, beides zugleich.»[246] Ein solcher Erzählstil ist wie kein anderer geeignet, das unerbittlich Voranschreitende einer Handlung mit der «unbedingtesten Zauberey» zu vermitteln.

Das Zusammentreffen der beiden Figuren wird bei Galland so beschrieben: «Comme elle en usait librement chez Ebn Thaher, elle ôta son voile, et fit briller aux yeux du prince de Perse, une beauté si extraordinaire qu'il en fut frappé jusqu'au cœur. De son côté, la dame ne put s'empêcher de regarder le prince, dont la vue fit sur elle la même impression. ‹Seigneur, lui dit-elle d'un air obligeant, je vous prie de vous asseoir.› Le prince de Perse obéit, et s'assit sur le bord du sofa. Il avait toujours les yeux attachés sur elle, et il avalait à

[242] Georg Wilhelm Friedrich Hegel: Vorlesungen über die Ästhetik III, S. 367.

[243] Friedrich Georg Jünger, S. 43ff.; André Miquel, S. 197f.

[244] Tzvetan Todorov, S. 65. Todorov bezieht sich zwar teilweise auf die neuere Übersetzung von René Khawam, verwendet aber da, wo dieser einzelne Erzählungen noch nicht übersetzt hatte, die Ausgabe von Galland (vgl. S. 82). Man wird also seine Aussagen auf beide Übersetzungen beziehen dürfen. Zur «absence psychologique» auch Edgard Weber, S. 124ff.

[245] Ebd.

[246] Ebd., S. 68.

longs traits le doux poison de l'amour. Elle apperçut bientôt ce qui se passait en son âme, et cette découverte acheva de l'enflammer pour lui.» (II, S. 74)[247]

Voß übersetzt: «Da sie mit Ebn Thaher frei umging, nahm sie ihren Schleier ab, und ließ den Augen des persischen Prinzen eine so ausserordentliche Schönheit entgegenstralen, daß es ihm durch Mark und Bein zuckte. Auch die Dame konnte ihr Gesicht von dem schönen Prinzen nicht wegwenden. Herr, sprach sie mit freundlicher Mine zu ihm, habt doch die Güte, und sezt euch. Der persische Prinz gehorchte, und sezte sich auf den Rand des Sofa's. Er hatte die Augen immer auf sie geheftet, und leerte in langen Zügen den Taumelkelch der Liebe. Sie merkte bald, was in ihm vorging; und diese Entdeckung entflammte ihr ganzes Herz.» (III, S. 88f.)

Voß hebt die Erzählweise des Gallandschen Werks nicht auf, aber der «A-Psychologismus» der Vorlage wird doch ansatzweise aufgelöst. Sein Prinz trinkt nicht das «Gift» der Liebe, sondern dessen «Taumelkelch», und mit diesem Ausdruck gibt der Autor der Gestalt mehr Leben, befreit sie aus der absoluten Passivität. Das leistet auf seine Weise auch das Gedicht. Die von Voß gewählte Strophe ist zu dieser Zeit noch jung; 1757 erschien sie erstmals bei Ewald von Kleist. Hölty verwendete sie mehrfach, und von ihm – dessen Gedichtmanuskripte Voß seit 1780 besaß[248] und 1783 gemeinsam mit Friedrich Leopold von Stolberg herausgab – wird er sich haben anregen lassen. Bis hin zu Goethes «Nähe des Geliebten» (1795) und darüber hinaus bedienen sich Dichter dieser Strophe vor allem im «sehnsuchtsvollen Liebeslied».[249] Indem Voß sie hier, wiederum mit einem erstaunlichen Sinn für die Ausdrucksmöglichkeiten lyrischer Formen, verwendet, macht er aus den «Erzählmenschen»[250] – so nennt Todorov die Figuren von «Tausend und eine Nacht» – für Augenblicke Individuen, aus deren Gefühlen Handlungen hervorgehen oder doch hervorgehen könnten. Umso unerbittlicher wirkt dann das Schicksal, das über solche Gefühle hinweggeht und die Liebenden vernichtet.

---

[247] In der Fassung von Habicht lautet die Stelle: «Da sie mit Ebn Thaher auf vertrautem Fuße stand, so nahm sie ihren Schleier ab, und ließ den Augen des Prinzen von Persien eine so außerordentliche Schönheit entgegen stralen, das er davon bis ins Herz getroffen wurde. Die Frau ihrerseits konnte sich auch nicht enthalten, den Prinzen zu betrachten, dessen Anblick auf sie denselben Eindruck machte. | ‹Herr,› sagte sie zu ihm mit freundlicher Miene, ‹ich bitte euch, setzet euch.› | Der Prinz von Persien gehorchte, und setzte sich auf den Rand des Sofa's. Seine Augen blieben stäts auf sie geheftet, und er verschlang in langen Zügen das süße Gift der Liebe. [...] Sie bemerkte bald, was in seiner Seele vorging; und diese Entdeckung mußte sie vollends sie [!] für ihn entflammen.» (IV, S. 165)

[248] Ludwig Christoph Heinrich Hölty: Sämtliche Werke. Bd. 2, S. 4.

[249] Horst J. Frank, S. 250.

[250] Tzvetan Todorov, S. 70ff.

Jean Paul hat die Geschichte in der Voß'schen Übersetzung gelesen und über sie 1804 in der «Vorschule der Ästhetik» geschrieben: «Romantisch ist die Liebgeschichte in der 185ten bis 210ten Nacht der arabischen Mährchen.»[251] Katharina Mommsen zitiert diesen Satz und fügt den Hinweis auf die Stelle hinzu, an der Jean Paul unter Bezugnahme auf «Wilhelm Meister» den Begriff des Romantischen präzisiert habe: Es gehe durch dieses Werk Goethes «ein besonderes Gefühl, als walte ein gefährlicher Geist über den Zufällen darin, als tret' er jede Minute aus seiner Wetterwolke».[252] Sie hätte auch anführen können, was in der «Vorschule der Ästhetik» über die Verwandtschaft der «orientalischen Poesie» mit der romantischen gesagt wird.[253] Keines dieser Zitate belegt indessen ihre Annahme, was Goethe als «unbedingteste Zauberey» und später als das «Dämonische» bestimmt habe, sei von Jean Paul als «romantisch» bezeichnet worden.[254] Es könnte vielmehr die schon von Goethe beobachtete enge Verbindung von «Zauberey» und «Reellem» gewesen sein, die Jean Paul dazu veranlaßt hat, die Geschichte als romantisch zu bezeichnen. Das Wort vom «gefährlichen Geist», der über den Zufällen walte, scheint darauf hinzudeuten. Wie sehr diese Verbindung Autoren der Romantik nahelag, zeigt eine Äußerung E.T.A. Hoffmanns, die man wohl als programmatisch nehmen darf: In ihr bezeichnet er diese Verbindung geradezu als das produktive Prinzip seines eigenen Erzählens:

«‹Übrigens gewahrt ihr [sagt Lothar], daß ich meinem Hange, das Märchenhafte in die Gegenwart, in das wirkliche Leben zu versetzen, wiederum treulich gefolgt bin.› ‹Und diesen Hang›, begann Theodor, ‹nehme ich gar sehr in Schutz. Sonst war es üblich, ja Regel, alles, was nur Märchen hieß, ins Morgenland zu verlegen und dabei die Märchen der Dschehezerade zum Muster zu nehmen. Die Sitten des Morgenlandes nur eben berührend, schuf man sich eine Welt, die haltlos in den Lüften schwebte und vor unsern Augen verschwamm. Deshalb gerieten aber jene Märchen meistens frostig, gleichgültig und vermochten nicht den innern Geist zu entzünden und die Fantasie aufzuregen. Ich meine, daß die Basis der Himmelsleiter, auf der man hinaufsteigen will in höhere Regionen, befestigt sein müsse im Leben, so daß jeder

[251] Jean Paul: Vorschule der Aestetik, S. 88. Zu Jean Pauls Lektüre der Voß'schen Übersetzung vgl. Eduard Berend im Anmerkungsteil der Ausgabe, S. 445 zu S. 88. – 1808 schreibt Jean Paul in einer Rezension von Adam Oehlenschlägers dramatischem Gedicht «Aladdin oder die Wunderlampe»: «Tausend und Eine Nacht – nicht nur ein Lieblingswerk Montesquieu's, sondern eines jeden Freundes romantischer Dichtung» (Ders.: Kleine Bücherschau, S. 389).

[252] Ebd., S. 87, vgl. Katharina Mommsen: Goethe und 1001 Nacht, S. 73f.

[253] Ebd., S. 78.

[254] Katharina Mommsen: Goethe und 1001 Nacht, S. 74.

nachzusteigen vermag. Befindet er sich dann, immer höher und höher hinaufgeklettert, in einem fantastischen Zauberreich, so wird er glauben, dies Reich gehöre auch noch in sein Leben hinein und sei eigentlich der wunderbar herrlichste Teil desselben. [...]› ‹[...] Was aber die Märchen der Tausendundeinen Nacht betrifft [sagt Ottmar], so ist es seltsam genug, daß die mehrsten Nachahmer gerade das übersehen, was ihnen Leben und Wahrheit gibt, und was eben auf Lothars Prinzip hinausläuft. All die Schuster, Schneider, Lastträger, Derwische, Kaufleute etc., wie sie in jenen Märchen vorkommen, sind Gestalten, wie man sie täglich auf den Straßen sah, und da nun das eigentliche Leben nicht von Zeit und Sitte abhängt, sondern in der tieferen Bedingung ewig dasselbe bleibt und bleiben muß, so kommt es, daß wir glauben, jene Leute, denen sich mitten in der Alltäglichkeit der wunderbarste Zauber erschloß, wandelten noch unter uns. So groß ist die Macht der Darstellung in jenem ewigen Buch.›»[255]

Möglicherweise kam bei Paul noch etwas anderes hinzu, etwas, das ihm nur in der Voß'schen Übersetzung entgegentreten konnte. Im Gegensatz zu Gallands Version der Geschichte erfüllte die Fassung von Voß eine Forderung, die Friedrich Schlegel vier Jahre früher in der Zeitschrift «Athenäum» erhoben hatte: «Ja, ich kann mir einen Roman kaum anders denken, als gemischt aus Erzählung, Gesang und andern Formen. Anders hat Cervantes nie gedichtet, und selbst der sonst so prosaische Boccaccio schmückt seine Sammlung mit einer Einfassung von Liedern."[256] Der Gedanke ist nicht ohne Ironie, daß Voß mit wenigstens einer seiner Dichtungen den von ihm so verabscheuten Romantikern[257] ein Beispiel romantischer Poesie vor Augen gestellt hat.

---

[255] E.T.A. Hoffmann: Sämtliche Werke. 7. Bd., S. 107f. Auch Wolfgang Köhler – der nur die Rede Ottmars zitiert – stellt fest, daß Hoffmann in diesem Gespräch seine Märchentheorie formuliere (Ders., S. 33).

[256] Friedrich Schlegel: Brief über den Roman. In Ders.: Kritische Schriften, S. 515. Den Hinweis auf die Stelle entnehme ich Judith Ryan, S. 167. Sie zeigt, daß Verseinlagen für die Erzählwerke der deutschen Romantik geradezu konstitutiv sind und gibt Hinweise auf ihre Funktion.

[257] Dazu Hartmut Fröschle, passim. Günter Häntzschel: Johann Heinrich Voß in Heidelberg u. Adrian Hummel: «Es war die Zeit ...» haben freilich davor gewarnt, die Beziehung Vossens zur Romantik allzu einseitig unter solchen Vorzeichen zu sehen.

V. Von den Gründen des Vergessens

Brotarbeit

Es ist schwer zu begreifen, daß Voß nicht wenigstens das Gedicht «Hoch über alle Freuden» in seine Werke oder doch in einen seiner Almanache aufgenommen hat. Gewiß, er mag es in einer Zeit, in der Dichtung dieser Art zumindest vorgab, Selbstaussprache zu sein, zu sehr als Rollengedicht empfunden haben, aber wäre ihm daran gelegen gewesen, es abzudrucken, dann hätte ein damals durchaus üblicher Hinweis auf den Kontext die erneute Publikation des Gedichts vor Mißdeutungen geschützt.

Aber Voß hat – davon war schon mehrfach die Rede – nicht nur keinen Wiederabdruck des Werks oder von Teilen der Übersetzung veranstaltet, er hat es vielmehr nach 1785, soweit wir wissen, nur noch dreimal überaus knapp erwähnt. Der Hinweis darauf, daß er sich stets des Charakters der Übersetzung als einer Auftragsarbeit bewußt gewesen sei, vermag seinen stiefväterlichen Umgang mit den poetischen Beiträgen und dem Werk insgesamt nicht wirklich zu erklären. Es gab ohne Zweifel eine Geringschätzung von literarischer Arbeit um des Geldes willen. «So vertraten nicht wenige Schriftsteller noch bis spät ins 18. Jahrhundert hinein die in der ‹Gelehrtenrepublik› weitverbreitete Meinung, daß ein Gelehrter niemals ‹ums Brot› schreiben dürfe. Es sei ihm höchstens ein Honorarium im alten Sinn der Ehrengabe zugestanden, auf keinen Fall dürfe er von sich aus den Autorengewinn steigern wollen.»[258] Das scheint gerade auch für Übersetzungen gegolten zu haben: Christian Garve schreibt zum Beispiel 1786 an Christian Felix Weiße: «Die Ursache, warum ich mich als einen Uebersetzer weder vor Payley noch vor andern Büchern ankündigen lassen mag, ist erstlich, weil dieses Handwerk in so gar schlechte Hände bey uns geräth, fürs andre, weil ich es selbst aus ökonomischen Ursachen treibe, (ich würde sonst lieber meine ganze Zeit auf Lectüre oder eigne Arbeiten wenden;) und dieses muthmaßen zu lassen, ist nie sehr ehrenvoll, ob es gleich in der That sehr erlaubt und sogar pflichtmäßig seyn kann, wie es bey Ihnen und bey mir der Fall ist.»[259] Bürgers Brief an Heinrich Christian Boie vom 13. August 1781, in dem er seinen Plan darlegt, die «albernen arabischen Märchen» zu übertragen, läßt vermuten, daß es nicht so sehr das Übersetzen als solches war, das der Mißachtung verfiel, als vielmehr die Tatsache, daß die Übersetzer aus Geldnot Aufträge über-

[258] Wolfgang von Ungern-Sternberg: Schriftsteller und literarischer Markt, S. 169. Weitere Beispiele ebd., S. 169ff.

[259] Christian Garve: Briefe. I. Teil, S. 236.

nahmen, die sie unter besseren Lebensbedingungen abgelehnt hätten.[260] Viele dieser Werke erschienen gleich ohne Verfassernamen oder unter einem Pseudonym.[261]

Gegen eine daran anknüpfende Erklärung des «Vergessens» ist einzuwenden, daß Voß seinen Namen auf dem Titelblatt der Übersetzung gerade nicht unterdrückte. Zumindest während der Arbeit an der Übertragung und bis zum Erscheinen des letzten Bandes im Jahre 1785 hat er ganz offensichtlich keinen Grund gesehen, seine Verfasserschaft zu verbergen. Das belegt überdies der auf ihn selbst zurückgehende Lexikoneintrag im «Jetztlebenden gelehrten Mecklenburg» von 1783.[262] Auch später hat er die Übersetzung nicht geradezu verschwiegen, aber die wenigen Erwähnungen lassen den Verdacht aufkommen, nur besondere Umstände hätten dazu Anlaß gegeben, daß er den Bann des Vergessens aufhob.

Ein möglicher Grund für diesen «unfreien» Umgang mit der eigenen schriftstellerischen Vergangenheit war das Ausbleiben einer öffentlichen Anerkennung. Voß mußte sich mit zwei sehr kurzen Rezensionen und mit einem knappen Lob Wielands begnügen.[263] Selbst die Zahl der an ihn gerichteten Briefe mit anerkennenden Urteilen – soweit erhalten – war klein. Bürgers durch keinerlei Sachkenntnis legitimierte, aber vermutlich wirkungsvolle Aburteilung der Gallandschen Version und die daran sich anschließende Abqualifizierung einer nah am Text bleibenden Übersetzung waren ihm gewiß nicht verborgen geblieben.[264] Man darf nicht einmal ganz ausschließen, daß ihm das zweideutige Lob Grambergs in seinem Brief an Bürger durch Zuträger bekannt gemacht wurde;[265] das 18. Jahrhundert kennt die lawinenartige Verbreitung sehr viel persönlicherer Mitteilungen, ohne Diskretion des Schreibenden und ohne Rücksicht der Kolporteure auf den Betroffenen. Aber wenn das wirklich der Grund für das Verschweigen war, dann verwundert es, daß Voß nicht wenigstens einmal in einem der Briefe an seine Freunde seinem Verdruß über solche Bemerkungen und über das Ausbleiben günstiger Urteile Ausdruck gegeben hat. Ein solches Zeugnis ist indessen nicht aufzufinden.

---

[260] Gottfried August Bürger: Briefe. Bd. 3, S. 53 (vgl. auch meine Anm. 107 und die entsprechende Textstelle).

[261] Zur Trivialliteratur s. den ebenso gelehrten wie unterhaltsamen Aufsatz von Reinhard Wittmann: Zur Trivialliteratur der Goethezeit.

[262] S. Anm. 4.

[263] S. Anm. 9 u. 41.

[264] Vgl. Anm. 78 u. den entsprechenden Text.

[265] Zu Gramberg s. Anm. 91 u. den dazugehörenden Text.

Sehen wir uns die spärlichen Äußerungen Vossens nach Abschluß der Übersetzung einmal genauer an. Ein einziges Mal nur spricht er nach 1785 in seiner Korrespondenz, soweit sie erhalten ist, über das Werk. Am 13. Mai 1802 schreibt er an seinen Sohn Heinrich: «Schon der Gedanke des Abziehens [der Plan, Eutin zu verlassen] erheitert uns. Selbst was mir neuen Verdruß zu bringen ankommt, lasse ich ablaufen mit dem Segen: Weg! ich gehöre einem andern Erdwinkel an! Heute habe ich mit dem Abzugsgedanken es sogar über mich vermocht, einen Brief aus Bremen vom Herbst 1796, der mir 50 Thaler von dem bösen Schuldner Cramer, dem Verleger der 1001 Nacht, anbot, zu beantworten. Ich sammle meine Pfennige, als ein wahrer Geschäftsmann.»[266] Die Stelle belegt nicht nur, daß Voß sein Honorar nicht vollständig bekommen hatte, sondern auch, daß er bei seinem Sohn die Kenntnis des Werks – wenn auch vielleicht nicht die Vertrautheit mit ihm – voraussetzen durfte. Aber sonst: ein merkwürdiges Zeugnis. Hatte er den Brief beinahe sechs Jahre lang unbeantwortet gelassen, weil ihm die Erinnerung an den Verdruß mit Cramer unangenehm war? Drückte sich in dem Hinauszögern der Antwort eine Neigung zur Verdrängung aus, die dem Werk selbst galt?

Auch die beiden anderen Erwähnungen bezeugen einen nicht entspannten Umgang mit dieser Arbeit.

Zwölf Jahre nach diesem Brief hat Voß für Brockhaus den schon erwähnten Lebensabriß verfaßt und ihn vier Jahre später selbst veröffentlicht.[267] Die Auseinandersetzung, auf die Voß sich im Zusammenhang mit der Erwähnung von «Tausend und eine Nacht» bezieht, ist bei Wilhelm Herbst knapp dargestellt: Als Voß «seinen Wunsch, den Aufsatz über den Ozean der Alten, der selbst nur in einer Zeitschrift erschienen war, in den Göttinger Anzeigen besprochen zu sehn, durch eine blosse Titelanzeige mehr verweigert als erfüllt sah, und noch dazu durch die epilogische Bemerkung, die neue Schreibart in der Odyssee befremde und stosse ab, sich verletzt fühlte, da brach der alte Unmuth, mit neuer Galle gemischt, um so heftiger hervor. Einen groben Brief von Voss, der Heyne als den Redacteur der Anzeigen zur Rede stellte, beantwortete dieser kurz und nicht minder grob abbrechend. Voss fühlte sich besonders deshalb gekänkt, weil jener Aufsatz als *Empfehlung* für die Odyssee, die damals aus Suscribentenmangel nicht flott werden wollte, hatte dienen sollen, eine Absicht, die er durch das kühle und bedenk-

---

[266] Voß: Briefe. Bd. III, 1, S. 220.

[267] Vgl. Anm. 5 und den dazugehörenden Text.

liche Wort in den Anzeigen geschädigt oder vereitelt sah.»[268] Darauf beziehen sich Anfang und Schluß des Zitats aus dem Voß'schen Bericht:

«Während V. bei seiner Odyssee von Göttingen aus solche Mishandlungen erfuhr, ward er von Ruhnkenius in der Vorrede zur Hymne an Demeter 1781, wozu er die lateinische Uebersezung und kritische Verbesserungen geliefert hatte, mit Auszeichnung gelobt. Im Briefe ermunterte ihn der Wohlwollende, mit seiner Kenntnis des homerischen Alterthums den Hesiodus herauszugeben, wofür er ihm Beiträge anbot. V. hatte des homerischen Alterthums so satt, daß er, um sich nach abgewiesener Odyssee des Schadens zu erholen, die angetragene Uebersezung der 1001 Nacht übernahm. Was denn reizte den Göttingischen Philologen zu solcher auf Vernichtung ausgehenden Grausamkeit?»[269]

Acht Jahre nach der Veröffentlichung des Lebensabrisses spricht Voß im zweiten Band der «Antisymbolik» noch einmal von «Tausend und eine Nacht», und wiederum geschieht das in einer gegen Heyne gerichteten Selbstverteidigung:

«Zwei Proben der *mythischen Erdkunde* wurden in Zeitschriften ausgestellt: über Homers *Okeanos*, in *Lichtenbergs* Magazin; und über *Ortygia*, im D. Museum. Ich meldete dem Gönner *Heyne* die Verlegenheit, und bat um eine Anzeige zur Förderung. Angezeigt ward der erste Aufsaz, dem Titel nach; kein Wort vom Inhalt; aber ein Bedauren, dass ich selbst von der Odyssee abschrecke durch die Namenschreibung, die grundlos sei, und lächerlich, wie die Schreibung *Jäsus* sein würde.

Nach solcher Anzeige bedurft' es keiner besonderen von Homers *Ortygia.* Die Odyssee mit dem Kommentar blieb ungedruckt; Kostenersaz trug die 1001 Nacht.

Aber ich selbst muss meiner Zumutung an *Heyne* lächeln. Während Ich in das mythische Zeitalter mit *Eratosthenes* und *Aristarch* den geschichtlichen Weg einschlug, ging Er mit *Krates* und den nachschwärmenden Sinnbilderern den Weg der gläubigen Fantasie hinter *Blackwell.*»[270]

---

[268] Wilhelm Herbst. Bd. I, S. 245.

[269] Voß: Abriß meines Lebens, S. 13f. Das Manuskript Vossens ist nicht erhalten. Der Abdruck bei Schott trennt die Mitteilung über die Galland-Übersetzung durch einen Absatz von der vorangehenden und der folgenden Textpassage ab. Der absatzlose Text, der möglicherweise Vossens Manuskript entspricht, bringt jedenfalls gut den affektiven Charakter dieser Erinnerung an die Galland-Übersetzung zum Ausdruck.

[270] Voß: Antisymbolik. Bd. 2, S. 7f. Im Manuskript ist «gläubigen» (letzte Zeile des Zitats) nachträglich eingefügt. (Antisymbolik. II. Theil. Ms. in der Handschriftenabteilung der Bayerischen Staatsbibliothek. Vossiana 13, fol. 2r.)

Die Übersetzung von «Tausend und eine Nacht» wird zu einer Ersatzhandlung, die der bösartige Göttinger Philologe dem Homerübersetzer aufgenötigt habe. – Kein Zweifel, daß hier das Werk und die Erinnerung daran instrumentalisiert werden, um der Abrechnung mit dem einstigen Lehrer die nötige Schärfe zu geben. Man ist versucht zu sagen, das Vergessen werde nur aufgehoben, *weil* es sich instrumentalisieren lasse.

Daß Voß zu einer solchen Form der «Nachträglichkeit»[271] auch sonst neigte, ließe sich leicht belegen. Charakteristisch ist seine Umarbeitung der Erfahrungen als Hauslehrer bei den von Oertzens in Ankershagen. Daran, daß sie für ihn mit Demütigungen verbunden waren, gibt es keinen Zweifel. Im Zorn darüber schreibt er am 18. August 1774 an Ernst Theodor Johannes Brückner: «Was geht mich Mecklenburg an und alles hochadeliche Geschmeiss, das Gnade zu erzeigen glaubt, wenn es sich nach unserem Wohlbefinden erkundigt.»[272]Als es aber darum geht, den Vorwurf zurückzuweisen, er sei als «Bauerjunge», unerzogen und ungebildet, nach Göttingen gekommen – der in der Tat nicht zutrifft –, verweist er auf seine Selbsterziehung als Schüler und auf seine Tätigkeit als Hauslehrer, und dabei wird dann aus dem einstigen verachteten Brotgeber ein «angesehener Landedelmann».[273] Helmut J. Schneider hat diese «Abrundung» der eigenen Biographie «nach rückwärts» eingehend dargestellt.[274]

Aber was die angeführten Äußerungen über Vossens Einstellung zu der Übersetzung von «Tausend und eine Nacht» verraten, ist immer noch nicht einsichtig. Soviel indessen ist sicher: Die Instrumentalisierung hat etwas zu tun mit der als höherrangig eingeschätzten klassischen Antike. Wie, so ist zu fragen, wurde das Verhältnis von Antike und Orient, von Homer und «Tausend und eine Nacht» – um es auf diese Formel zu bringen –, in jener Zeit sonst gesehen? Wer danach fragt, muß freilich zunächst der Bedeutung von

---

[271] Diesen Begriff Sigmund Freuds, den er freilich an keiner Stelle systematisch entfaltet zu haben scheint, ziehe ich hier dem der «Verdrängung» vor, weil er deutlicher einen Vorgang bezeichnet, bei dem das Vergangene «umgeschrieben» wird (vgl. Laplanche-Pontalis. Bd. 1, S. 313ff.).

[272] Der Brief ist nicht abgedruckt in Voß: Briefe; hier zitiert nach Wilhelm Herbst. Bd. I, S. 57.

[273] Voß: Antisymbolik. Bd. 2, S. 17.

[274] Helmut J. Schneider: Johann Heinrich Voss, S. 784. Ein bemerkenswertes Zeugnis für die Neigung des alten Voß, die Vergangenheit umzuschreiben, ist auch in einem Brief von Friedrich Perthes an Joseph von Görres aus dem Jahre 1816 zu finden: Perthes, Schwiegersohn von Claudius, besucht Voß und berichtet später, «dann sprang er über auf Claudius und sagte, daß er vorhabe, von dem Wandsbecker Boten eine Ausgabe zu veranstalten in welcher er alle Pfaffenmährchen tilgen wolle, die der finstere Geist des Aberglaubens eingeraunt habe» (zitiert nach Heribert Raab, S. 327, Anm.; vgl. Wilhelm Herbst. Bd. II, 2, S. 151).

Orient und «Tausend und eine Nacht» für die deutsche Literatur jener Zeit nachgehen.

«Tausend und eine Nacht» und die deutsche Literatur im letzten Drittel des 18. Jahrhunderts

Das im 18. Jahrhundert zunehmende Interesse an der orientalischen Literatur hat – so darf man die Darstellungen von Fawzy Guirguis und Jürgen Osterhammel zusammenfassen[275] – nicht zuletzt außerliterarische Gründe. 1683 hatten die Osmanen vor Wien eine Niederlage erlitten und die Belagerung der Stadt abbrechen müssen, und mit dem Vertrag von Karlowitz 1699, durch den der Sultan Ungarn verlor, wurden sie aus einem Teil ihres Herrschaftsgebiets in Osteuropa verdängt. Es gab jetzt keinen Grund mehr, den einstigen Gegner als die große Bedrohung der abendländischen Christenheit zu verteufeln, und so veränderten denn auch die sich nunmehr etablierenden diplomatischen und wirtschaftlichen Beziehungen die Perspektive. Im Dienste der neuen politischen Interessen stand die Gründung der orientalischen Akademie in Wien im Jahre 1754, in der «Sprachknaben» – einer von ihnen war Josef von Hammer (seit 1833 von Hammer-Purgstall) – für den diplomatischen Dienst ausgebildet wurden. Preußen strebte schon unter Friedrich I. neue Beziehungen zu den Türken an, und von seinem Sohn Friedrich II. wurde der Gedanke an ein Bündnis mit dem Ausbruch des Siebenjährigen Krieges noch nachdrücklicher verfolgt.

Die sich zunehmend aus den Fesseln der Theologie lösende Orientalistik verbreitete eine objektivere Kenntnis des Orients und seiner Kultur. Eine wachsende Zahl von Reisebeschreibungen brachte dem europäischen Leser eine Welt nahe, gegen die sich die Vorstellung von der zivilisatorischen Überlegenheit der christlichen Länder nur schwer aufrecht erhalten ließ. Die Literatur trug dazu bei, daß ein neues Bild des Vorderen Orients enstand. Galland kam dabei mit seiner Ausgabe von «Tausend und eine Nacht» die Rolle eines Initiators zu. Aber auch Künstler – einige wie Galland Angestellte der Französischen Botschaft in Istanbul – bewirkten, daß sich neue Vorstellungen von den Osmanen verbreiteten. Es blieb nicht bei Reisen europäischer Diplomaten, Gelehrten und Künstler, vielmehr gab es auch Besuche von Türken in Westeuropa. 1721 und 1742 kamen osmanische Delegationen nach Frankreich, und 1763/64 besuchte eine 73köpfige türkische Gesandtschaft

---

[275] Fawzy Guirguis, S. 31ff.; Jürgen Osterhammel: Die Entzauberung Asiens, bes. S. 34ff.

Berlin. Es scheint so, als hätten solche Besucher die Türkenmode, wenn nicht ausgelöst, dann doch verstärkt. Die Mode schlug sich in der Literatur und der Musik, der Malerei und der Gestaltung von Innenräumen und Möbeln, Kleidung und Gebrauchsgegenständen nieder. Als die türkische Gesandschaft sich in Berlin Berlin aufhielt, nahm die Begeisterung für alles Türkische Formen an, die Friedrich II. zu spöttischen Bemerkungen Anlaß gab. Auch hier fand sie ein Echo in der Kunst, z.B. in Aquarellen und Zeichnungen Chodowieckis.[276] Die Beliebtheit orientalischer Themen in Literatur und Musik erreichte in Deutschland – aus Gründen, die nie überzeugend dargelegt wurden – offenbar in den siebziger und achtziger Jahren des 18. Jahrhunderts einen Höhepunkt: Wielands «Goldener Spiegel» (1772) sei hier als eine von vielen «Morgenländischen Erzählungen», Mozarts «Entführung aus dem Serail» (1782) als eine von vielen «Türkenopern» genannt.

Studien zur Rezeption des Orients in der deutschen Literatur liegen in großer Zahl vor. Überblicksdarstellungen und Handbuchartikel wie die von Otto Spies, Franz Babinger und Diethelm Balke sind für die Orientierung immer noch unentbehrlich, aber sie bieten, der Gattung entsprechend, vor allem Stoffsammlungen. Johann Fück und Max Tauer richten ihren Blick vor allem auf die Geschichte der Orientwissenschaften und bieten nur vereinzelte Anmerkungen zur literarischen Rezeption. In jüngster Zeit sind spezielle Studien erschienen, zum Beispiel die von Moustafa Maher Ali Ragheb. Zwar stellt sein Buch in manchem einen Fortschritt gegenüber früheren Arbeiten dar und bietet viele bemerkenswerte Einsichten, aber man findet in ihm auch kurzschlüssige Behauptungen wie etwa die, die Erzählungen Wielands in der «Geschichte des Weisen Danischmend und der drey Kalender» (1775) seien «dem deutschen Publikum zur rechten Zeit zu Händen» gekommen. «Es war von der Aufklärung übersättigt und suchte das Irrationale, Phantastische und Heitere.» [277] – Vor allem Katharina Mommsen, Fawzy Guirguis und Andrea Fuchs-Sumiyoshi haben in ihren Büchern Interpretationen der Rezeption des Orients in einzelnen Werken der deutschen Literatur des 18. Jahrhunderts vorgelegt, an die weitere Arbeiten mit Gewinn anschließen könnten. Von einer überzeugenden geistesgeschichtlichen Gesamtdarstellung der Rezeption des Orients in der deutschen Literatur des 18. Jahrhunderts sind wir indessen noch weit entfernt, erst recht gilt das für eine intellektualitätsgeschichtliche

[276] Dazu Jürgen Osterhammel: Die Entzauberung Asiens, S. 34ff.; Andrea Fuchs-Sumiyoshi, S. 12; Maria Elisabeth Pape, passim; Karl Ulrich Syndram, passim. Über den Besuch der Gesandtschaft in Berlin C.A. Bratter; Fawzy Guirguis, S. 35f.; Klaus Schwarz, S. 275ff. Zur Türkenmode in Berlin besonders Bratter, S. 132.

[277] Moustafa Maher Ali Ragheb, S. 23f.

Analyse.[278] In der Literaturgeschichtsschreibung findet sich jedenfalls keine Arbeit, die sich Jürgen Osterhammels Werk über die philosophische, historische, ideenpolitische Auseinandersetzung des europäischen 18. Jahrhunderts mit Asien an die Seite stellen ließe.[279]

Zur Rezeption von «Tausend und eine Nacht» gibt es nur einen knappen Überblick von Wolfgang Köhler, daneben wenige Einzeldarstellungen, vor allem Katharina Mommsens «Goethe und 1001 Nacht». Die Arbeit von Sami Al-Ahmedi «Wieland und 1001 Nacht» beschränkt sich darauf, Einflüsse auf Werke des Autors nachzuweisen, und bietet nur selten eine Interpretation der literarischen Funktion der Übernahmen.[280]

Katharina Mommsen hat auch den bisher am meisten überzeugenden Versuch unternommen, Erklärungen für das in der zweiten Hälfte des 18. Jahrhunderts geradezu aufblühende Interesse an «Tausend und eine Nacht» zu geben. Daß «ausgerechnet das Jahrhundert der Aufklärung» die Zauber- und Geistergeschichten des Werks geschätzt hat, erklärt sie damit, daß hier «das Phantastischste, Unwahrscheinlichste [...] noch mit Klarheit, Simplizität und Anmut vorgetragen» werde.[281] Dem Geist der Aufklärung sei auch «die ausgeprägte Humanität» in «Tausend und eine Nacht» entgegengekommen.[282] Zwei weitere Erklärungen weisen implizit oder explizit auf mögliche Interessen der aneignenden Autoren hin: «Eine Welt der moralischen Ordnung» wurde in «Tausend und eine Nacht» dargestellt – das ließ sich für lehrhafte Dichtungen und moralische Erzählungen verwenden, ließ sich auch für die Kritik an europäischen Zuständen instrumentalisieren.[283] Zugleich bot das Werk vielfältige Belege dafür, daß der Islam eine achtungswürdige Religion war – und das konnte man im Kampf gegen Formen verbohrter christli-

---

[278] Katharina Mommsen: Goethe und die arabische Welt; Fawzy D. Guirguis (u.a. über Wieland); Andrea Fuchs-Sumiyoshi (über Lessing, Hamann, Herder, Goethe). Nützlich ist auch der Überblick von Karl Ulrich Syndram. – Mit «Intellektualitätsgeschichte» übersetze ich hier den Ausdruck «intellectual history». Eine intellektualitätsgeschichtliche Interpretation würde den Versuch machen, die Rezeption in ihren historischen und sozialen Kontext zu stellen, würde also nach der historischen Funktion der jeweiligen Aneignung fragen.

[279] Es fehlt aber auch noch an subtilen Einzelstudien zu vielen Autoren, wie sie auf dem Gebiet der Kunstgeschichte z.B. Viktoria Schmidt-Linsenhoff mit ihrem Essay über Angelika Kauffmann vorgelegt hat.

[280] Fawzy Guirguis befaßt sich nur in einigen Abschnitten seines Buches mit Wieland und hat dabei dessen Orientrezeption insgesamt im Blick, aber er versucht doch zu zeigen, wie Wieland mit seinen Vorlagen und deren Anregungen literarisch umgeht (vgl. Ders., S. 155ff.).

[281] Katharina Mommsen: Goethe und 1001 Nacht, S. XVI.

[282] Ebd., S. XVII.

[283] Ebd.

cher Orthodoxie und aggressiver Intoleranz einsetzen.[284] Nicht zuletzt – und auch darauf weist die Autorin hin – bot «Tausend und eine Nacht» der deutschen Literatur formale Anregungen. Hier fand zum Beispiel Wieland eine Kunst des Märchenerzählens, die aus dieser Gattung «gewissermaßen eine *Lehrart* sokratischer Weisheit» machte.[285]

All das könnte zumindest teilweise die Faszination durch «Tausend und eine Nacht» erklären, die die Weimarer Gesellschaft der siebziger und achtziger Jahre des Jahrhunderts ergriff und die Katharina Mommsen in einer «dichten Beschreibung» dargestellt hat.[286] Wieland löst sie mit seinen freien Übersetzungen aus. Aber nicht nur er, sondern auch Goethe und andere Weimarer Schriftsteller erweisen sich als Liebhaber des Werks, ja die ganze Hofgesellschaft läßt sich anstecken, und Lektüre und Lesungen in kleinen oder größeren Zirkeln fördern seine Bekanntheit so sehr, daß man sich mit Anspielungen auf einzelne Erzählungen und Figuren verständigen kann.

Man darf sich indessen nicht täuschen lassen. Für die Leser und Zuhörer war das Werk selten mehr als eine Requisitenkammer, aus der sie die Kostüme und Utensilien für die gesellschaftliche Bühne holten, auf der sie gerade agierten. Die Beschäftigung mit «Tausend und eine Nacht» war eine Mode. Bereits in den zwanziger Jahren des 19. Jahrhunderts diagnostiziert August Wilhelm Schlegel das sehr klarsichtig. «Un siècle et au-delà s'est écoulé depuis que la collection de contes orientaux célèbre sous le nom des *Mille et une nuits* a été introduite pour la première fois à la connaissance du public européen par la traduction française de Galland. Ce livre eut d'abord une grande vogue, et le succès s'en est constammant maintenu, ou a été même en croissant jusqu'à nos jours. Une foule d'éditions se sont succédées, des traductions en plusieurs langues ont été faites; des poëtes distingués ont mis en vers quelques-uns de ces contes; d'autres ont été révêtus d'une forme dramatique. C'est surtout pour la scène mobile et brillante de l'opéra que les contes de fées semblaient être faits comme exprès: souvent il n'y avait autre chose à faire que de rendre visibles les merveilles rapportées, sans changer rien d'essentiel à la fiction.»[287]

---

[284] Ebd., S. XVIII. So verfährt zum Beipiel Gotthold Ephraim Lessing (vgl. Andrea Fuchs-Sumiyoshi, S. 28–43).

[285] Ebd., S. XIX; Zitat aus dem ersten Band des «Dschinnistan».

[286] Ebd., S. 30ff. in dem Kapitel «Beliebtheit von 1001 Nacht in Weimars Blütezeit». Ich verwende hier einen Begriff von Clifford Geertz.

[287] August Wilhelm Schlegel, S. 521f. («Ein Jahrhundert und mehr ist verstrichen, seitdem die Sammlung orientalischer Märchen, die unter dem Namen ‹Tausend und eine Nacht› berühmt ist, dem europäischen Publikum zum ersten Mal durch die französische Übersetzung Antoine Gallands zur Kenntnis gebracht wurde. Dieses Buch war sogleich in Mode, und sein Erfolg ist immer gleich geblieben, ja er hat sogar bis heute noch zugenom-

Auch für die meisten Schriftsteller der Epoche war «Tausend und eine Nacht» nicht mehr als eine Fundgrube für Stoffe und Motive. Der dänische Orientalist J. Oestrup hat das sehr deutlich gesagt, obwohl er vermutlich eher die Anregungskraft des Werks hervorheben wollte: «Tausend und eine Nacht» habe zum Teil «direkt Bedeutung gewonnen, insofern, als es in den meisten Kulturländern wohl nur wenig Menschen gibt, die nicht wenigstens *Ein* Mal in ihrem Leben dieses Buch mit Freude und Interesse gelesen und daraus eine Reihe bunter und fantasievoller Vorstellungen, die ihnen beständig anhaften, in sich aufgenommen hätten, zum Teil indirekt, insofern ein Dichtergeschlecht nach dem andern gekommen ist, seinen Stoff daraus zu holen und aus dieser immerdar unversiegbaren Quelle zu schöpfen».[288]

Das gilt in gewissem Maße auch für Wieland. Man muß die Äußerung einer Figur des «Hexameron von Rosenhain» nicht als programmatische Aussage des Autors lesen, aber ganz fern dürfte sie ihm nicht gewesen sein: «[...] meine Kenntniß der innern Verfassung der Geisterwelt ist zwar auch nicht weit her, denn ich habe sie größtentheils nicht tiefer als aus Tausend und Einer Nacht geschöpft [...].»[289] Nur sagt das noch nichts über die Art seiner Benutzung von Stoffen und Motiven aus der orientalischen Literatur im allgemeinen und aus «Tausend und eine Nacht» im besonderen. So wie er gegen die zeitgenössische Tendenz, das klassische Griechenland zum Vorbild zu nehmen, seiner besonderen Vorliebe für die hellenistische Kultur sowie für das spätrepublikanische und kaiserzeitliche Rom nachgeht, mag sich in seinen «Zitaten» aus der orientalischen Literatur ein literarischer und vielleicht sogar politischer Eigenwille äußern, der unsere Aufmerksamkeit verdiente.[290] Aber das ändert nichts an der Feststellung, daß Wieland «Tausend und eine Nacht» nicht als großes Werk der Literatur zum besseren Verständnis der Kultur des Orients liest. Seine Bewunderung für die Erzählungen Scheherazades läßt ihn nie eine gewisse Distanz verlieren, und wäre es die des Künstlers, der in den

---

men. Eine Vielzahl von Ausgaben ist aufeinander gefolgt; Übersetzungen in mehreren Sprachen wurden verfaßt; angesehene Schriftsteller haben einige seiner Erzählungen in Verse gebracht, andere Geschichten hat man in die Form des Dramas gekleidet. Vor allem für die bewegte und glänzende Szene der Oper schienen die Feenmärchenmärchen wie geschaffen: Oft brauchte man nicht mehr zu tun, als daß man die erzählten Wunder sichtbar machte, ohne irgend etwas Wichtiges an der Erfindung zu ändern.») Bei der Datierung folge ich Katharina Mommsen: Goethe und 1001 Nacht, S. IX.

[288] J. Oestrup, S. 4.

[289] Christoph Martin Wieland: Alterswerke, S. 7.

[290] Zu seiner Stellung zur Antike Manfred Fuhrmann: Nichts Neues unter der Sonne, S. 127f.

Werken der Vergangenheit sucht, was sich in die Kunstsprache seiner Zeit übersetzen läßt.[291]

Von einer Begegnung, bei der die Rezipierenden sich mit dem Werk zutiefst vertraut gemacht, sich mit der geistigen Welt, der es entstammte, ernsthaft auseinandergesetzt hätten, kann nur in wenigen Fällen die Rede sein.

Klassisches Altertum und «Tausend und eine Nacht»

Bei der Suche nach solchen ernsthaften Aneignungen liegt es nahe, an die Feststellung Katharina Mommsens anzuknüpfen, «daß man gerade dem Altertum zunächst Verpflichtete wie Voltaire, Wieland, Goethe dem Osten so starke Aufmerksamkeit zuwenden» sehe. Sie zeigten denn auch «eine ganz besondere Verbundenheit mit 1001 Nacht». Als symbolisch dafür könne auch die Tatsache gelten, daß Winckelmann jetzt ein intellektuelles Interesse für den Orient, ja eine gewisse Identifikation mit ihm zeige. In diesen «Zusammenhang» stellt sie dann Vossens Übersetzung.[292] «Es ist also», schreibt sie zusammenfassend, «bei jedem Erforschen der Wirkungsgeschichte von 1001 Nacht im 18. Jahrhundert und der Goethezeit der Umstand in Betracht zu ziehen, daß jene Epoche sowohl mit dem Orient überhaupt als auch mit den Erzählungen der Scheherazade in ganz anderem Maße verbunden war als die dann folgenden Zeiten. Hier war das Interesse und Wissen ein größeres, dank einer spezifischen geschmacklich begründeten Affinität zwischen Aufklärung und Klassizismus einerseits und dem Orient andererseits.»[293] Diese Darstellung einer Begegnung von West und Ost in der Goethezeit hält indessen nur teilweise einer Nachprüfung stand.

Voltaire hat Gallands Übersetzung ohne Zweifel gut gekannt. In fast allen seinen brieflichen Äußerungen aber erscheint «Tausend und eine Nacht» als Inbegriff des wirklichkeitsverzerrenden Fabulierens. Charakteristisch ist ein Brief des Jahres 1775 an den Comte d'Argental: «Je crois que toute cette aventure est tirée des *Mille et Une Nuits*.»[294] Ähnlich schreibt er ein Jahr später an Anne-Madeleine de La Tour du Pin: «Cela ressemble aux *Mille et Une*

---

[291] Zu dieser ambivalenten Einstellung s. die Anmerkungen 106 bzw. 298–302 und die dazugehörenden Textstellen.

[292] Vgl. Anm. 12.

[293] Katharina Mommsen: Goethe und 1001 Nacht, S. XXII.

[294] Voltaire: Correspondance, Bd. XII, S. 221. («Ich glaube, dieses ganze Abenteuer ist aus ‹Tausend und eine Nacht› geholt.») Robert Irwin teilt ohne Quellenangabe mit, Voltaire habe das Werk vierzehnmal gelesen (S. 299).

Nuits, et ce qui pourrait paraître encore plus fabuleux, c'est que [...].»[295] Nur einmal – in einem Brief des Jahres 1759 an die Marquise du Deffand – bringt er seinen Beifall für das Werk zum Ausdruck: «Non, Madame, je n'aime des Anglais que leurs livres de philosophie, et quelques-unes de leurs poésies hardies; et à l'égard du genre dont vous me parlez, je vous avouerai que je ne lis que l'Ancien Testament, trois ou quatre chants de Virgile, tout l'Arioste, une partie des *Mille et Une Nuits;* et en fait de prose française, je relis sans cesse les *Lettres provinciales.*» Aber folgt man dem Herausgeber Théodore Besterman, so muß man selbst dieses Lob als ironische Bemerkung lesen.[296] Nimmt man dazu die bereits zitierten Urteile in seinen Büchern,[297] so wird man kaum mehr von einer «Verbundenheit» reden wollen.

Wieland hatte ein Exemplar der französischen Ausgabe,[298] scheint dagegen die Voß'sche Übersetzung nicht besessen zu haben. Daß er «Les mille et une nuit» gut gekannt hat, ist vielfältig belegt, aber sein Verhältnis zu dem Werk war ambivalent. Zweifellos übte Galland eine gewisse Anziehungskraft auf ihn aus, aber er erzeugte zugleich Abwehr. In der Bibliothek von Wielands Don Sylvio von Rosalva stehen die «Arabischen und Persianischen Erzählungen, und die Novellen, und die Feen-Märchen» nebeneinander, aber ihre Lektüre macht den Helden des Romans zum Schwärmer. Gewiß darf man von den Empfindungen einer literarischen Figur und ihrer Beurteilung durch den dem Werk impliziten Erzähler nicht auf die Ansichten des Autors schließen, aber auch aus Wielands Brief an Rijklof Michaël van Goens spricht ein gewissen Mißtrauen gegen die Gattung und ihre möglichen Wirkungen auf den Leser.[299] Wo er sich selbst in die Erzähltradition stellt, die mit Gal-

---

[295] Ebd., S. 574 («Das ähnelt den ‹Tausend und einen Nächten›, und noch fabelhafter mag erscheinen, daß ...»).

[296] Ebd., Bd. V, S. 606, die Herausgeberanmerkung S. 1411. Weitere Stellen verzeichnet das Register in Bd. XIII, S. 1135. («Nein, Madame, von den Engländern mag ich nur ihre philosophischen Werke und einige ihrer kühnen Dichtungen; was das Genre angeht, über das Sie mit mir sprechen, so muß ich gestehen, daß ich nur das Alte Testament, drei oder vier Gesänge Vergils, den ganzen Ariost und einen Teil von ‹Tausend und eine Nacht› lese; und an französischer Prosa lese ich immer wieder die ‹Lettres Provinciales›.»)

[297] Vgl. oben Anm. 56 u. 58 und die entsprechenden Textstellen.

[298] Klaus-P. Bauch, Maria-B. Schröder, Nr. 303.

[299] Christoph Martin Wieland: Don Sylvio, S. 24. Dazu auch Fawzy Guirguis, S. 311. Zu dem Brief vgl. Anm. 106 und die entsprechende Textstelle. Die Arbeit von Sami Al-Ahmedi hat zu solchen Fragen kaum etwas beizutragen. Daher kann man nicht recht beurteilen, was Katharina Mommsens Feststellung bedeutet, er habe sich «sehr weitgehend» ihren «Hinweisen und Gedankengängen» anschließen können (Dies: Goethe und 1001 Nacht, S. XXIX). Daß er mit Katharina Mommsen gegen Friedrich Sengle «Schah Lolo» als ein Märchen «mit politischer Nutzanwendung» deute (Dies., S. 312), dürfte diese Aussage kaum ausreichend begründen.

lands Übersetzung ihren Anfang genommen hatte, ist ihm das offensichtlich – aus ästhetischen Gründen wie aus aufklärerischen Motiven – nur unter der Bedingung einer ironisierenden Aneignung möglich.[300]

Auch dann, wenn Wieland Gallands Werk als Beitrag zur Psychologie und Anthropologie liest, ist seine Position nicht eindeutig. In den 1778 im «Teutschen Merkur» erschienenen «Fragmenten von Beiträgen zum Gebrauch derer, die sie brauchen können und wollen» schreibt er über das Vertrauen des Menschen auf das «eigne Gefühl»: «Das einzige wodurch er in diesem Falle dahingebracht werden könnte, an der Wahrheit seines eignen Gefühls, d. i. an sich selbst und seinem eignen Dasein zu zweifeln, wäre der Fall worein (in einer der Arabischen Erzählungen, die Hr. *Galland* le Dormeur eveillé betitelt) der Calife Harun Alraschid den armen Kaufmann Abou-Hassan durch einen Betrug, den dieser unmöglich entdecken konnte, versetzt; der aber auch, unvermeidlicher weise, die Folge hatte, daß Abou-Hassan darüber in Raserei verfiel, und nicht anders als durch Entdeckung des Betrugs wieder völlig hergestellt werden konnte.»[301] Die Überschrift des Abschnitts, in dem Wieland sich so äußert, lautet «Wahrheit», und es ist wohl kein Zufall, daß ihm «Les mille et une nuit» ein Beispiel für Wahrheitsferne liefert.

Von Ambivalenz ist sein Verhältnis zum Orient insgesamt bestimmt. Es gibt in seinen Romanen auch in der orientalischen Welt die klugen Herrscher, die edlen Prinzessinnen, die weisen Philosophen. Aber Fawzy Guirguis hat darauf hingewiesen, daß «gerade Wieland im Vorderen Orient Schwärmerei und als anthropologische Grundtendenz Maßlosigkeit findet», daß «die antikisierenden Romane» «gerade durch den Gegensatz zwischen Antike und Orient konstituiert» sind.[302] Man wird in seinem Fall gewiß von Faszination, aber kaum von «Nähe», «Verbundenheit», «Affinität» sprechen können, wie Katharina Mommsen das tut.

Ihre Ausführungen zu Winckelmann sind erst recht problematisch: Es ist richtig, daß er Arabisch gelernt hat, aber es gibt keinen Beleg dafür, daß er das um eines besseren Verständnisses der orientalischen Kulturen willen getan hätte. Auch ist bezeugt, daß er über Jahre hinweg Orientreisen plante; aber wiederum war sein Ziel dabei nicht so sehr, Nordafrika und den Vorderen Orient kennenzulernen, als vielmehr in diesen Ländern die Stätten der

---

[300] Nach K. Otto Mayer hat Wieland bis 1758 die Feenmärchen «mit ausgesprochener moralischer und pädagogischer Tendenz» aufgenommen und in den Jahren danach die Gattung unter dem Einfluß Hamiltons und Crébillons ironisch persiflierend fortgeführt (Ders., S. 388, vgl. ferner S. 390, 392, 497f.). Dazu auch Fawzy Guirguis, S. 309–315.

[301] Christoph Martin Wieland: Von der Freiheit der Literatur. Bd. 1, S. 375.

[302] Fawzy Guirguis, S. 278.

griechischen, allenfalls auch die der ägyptischen Kultur der Antike aufzusuchen. Die Kenntnis des Arabischen sollte ihm nur das Reisen in diesen Ländern erleichtern.[303]

Daß er sich im orientalischen Habit gefallen habe, ist ein Mißverständnis. Katharina Mommsen gibt für diese Behauptung keine Quelle an, aber eine Stelle in ihrem Buch «Goethe und die arabische Welt» legt die Vermutung nahe, daß sie sich auf das Porträt Anton von Marons – sie schreibt es Mengs zu – bezieht, in dem Winckelmann «mit Turban geschmückt vor der Nachwelt» erscheine.[304] Die «turbanähnliche Kopfbedeckung» signalisierte indessen keineswegs eine Vorliebe für den Orient, sie war vielmehr ein Kleidungsstück, das Männer in jener Zeit «im Privatbereich des Hauses» trugen. Die Kleidung des Porträtierten sollte den «Privatcharakter des Bildnisses» betonen.[305]

Einzig für Goethe läßt sich eine lebenslange Bewunderung von «Tausend und eine Nacht» und eine «starke Aufmerksamkeit» für den «Osten» belegen. Als die romantischen Mythologen das Bild eines von asiatischen Religionen beeinflußten, chthonischen Griechentums entwarfen, setzte er ihnen mit dem «West-östlichen Divan» einen helleren Orient entgegen.[306] In die Tradition dieses humanen Orients gehörte für ihn auch «Tausend und eine Nacht». In den «Noten und Abhandlungen zu besserem Verständnis des West-östlichen Divans» schrieb er: «Diese Spiele einer leichtfertigen Einbildungskraft [der von Mahomet verbotenen Märchen], die vom Wirklichen bis zum Unmöglichen hin und wider schwebt und das Unwahrscheinliche als ein Wahrhaftes und Zweifelloses vorträgt, waren der orientalischen Sinnlichkeit, einer weichen Ruhe und bequemem Müßiggang höchst angemessen. Diese Luftgebilde, über einem wunderlichen Boden schwankend, hatten sich zur Zeit der Sassaniden ins Unendliche vermehrt, wie sie uns ‹Tausend und eine Nacht›,

---

[303] Vgl. bes. Johann Joachim Winckelmann: Briefe. Bd. 2, Nr. 1956 u. Bd. 3, Nr. 1756.

[304] Katharina Mommsen, Goethe und die arabische Welt, S. 615. Es gibt zwar ein weiteres Bild, auf dem Winckelmann mit einer turbanähnlichen Kopfbdeckung erscheint, eine in Kopenhagen aufbewahrte Federzeichnung eines dänischen Künstlers, aber es ist kaum anzunehmen, daß sich Katharina Mommsen darauf bezieht, zumal sie die Arbeit von Schulz, in der es wiedergegeben ist, nicht zitiert (vgl. Arthur Schulz, S. 8 u. Abb. 4 des Tafelteils). Ob bereits Johann Friedrich Bause, der 1776 nach Marons Porträt einen Kupferstich machte, die Kopfbedeckung als Turban deutete, wage ich nicht zu entscheiden.

[305] Claudia Tutsch, S. 50-54.

[306] Dazu bes. Walther Rehm, S. 304ff. Wenn ich hier den Begriff «chthonisch» verwende, will ich keinesfalls implizit oder explizit Stellung nehmen zu dem religionsgeschichtlichen Streit über die Frage nach dem angeblichen oder tatsächlichen Gegensatz von chthonischen und apollinischen Zügen in der griechischen Religion, will vielmehr nur eine historische Sicht beschreiben (vgl. Renate Schlesier, bes. S. 21ff., Hans G. Kippenberg, passim).

an einen losen Faden gereiht, als Beispiele darlegt. Ihr eigentlicher Charakter ist, daß sie keinen sittlichen Zweck haben und daher den Menschen nicht auf sich selbst zurück, sondern außer sich hinaus ins unbedingte Freie führen und tragen.»[307] Daß er das Werk so lesen konnte, mag auch der Übersetzung Gallands zuzuschreiben sein, deren Nähe zur Aufklärung der Philosoph Alain in einem seiner «Propos» hervorgehoben hat: «Tout langage est d'abord ramage et gazouillement, comme des oiseaux. Ainsi dans notre traducteur des contes arabes, j'entends le ramage de Voltaire enfant.»[308]

Niemand wird Katharina Mommsen das Verdienst streitig machen, daß sie Goethes Beziehung zu «Tausend und eine Nacht» eindrucksvoll dargestellt hat. Auch war sie es, die im Zusammenhang mit solchen Studien wieder auf Vossens Übersetzung aufmerksam machte. Aber ihre Annahme, es sei in der deutschen Spätaufklärung und Klassik zu einer Begegnung von Okzident und Orient gekommen, die eine «besondere Verbundenheit» mit «Tausend und eine Nacht» einschloß, verdeckt möglicherweise die historische Entwicklung. Es deutet manches darauf hin, daß es gerade «vorwinckelmannsche Philologie» und vorwinckelmannsches Denken waren, die eine unbefangene Beschäftigung mit dem Orient ermöglichten und durch keine Voreingenommenheit daran gehindert wurden, Texte der griechischen Antike mit Werken der orientalischen Literatur – so auch Homer mit «Tausend und eine Nacht» – in Beziehung zu setzen, und daß Winckelmann und der beginnende Historismus diese Verbindung erschwerten, wenn nicht gar unmöglich machten.[309]

Es ist bemerkenswert, daß bereits Galland selbst Homer und seine eigene Übersetzung miteinander in Verbindung bringt. Als ihm sein Brieffreund Gisbert Cuper 1705 mit Bezug auf «Les mille et une nuit» schreibt, die Araber hätten «l'imagination bien forte, de pouvoir entasser mensonge sur mensonge»[310] – womit er die Ablehnung Voltaires vorwegnimmt –, antwortet ihm Galland, indem er die Kritik in ein Lob verwandelt: «Je n'y admire pas moins

[307] Goethe: Werke. Hamburger Ausgabe. Bd. 2, S. 145f.

[308] Alain: Propos II, S. 614. («Jegliche Sprache ist zunächst Plappern und Lallen, wie bei den Vögeln. So höre ich bei unserem Übersetzer der arabischen Erzählungen das Plappern des Kindes Voltaire.»)

[309] Zu dem Begriff der «vorwinckelmannschen Philologie» und zu dieser Epoche der Philologie Rudolf Pfeiffer, S. 215. – Ich bezweifle daher auch die Richtigkeit der Aussage von Mustafa Macher Ali Ragheb, die ganz von Katharina Mommsens Diktum (s.o. Anm. 12) inspiriert ist: «Diese Gleichstellung der Araber mit den Griechen und Römern, die hier [gemeint ist die Vorrede zu Lessings Übersetzung von Marignys «Geschichte der Araber», vgl. Anm 322] zum Ausdruck kommt, wird zu einem auffallenden Leitgedanken für die orientalisierende Dichtung bis Goethe.» (Ders., S. 22)

[310] Mohamed Abdel-Halim (Hrsg.), Correspondance d'Antoine Galland, S. 492 («eine sehr starke Einbildungskraft, so daß sie Lüge auf Lüge häufen können»).

que vous la force de l'imagination des Arabes, et la variété de leurs fictions, beaucoup plus hardies que les fictions d'Homère.»[311] Vor allem in England scheint sich die Parallelsetzung von Werken der klassischen Antike und von «Tausend und eine Nacht» länger erhalten zu haben, wie es zum Beispiel Äußerungen Gibbons bezeugen. In seinem 1770 erschienenen Essay «Critical Observations on the Sixth Book of the *Aeneid*» schreibt er: «‹Many political instructions may be drawn from the Æneid.› And from what book which treats of *Man*, and the adventures of human life, may they not be drawn? His Lordship's Chymistry (did his Hypothesis require it) would extract a *System of Policy* from the *Arabien Nights Entertainments*.»[312] Hier greift er, so scheint es, zu dem Argument Cupers, aber man sollte nicht übersehen, daß der Text gegen Warburton gerichtet ist und der Hinweis auf «Tausend und eine Nacht» sich durchaus der rhetorischen Absicht verdanken könnte, denn dieses Werk gehörte in Wahrheit zu seinen Lieblingsbüchern.[313] 1788 jedenfalls berichtet ein Brief an Lord Sheffield vom Besuch eines Freundes: «Our conversation never flagged a moment, and he seemed thoroughly pleased with the place, and with his Company. We had little politicks, though he gave me in a few words such a character of Pitt as one great man should give of another his rival: much of book[s], from my own on which he flattered me very pleasently to Homer and the Arabian nights [...].»[314] Noch in dem 1792/93 geschriebenen zweiten Kapitel seiner Autobiographie heißt es: «Ehe ich noch die Schule zu Kingston verließ, war ich bereits mit Pope's Homer und den Arabischen nächtlichen Unterhaltungen sehr vertraut, zwey Bü-

---

[311] Ebd., S. 500. («Ich bewundere darin nicht weniger als Sie die Stärke der Einbildungskraft der Araber und die Vielfalt ihrer Erfindungen, die viel kühner sind als die Erfindungen Homers.»)

[312] Edward Gibbon: The English Essays, S. 141.

[313] «The French translation always remained a favourite with G who added it twice to his own books: he had the 1745 ed. in 6 vols. at Bentinck street, and the 1773 ed. in 8 vols. at La Grotte.» (Edward Gibbon: Memoirs of My life. Anm. des Herausgebers, S. 247.) Dennoch ist eine gewisse Ambivalenz bei Gibbon unverkennbar. In einer Fußnote zum 33. Kapitel von «The Decline and Fall» schreibt er unter Bezugnahme auf einen Bericht über Athenais (Eudokia): «The two authentic dates assigned by the latter overturn a great part of the Greek fictions; and the celebrated story of the *apple*, &c. is fit only for the Arabian Nights, where something not very unlike it may be found.» (Ders. Bd. III, S. 461, Anm.) Äußert er hier Reserven gegenüber «Tausend und eine Nacht» als Geschichtsquelle, so zeigt andererseits die Anmerkung zu einer Stelle im 46. Buch, daß er die anthropologischen Aussagen des Werks für seriös hält: «The Arabian Nights, a faithful and amusing picture of the Oriental world, represent, in the most odious colours, the Magians, or worshippers of fire, to whom they attribute the annuel sacrifice of a Musulman.» (Ders. Bd. V, S. 574, Anm.) Die Kenntnis dieser beiden Stellen verdanke ich Walter Kumpmann.

[314] Edward Gibbon: The Letters. Bd. III, S. 132.

chern, die durch ihre rührenden Gemählde der menschlichen Sitten und scheinbaren Wunder immer gefallen werden [...].»[315]

Als «Gemählde der menschlichen Sitten» («picture of human manners») lesen auch englische Reisende auf den Spuren Homers diesen Dichter. Thomas Blackwell vergleicht 1735 in «An Enquiry into the Life and Writings of Homer» umstandslos die Rede orientalischer Völker seiner Zeit mit der der griechischen Antike. Die betreffende Stelle lautet in der Übersetzung von Johann Heinrich Voß: «Ich will nur bemerken, daß die Türken, Araber, Indier, und überhaupt die meisten Morgenländer, die Einsamkeit besonders lieben. Sie sprechen selten, und nie lange ohne in Bewegung zu kommen; doch wenn sie, nach ihrem eignen Ausdruck, ihren *Mund öffnen*, und ihrer feurigen Einbildung den Zügel schießen lassen, dann sind sie ganz poetisch und voller Metaphern. Das Sprechen ist bey einem solchen Volke nur die Sache gewisser Augenblicke, wie man aus ihren gewöhnlichen Eingängen schließen kann; denn ehe sie anfangen ihre Gedanken zu sagen, geben sie zu erkennen; sie wollten *jezt ihren Mund eröffnen, ihre Zunge entbinden, ihre Stimme erheben, und mit ihren Lippen reden.* Diese Vorreden haben viel ähnliches mit der alten Form der Eingänge beym Homer, Hesiodus und Orpheus, worin ihnen bisweilen Virgil gefolgt ist.»[316] Voß übersetzt auch Blackwells Fußnote: «See the *Arabian* Nights Entertainments; a Translation from the *Arabick*»: «S. die Arabischen Nachtunterhaltungen; eine Uebersezung aus den [!] Arabischen.»

«Doch in den Trojanischen Zeiten hatte sowohl die Sprache der Griechen, als ihre Lebensart, noch vieles von den [!] Morgenländischen Gepräge»,[317]schreibt Blackwell, aber das hindert ihn nicht an der Feststellung: «Sein [Homers] Werk ist das große Drama des Lebens, das täglich vor unsern

---

[315] Edward Gibbon's Esq. Leben von ihm selbst beschrieben, S. 36. Zur englischen Fassung s.o. Anm. 122 u. die dazugehörende Textstelle.

[316] Robert Blackwell: Untersuchung über Homers Leben und Schriften, S. 57. Die Originalfassung s. Thomas Blackwell, Sect. III, S. 43f.: «I will only observe, that the *Turks*, *Arabs*, *Indians*, and in general most of the Inhabitants of the *East*, are a solitary kind of People: They speak but seldom, and never long without Emotion: But when, in their own Phrase, they *open* their *Mouth*, and give a loose to a fiery Imagination, they are poetical, and full of Metaphor. *Speaking*, among such People, is a matter of some Moment, as we may gather from their usual Introductions; for before they begin to deliver their Thoughts, they give notice, *that they will open their Mouth, that they will enloose their Tongue; that they will utter their Voice, and pronounce with their Lips.* These Preambles bear a great Resemblance to the old Forms of Introduction in *Homer*, *Hesiod*, and *Orpheus*, in which they are sometimes followed by *Virgil.*» – Norbert Miller hat mehrfach – so in seinem Aufsatz «Winckelmann und der Griechenstreit» – die umfangreiche Griechenland(reise)literatur des 18. Jahrhunderts dargestellt. Es kam mir hier nicht darauf an, sie umfassend auszuwerten.

[317] Thomas Blackwell: Untersuchung über Homers Leben, S. 62.

Augen gespielt wird.»[318] Ähnlich liest Robert Wood in seinem 1769 erschienenen Buch «Essay on the Original Genius of Homer» den Dichter. Seine Bemerkungen über Homer lassen sich geradezu als Programm eines anthropologisch motivierten Zugangs zu Werken der Klassischen Antike lesen: «Ich bin überzeugt, daß man in der That dem Homer einen tiefern moralischen Plan andichtet, als er je gehabt hat. Sein größtes Verdienst, als Lehrer des menschlichen Geschlechtes, scheint mir das zu seyn, daß er uns ein treues Gemälde der menschlichen Natur, (oder was vielleicht von noch größerm Nutzen ist) den Menschen selbst, so wie er ist, aber nur von allem Persönlichen und Individuellen entkleidet, geliefert hat, und das ohne alle Partheylichkeit, und dem Zustande seiner Zeiten gemäß, so weit nur immer sein beobachtender Geist kommen konnte.»[319]

Wie bei Blackwell läßt diese Leseweise die Feststellung einer «Ähnlichkeit» zwischen den «Sitten der alten und neuern Orientaler» zu.[320] Wood sagt ausdrücklich, er habe gefunden, «daß sich die Sitten der Iliade noch in einigen Theilen des Orients erhalten, und sogar in ziemlich hohem Grade jene ächte natürliche Simplicität beybehalten haben, die wir in seinen Werken und der Bibel schätzen».[321] Solche Ansichten bleiben nicht auf England beschränkt, wie die Rezension Christian Gottlob Heynes vom Jahre 1770 belegt. In ihr, die in die deutsche Ausgabe anstelle einer Vorrede aufgenommen worden ist, heißt es unter anderem: «Eine allgemeine Aehnlichkeit der Sitten der Helden im Homer mit den Sitten einiger morgenländischen Völker der jetzigen Welt wird die Stunde noch angetroffen; und woher dieses? Nicht das Clima allein giebt die Auflösung, sondern nebst der ähnlichen Beschaffenheit des Clima und des Bodens, die *ähnliche Unvollkommenheit der politischen, bürgerlichen und häußlichen Verfassung.* Diese macht hauptsächlich, daß *das heroische, patriarchalische und beduinische Leben* so viel unter sich gemein hat. Die Wilden in America sind noch eine Stufe unter der Heldenzeit Homers; aber nichts kömmt den Sitten dieser Heldenzeit näher als der heutige Araber. Diesen beschreibt Hr. W. ausführlich und stellt eine kurze Vergleichung zwischen den alten Griechischen, Jüdischen und noch jetzigen Arabischen Sitten an; ein lesenswürdiges Stück, von einem Augenzeugen des Lebens der Araber!»[322]

---

[318] Ebd, S. 375.

[319] Robert Wood: Versuch über das Originalgenie des Homers, S. 19f.

[320] Ebd, S. 174.

[321] Ebd., S. 176.

[322] Ebd., S. 20. Auf diesen Passus bezieht sich möglicherweise Vossens Bemerkung: «Schon vor Nestors Geburt strebten sie von Genüssen der Thiermenschheit zu geistigem Genusse der Menschlichkeit, die edelmütigen Achaier: die unser Göttingischer Lehrer mit Amerika's Halbwilden und otahitischen Naturkindern vergleichen will.» (Antisymbolik.

Voraussetzung für solche Vergleiche ist nach Friedrich Meinecke die Vorstellung von «den Wirkungen gemeinsamer Ursachen, wie Boden, Klima und Geist der Gesetze eines noch unvollkommenen Zustandes der Gesellschaft». Der Einfluß Montesquieus werde darin sichtbar.[323] Man muß indessen als Grundlage wohl die zeitgenössische Anthropologie in einem umfassenderen Sinne sehen, die dem Pope'schen Programm verpflichtet ist («Know then thyself, presume not God to scan; / The proper study of mankind is man») und die «dabei nicht – diachronisch-historisch – die eine Geschichte, sondern – synchronisch-geographisch – die eine Erde» in den Blick nimmt.[324] Die Macht, mit der diese Anthropologie das Denken vor dem Zeitalter des Historismus bestimmt, wird erst ganz verständlich, wenn man ihr theologisches Fundament wahrnimmt. Selbst in der medizinischen Anthropologie des 18. Jahrhunderts wirkt noch die Vorstellung von allen Menschen als Kindern Adams fort. 1799 schreibt Johann Friedrich Blumenbach in den «Göttingischen Anzeigen von gelehrten Sachen» einen Bericht über einen Vortrag in der Societät der Wissenschaften und bemerkt zu einem römischen Schädel: «Daß auch dieser brave Römer so wenig, als andere Adamskinder, ein thierisches *os intermaxillare* hat, das Galenus dem Menschen zuschrieb, wäre kaum einer Erwähnung werth, geschähe es nicht des alten Sylvius halber, der, um die Galenische Behauptung zu retten, lieber gar meinte, das Menschengeschlecht könne doch wohl zur Römerzeit diesen Knochen gehabt haben – und daß er bey den folgenden Generationen verwachsen und gleichsam ver-

---

Bd. 2, S. 232f.) – Nicht ohne Ironie hält man dagegen die – wie ernst auch immer gemeinte – Aufforderung C.H. Overbecks vom 17. November 1777 an Voß, mitsamt den Freunden «die falsche Europäische Welt zu verlassen» und nach Otahiti zu ziehen, «wo man wiederfindet sein [des Schöpfers] Bild in dem Menschen». (Zitiert nach Wilhelm Herbst. Bd. I, S. 199. Vgl. Helmut J. Schneider: Johann Heinrich Voß, S. 790f.) – Als weiteres Beispiel für eine Nebeneinanderstellung von griechisch-römischer Antike und arabischer Kultur mag der Anfang von Lessings Übersetzervorrede zur «Geschichte der Araber» von Marigny zitiert werden: «Die Ursachen, welche der Abt von Marigny gehabt hat, diese Geschichte der Araber zu schreiben, sind eben die Ursachen, welche mich bewogen haben, seine Arbeit zu übersetzen. Er fand in seiner Sprache sehr wenig Nachrichten von einem Volke, dessen Thaten unsrer Neugierde nicht unwürdiger sind, als die Thaten der Griechen und Römer [...].» (Marigny. Bd. I, a 2 fol.)

323 Friedrich Meinecke, S. 257. Die Vergleiche haben sich jedoch unter durchaus anderen Voraussetzungen wiederbeleben lassen, und wo immer in späteren Zeiten Homer Gegenstand komparatistischer Arbeiten war, hat man sich offenbar gerne auf Wood als einen Begründer solcher Forschungstendenzen berufen. (Vgl. Adam Parry, S. XIIIf.; James P. Holoka, S. 460ff.)

324 Odo Marquard, Sp. 364. Anthony Grafton hat festgestellt, daß «Heynes Interpretation der homerischen Dichtungen» auf «eine vergleichende historische Anthropologie hinauslief» (Ders., S. 23). Das wird man auch über Blackwells oder Woods Deutungen sagen können.

schwunden, ja da sey Galen nicht Schuld daran». Wer das Wort von den Adamskindern nur für eine Redensart hält, irrt sich: Die implizite Berufung auf den biblischen Schöpfungbericht wird hier in ernsthafter wissenschaftlicher Absicht vorgebracht – gegen jegliche Vorstellung von einer Evolution.[325] Eine solche theologisch fundierte Anthropologie macht es möglich, daß man literarische Texte unterschiedlicher Zeiten und verschiedener Regionen als Zeugnis der Natur des Menschen liest.

Als dann im 20. Jahrhundert erneut der Versuch unternommen wurde, Beziehungen zwischen Homer und «Tausend und einer Nacht» aufzuweisen, stand er weniger im Zeichen eines zeitübergreifenden Vergleichs als vielmehr in dem der historischen Einflußforschung. 1947 veröffentlichte Gustav E. Gruenebaum sein Buch «Medieval Islam», das erst 1963 in einer deutschen Ausgabe erschien. Das längere Kapitel «Schöpferische Entlehnung: Griechenland in Tausendundeiner Nacht» beginnt unter anderem mit der bedauernden Feststellung: «Der Beitrag des klassischen Altertums zur Entstehung der islamischen Kultur als ganzer ist längst und ohne Umschweife erkannt; das Fortleben klassischer Überlieferungen in der arabischen Literatur jedoch rückt erst allmählich ins Blickfeld der Forschung, die nur langsam dahin gelangt, dieses Fortleben nach seiner wahren Bedeutung abzuschätzen. Die allzu scharf eingehaltene Trennung zwischen orientalistischen und klassischen Studien trägt ebensoviel Verantwortung für die verhältnismäßige Rückständigkeit unserer Kenntnis auf diesem Gebiet wie der besondere Charakter der griechisch-römischen Nachwirkungen als solcher.» Gemeinsamen Quellen von Odyssee und «Tausend und eine Nacht» ist dann Uvo Hölscher nachgegangen. Zu einem wie auch immer angelegten Vergleich von Homers Epen und «Tausend und eine Nacht» scheint es indessen nicht mehr gekommen zu sein, es sei denn, man würde Hofmannsthals emphatischen Ausruf als wissenschaftliche Aussage lesen: «Und was für eine Welt! Der Homer möchte in manchen Augenblicken daneben farblos und unnaiv erscheinen.»[326]

---

[325] Johann Friedrich Blumenbach, S. 1714f. (Die Kenntnis dieser Stelle verdanke ich Albrecht Schöne.) Die allmähliche Ablösung dieser theologisch begründeten Anthropologie – auch eines Blumenbach – durch das Evolutionskonzept hat John C. Greene in seinem Buch dargestellt, das nicht ohne Grund den Titel «The Death of Adam» trägt.

[326] Gustav E. Gruenebaum, S. 376f. Ernst Robert Curtius hat das Buch gleich nach seinem Erscheinen in der englischen Fassung gelesen und ihm Anregungen für sein zuerst 1948 erschienenes Werk «Europäische Literatur und lateinisches Mittelalter» entnommen (Ders., S. 6ff.). Ältere Literatur zur Wirkungsgeschichte Homers im Orient bei Victor Chauvin: Homère et les Mille et une nuits. – Uvo Hölscher, S. 112ff. – Hugo von Hofmannsthal, S. 271. – Neuerdings hat David Pinault bei seinen Analysen der Erzählweise von «Tausend und eine Nacht» auf die Homerforschung zurückgegriffen (vgl. dazu auch Robert Irwin, S. 283ff.).

Es gibt keinen Zweifel daran, daß etwa Herder und dann vor allem Goethe Epoche gemacht haben in der Geschichte der Auseinandersetzung mit dem Orient. Aber aller Enthusiasmus, alle Faszination, die aus ihren Äußerungen über hebräische und arabische wie persische Poesie sprechen, sind doch schon Zeugnisse eines neuen Verhältnisses zum Orient.[327] Dieses Verhältnis ist nicht mehr nur bestimmt von anthropologischem, es ist zunehmend geprägt von historischem Denken. Der beginnende Historismus aber – das macht man sich nicht immer hinreichend bewußt – hebt die potentielle Nähe und Vertrautheit, die noch für die Zeit davor galt, auf. Wie immer bezaubernd oder großartig einem jetzt die Werke der Hebräer, der Araber, der Perser oder Inder erscheinen –, sie sind fremd geworden und bedürfen der Anstrengung der Hermeneutik, wenn man sie sich zu eigen machen will. Das zunehmende Fremdwerden selbst der Antike unter dem Einfluß des Historismus hat schon Friedrich Meinecke gesehen.[328] Vergleiche zwischen Werken unterschiedlicher Weltgegenden und unterschiedlicher Epochen sind im Zeichen dieses neuen Zugangs zur menschlichen Kultur nicht mehr ohne weiteres möglich.

Im Deutschland der letzten drei Jahrzehnte des 18. Jahrhunderts hätten sich Vergleiche zwischen Homers Epen und «Tausend und eine Nacht» daher nicht mehr so unbefangen vorbringen lassen wie zu Zeiten Woods, wenn auch das Beispiel Heynes zeigt, daß man sich die Durchsetzung des Historismus nicht als einen alle Denker gleichzeitig und mit gleicher Kraft erfassenden Prozeß vorstellen darf. Friedrich Meinecke hat das an vielen Stellen seines Buches betont.

---

[327] Zu Herder vor allem Regine Otto. – Ob die die Betonung der Verwandtschaft orientalischer und westlicher Literatur, wie sie für die anthropologisch vergleichende Historiographie und Literaturwissenschaft der Blackwell, Wood, Heyne typisch ist, in einer von Katharina Mommsen beschriebenen poetischen Praxis Goethes – wenn auch auf einer anderen Ebene – fortlebt, wäre zu untersuchen: «Endlich darf es auch als charakteristisch für Goethes Verfahren gelten, wenn im Neuen Paris Orientalisches und Antikisierendes nebeneinandertreten, und zwar derart, daß sich das erstere hinter dem zweiten gleichsam verbirgt. Besonders im zweiten Teil des Faust werden wir beobachten können, wie gern Goethe gerade Entlehnungen aus 1001 Nacht durch antike Chiffren (Mythen, Namen etc.) in okzidentales Gewand kleidet.» (Dies., S. 19)

[328] Friedrich Meinecke, S. 323f. Vgl. dazu die Arbeit Astrid Seeles, die dem «Aspekt des Fremden in der Übersetzungskonzeption der Goethezeit» ein langes Kapitel gewidmet hat. Zu dem Thema neuerdings Friedmar Apel.

In «der Epoche von Friedrich August Wolf» wandte sich, so Walter Burkert, «die Klassische Philologie vom Alttestamentlichen und damit vom Orientalischen dezidiert» ab.[329] Auch die Homerforschung schwieg zum «Thema der orientalischen Parallelen und Einflüsse» während des gesamten 19. Jahrhunderts.[330] Nur Außenseiter wie Friedrich Creuzer oder Johann Jakob Bachofen befaßten sich mit ihm, blieben aber innerhalb der klassischen Altertumswissenschaft ohne große Wirkung. Die Beschäftigung mit dem Orient wurde, soweit sie nicht eine Modeerscheinung war, in die Fachwissenschaften abgedrängt. Es begann der Prozeß, den Jürgen Osterhammel auf die Formel gebracht hat: «Mit der Professionalisierung der Asienkenntnisse als Fachwissen verbindet sich ihre Marginalisierung als Bildungswissen.»[331] Selbst als Gegenstand des Fachwissens, zum Beispiel auf dem Gebiet der Historiographie, verlor der Orient an Interesse. Hatte Barthold Georg Niebuhr 1810 noch mit dem Gedanken spielen können, «die Geschichte des Morgenlandes zu bearbeiten»,[332] so galt die orientalische Geschichte schon um 1835 als Thema, das eines angesehenen Historikers nicht würdig war.[333] Für die Philologie allerdings dürfte diese Einschränkung nicht gegolten haben. Indessen war sie eine Beschäftigung von Spezialisten, und nur selten konnte einer ihrer Vertreter, wie etwa Rückert, über den Kreis seiner Fachgenossen hinaus wirken.

Daß nun für mehr als hundert Jahre Beziehungen zwischen klassischer Antike und Orient, zwischen Homer und «Tausend und eine Nacht» aus dem Blick gerieten, war nicht nur das Ergebnis einer innerwissenschaftlichen Entwicklung. Die Trennung, die sich in der Altertumswissenschaft zur Zeit Wolfs vollzog, war das Resultat eines Prozesses, der weit umfassender war und das gesamte geistige Leben Deutschlands im letzten Drittel des 18. Jahrhunderts erfaßte: desjenigen der Entstehung und Ausbreitung des (philhellenischen) Neuhumanismus. Sein Gründungsvater war Johann Joachim Winckelmann, und er war es auch, der diese Trennung als erster herbeiführte.

Für Winckelmann ist die griechische Kunst die höchste Ausprägung menschlicher Kunst und Kultur, und nur wer sie nachahmt, kann dieselbe

---

[329] Walter Burkert: Homerstudien und Orient, S. 156. Vgl. Ders.: Da Omero ai Magi, S. 3, wo er diesen Abbruch parallel setzt mit dem Beginn des Historismus.

[330] Ebd., S. 155. Mit polemischer Zuspitzung hat sich zu solchen Fragen Martin Bernal in seinem Buch «Schwarze Athene» geäußert. Leider sind seine Ausführungen für die Überlegungen dieses Kapitels wenig anregend.

[331] Jürgen Osterhammel: Die Entzauberung Asiens, S. 36.

[332] Gerrit Walther, S. 296.

[333] Jürgen Osterhammel: «Peoples without History», S. 265f.

künstlerische und zivilisatorische Höhe erreichen. Zugleich aber erfaßt er die individuelle Eigenart der griechischen Kunstwerke und erkennt Phasen der griechischen Kunstgeschichte. Die Frage, ob er der Historie die Macht eingeräumt habe, die Normen, denen seine Kunstauffassung verpflichtet war, aufzuheben oder auch nur abzuschwächen, ist unterschiedlich beantwortet worden. Friedrich Meinecke hat sie verneint und den Widerspruch in Winckelmanns Denken als Ausdruck einer Unentschiedenheit, als Zeugnis für ein Stehenbleiben vor dem entscheidenden Schritt in den Historismus gedeutet: «Und so gingen nun auch von Winckelmanns ‹Geschichte der Kunst des Altertums› 1764 Wirkungen tiefer Art für ein neues historisches Denken aus, obgleich Winckelmann, in allem Prinzipiellen, ganz wie Lessing noch jenseits, nicht diesseits der Grenze stand, die das normative Denken vom Historismus schied.»[334] Ingrid Kreuzer glaubt feststellen zu können, daß Winckelmann den Widerspruch später aufgehoben habe: «Die Polemik der kunsthistorischen Literatur ist somit in zweifacher Hinsicht gegenstandslos: einmal weil der Winckelmann der Nachahmungslehre auch vom Nachahmer der griechischen Werke wahre künstlerische Leistung fordert und an deren Möglichkeit glaubt, zum anderen, weil er auf seine Lehre verzichtet, sobald ihm bewußt geworden ist, in welchem Ausmaß Kunst geschichtlich bedingt ist.»[335] Es spricht indessen viel für Ulrich Muhlacks These «der mangelnden Vermittlung beider Positionen». Gerade sie schließt nicht aus, daß Wolf Lepenies recht hat mit der Feststellung: «Seine Kunstgeschichte ist ein kraftvolles Indiz für den Historisierungsschub, der im 18. Jahrhundert alle wissenschaftlichen Bereiche erfaßt.»[336]

So indessen – und allein das ist hier von Belang – haben kritische Zeitgenossen das nicht gesehen. Herder erkennt in der Winckelmannschen Kunstauffassung, ihrer Stellung zwischen Normorientierung und Einsicht in die Geschichtlichkeit, eine Aporie, aus der jener sich nur durch einen irrationalen Denkakt zu befreien vermag: dort nämlich, wo er vom Ursprung der griechischen Kunst handelt. «Die Kunst scheint unter allen Völkern», schreibt Winckelmann, «welche dieselbe geübt haben, auf gleiche Art entsprungen zu sein, und man hat nicht Grund genug, ein besonderes Vaterland derselben an-

---

[334] Friedrich Meinecke, S. 313.

[335] Ingrid Kreuzer, S. 65. S. den ganzen Abschnitt S. 63ff. Vgl. dazu auch Markus Käfer, der sich gegen die vereinfachende Annahme wendet, «ein normatives Kunsturteil sei ahistorisch, den Eigenwert jedes Kunstwerkes, jeder Kunstepoche (an-)erkennen sei historisch» (Ders., S. 77). Zu der Spannung von Normativität und Historizität auch James J. Sheehan, besonders S. 13f.

[336] Ulrich Muhlack, S. 253. Muhlack spricht in diesem Zusammenhang von einer «dualistischen Geschichtsbetrachtung» (Ders., S. 19ff., 275ff., 331ff.) – Wolf Lepenies, S. 114.

zugeben. Denn den ersten Samen zum Notwendigen hat ein jedes Volk bei sich gefunden.» Wenige Zeilen später heißt es dann: «Bei den Griechen hat die Kunst, obgleich viel später als in den Morgenländern, mit einer Einfalt ihren Anfang genommen, daß sie aus dem, was sie selbst berichten, von keinem anderen Volke den ersten Samen zu ihrer Kunst geholt, sondern die ersten Erfinder scheinen können.»[337] «Der große Verehrer der Griechen nimmt an», bemerkt Herder dazu, «‹sie, wie alle Völker, haben sich ihre Kunst selbst erfunden, sie sein[!] einem fremden Volke nichts schuldig.› Der Grundsatz macht die ganze Geschichte sehr simpel, denn nun hat man an keine Fort- und Überleitung aus Volk in Volk zu denken; wie die Völker, so fallen die Teile des Buches auseinander.»[338] Peter Szondi hat dank Herder den geheimen Antrieb des Winckelmanschen Versuchs einer Befreiung aus der Aporie aufgedeckt. Gegen Winckelmann lenke «Herder die Aufmerksamkeit auf die Frage *wie erst Kunst werde*». «*In der ältesten Griechischen Kunst und Wissenschaft*», so erkläre jener, sei «*vieles unerklärlich, wenn man keine fremde Tradition*» annehme. «Diese Tradition», fügt Szondi, Gedanken Herders aufnehmend, hinzu und macht damit die Abwehrgeste sichtbar, die in Winckelmanns Leugnung einer Tradition liegt, «ist die asiatisch-ägyptische.»[339]

Man könne, schreibt Jan Assmann, die Rolle «Ägyptens für das Selbstbild Europas» nur «mit der Israels und Griechenlands» vergleichen. Ägypten ist ein Teil jener Vergangenheit, die das Abendland sich selber zurechnet.» Am Anfang des Prozesses, in dem das «Erinnerungbild Ägyptens» aus dem «kulturellen Gedächtnis des Abendlandes» ausgetoßen wird, steht Winckelmann, und er ist auch einer der Initiatoren, wenn nicht der Hauptinitiator der geistesgeschichtlichen Entwicklung, in der die Bedeutung Israels und der orientalischen Kulturen für die europäische Identität immer geringer wird. Friedrich August Wolf setzt das von Winckelmann Begonnene nur fort, wenn er entscheidend dazu beiträgt, «daß die Juden und die anderen Völker des Orients aus dem Bereich der Altertumswissenschaft ausgebürgert» werden, um – so Anthony Grafton– «den einzigartig hohen kulturellen Stellenwert», den man den Griechen zuschreibt, «zu legitimieren». Noch im 18. Jahrhundert verbindet sich dann die Vorstellung von der Vorbildlichkeit der griechischen Kultur mit derjenigen einer besonderen Geistesverwandschaft von Griechen und Deutschen.[340]

---

[337] Johann Joachim Winckelmann: Geschichte der Kunst des Altertums, S. 26.

[338] Johann Gottfried Herder: Denkmal Johann Winckelmanns, S. 658.

[339] Peter Szondi, S. 61. Vgl. dazu auch Alexander Demandt, S. 302f.

[340] Jan Assmann, S. 476 bzw. 486. Zur allmählich entstehenden Distanz Herders und Goethes zur ägyptischen Kultur Erik Hornung, S. 134f. – Zur Ausgrenzung des Alten Isra-

Wie sich der von Winckelmann inspirierte, von Goethe, Schiller, von Humboldt weiterentwickelte Neuhumanismus mit seiner «tyranny of Greece over Germany» so machtvoll durchsetzen konnte, ist trotz Eliza M. Butlers und Suzanne Marchands Arbeiten in vielerlei Hinsicht noch ungeklärt. Das gilt besonders für die Frühphase, also für die letzten Jahrzehnte des 18. Jahrhunderts. «Establishing the process by which ideas become active forces, and conversely, events or structural factors affect changes in thought, has ever been the intellectual historian's nightmare, one from which I am afraid we will never fully awaken», hat Suzanne Marchand festgestellt.[341] Gewiß: Einer der Ermöglichungsgründe war Winckelmanns Ästhetik. Wenn er in den Werken des klassischen Griechenland den Gipfel der Kunst sah, dann deshalb, weil in ihnen auf unvergleichliche Weise das göttliche Schöne anwesend schien. Diese Kunstmetaphysik gab dann den pädagogischen Forderungen, die aus ihr abgeleitet wurden, das quasireligiöse Pathos, mit dem der Neuhumanismus auftrat. Aber das vermag den Siegeszug dieser «Glaubensbewegung»[342] nicht schon zu erklären. Vermutlich führt ein Versuch wie der Hans-Ulrich Wehlers am weitesten, dafür gesellschaftsgeschichtliche Gründe anzugeben. Der Neuhumanismus war auch eine Aufstiegsideologie. Er ermöglichte den nicht geburtsständisch oder durch Besitz Privilegierten den Eintritt in eine Funktionselite, die sich gerade durch die neuhumanistische Bildung erst legitimierte. Diese Ideologie bezog zusätzliche Durchsetzungs-

---

el und des Orients Anthony Grafton, S. 13. Friedrich Niewöhner hat wohl zu recht darauf hingewiesen, daß Grafton den Abtrennungsvorgang allzu sehr als nur auf die Juden bezogen sehe, er schließe vielmehr «alle alten orientalischen Kulturen (nicht nur die Hebräer) aus» (Ders., Sp. 1). Dennoch fragt man sich, warum er überhaupt die Juden mit betraf, denn sie hatten ja ihrerseits eine Kultur der (freilich religiösen) Abgrenzung zum alten Orient begründet. – Stefan George hat 1910 in der neunten Folge der «Blätter für die Kunst» in dem Text «Das hellenische Wunder» gefordert, es müsse eine «Heilige Heirat» zwischen Deutschen und Hellenen zustandekommen. War das an dieser Stelle noch ein Wunsch, so hat er das später offenbar als erreicht angesehen (vgl. Breuer, S. 204f.), und seine Anhänger haben das noch bekräftigt. Man bedarf nicht des Hinweises darauf, daß in dem Begriff der Heiligen Heirat das griechische *hieros gamos* durchscheint, um den mythischen Charakter dieser Vorstellung von der Nähe der beiden Kulturen zueinander zu erkennen. Es ist eine tragische Ironie, daß auch Juden aus dem George-Kreis wie Friedrich Gundolf und Ernst Kantorowicz sich diesen Mythos, der ja eine Ausstoßung der jüdischen Kultur aus dem kulturellen Gedächtnis voraussetzte, zu eigen gemacht haben (Gundolf z.B. im Winckelmann-Kapitel seines Buches «Anfänge deutscher Geschichtsschreibung», Kantorowicz in seiner Vorlesung «Das geheime Deutschland»).

[341] E. M. Butler bietet entgegen dem Eindruck, den der Titel ihres Buches erweckt, keine Geistesgeschichte des Neuhumanismus, Suzanne Marchands Darstellung setzt im wesentlichen erst mit seiner Institutionalisierung durch Universität und Gymnasium ein. Das Zitat bei Suzanne Marchand, S. XXII.

[342] Rudolf Pfeiffer, S. 211.

kraft dadurch, daß sie – zumindest bei Winckelmann und bei Voß – politische Freiheit, wie die Griechen sie angeblich genossen hätten, als Bedingung kultureller Blüte sah und sich darüber hinaus mit einem jetzt aufkommenden Kulturnationalismus verband.[343]

Auf den Winckelmannschen Ursprungsmythos antworten Aufsteiger unter den frühen Neuhumanisten offenbar gerne mit der Idee der «Selbstschöpfung».[344] So schreibt Winckelmann: «Durch Mangel und Armut, durch Mühe und Not habe ich mir müssen Bahn machen. Fast in allem bin ich mein eigner Führer gewesen.»[345] Und Voß verteidigt sich in seiner «Ehrenrettung gegen den Herrn Professor Lichtenberg» mit diesen Worten: «Boie, dem ich durch einige Gedichte bekant ward, zog mich Ostern 1772 nach Göttingen, und verschafte mir, nicht durch Hn. Hofr. Heyne, sondern, wie man beweisen kan, geradezu von dem Manne, der ihn zu vergeben hatte, den Freitisch auf 2 Jahre. Durch Hn. H. Vermittelung brachte er mich nach einem halben Jahr ins Seminarium, und führte vielleicht bei dieser Gelegenheit den Umstand an, daß ich mich auf der Schule fast selbst erhalten, und größtentheils durch eignen Fleiß das Griechische gelernt hatte.»[346] Auch wenn das im Falle Winckelmanns wie Vossens wahr ist, kann man doch den selbstmythisierenden Charakter beider Äußerungen nicht übersehen. «Die Antike und besonders Griechenland repräsentieren für den Humanisten bzw. Neuhumanisten den eigentlichen, reineren Ursprung, der gegen die bloß empfangene, die aufgedrungene Herkunft gesetzt wird.»[347]

Daß der Neuhumanismus sich auf so starke Interessen gründete und sich dabei so wirkungskräftiger Mythen bediente, dürfte ihn, noch ehe er sich in Institutionen wie der Berliner Universität und dem neuen humanistischen Gymnasium Durchsetzungsinstrumente geschaffen hatte, zu einem Diskurs im Foucauldschen Sinne des Wortes mit Inklusions- und Exklusionsgewalt

[343] Hans-Ulrich Wehler: Deutsche Gesellschaftsgeschichte. Bd. I, S. 215ff.; Ders.: Nationalismus, S.66.

[344] Helmut J. Schneider: Johann Heinrich Voß und der Neuhumanismus, S. 211.

[345] Zitiert nach Walther Rehm, S. 24.

[346] Voß: Ausgewählte Werke. Hrsg. v. Adrian Hummel, S. 313. Er verteidigt damit, so Helmut J. Schneider, «seine Herkunft gegen die Göttinger Professoren Lichtenberg und Heyne, die dem ‹Bauernjungen› Undank für das ihm ermöglichte Studium vorwerfen. Er rundet seine Biographie nach rückwärts ab, um die Autarkie des ‹Selbstveredelten› gegen die Prätention eines ‹Wohltäters› zu wahren.» (Ders.: Johann Heinrich Voss, S. 784.) In der «Antisymbolik» nennt Voß sich im Zusammenhang mit ähnlichen Verwahrungen gegen Heynes Selbstdarstellung einen «Selbstgrübler» (Bd. 2, S. 18).

[347] Helmut J. Schneider: Johann Heinrich Voß und der Neuhumanismus, S. 210.

gemacht haben.[348] Wie mächtig dieser Diskurs war, hat Manfred Fuhrmann im Hinblick auf Wieland gezeigt. Auf ihm «lastete vom Beginn des 19. bis zur Mitte des 20. Jahrhunderts ein doppeltes Anathem: Seine Produktion war unselbständig, eine Kopie, und sie versagte sich dem Höhenflug des Neohellenismus».[349] Er wurde der Vergessenheit überantwortet.

Zwar ist Voß, wie Helmut J. Schneider dagelegt hat, «keiner der anerkannten großen Gründungsväter», aber er gehört dieser Bewegung doch an,[350] und er übernimmt ihre Denkfiguren, so in den «Mythologischen Briefen» des Jahres 1794, so in der Auseinandersetzung mit Friedrich Creuzer. Als er sich zunächst 1821 in einer großen Rezension in der «Jenaer Allgemeinen Litteraturzeitung», dann 1824 und 1826 in den beiden Bänden seiner «Antisymbolik» gegen Creuzers These von der Herkunft der griechischen Religion aus Asien wendet, da ist sein Motiv sicher *auch* seine Abneigung gegen unsolide Philologie. Von «mythologischem Schleichhandel» spricht er mit Bezug auf Heyne in den «Mythologischen Briefen», und das ist auch der Tenor seiner Vorwürfe gegen Creutzer.[351]

Das tieferliegende Motiv der Voß'schen Polemik hat Walther Rehm aufgedeckt: «Unreiner Enthusiasmus und Kunstwahnsinn – so glaubte Goethe, hier leider zusammen mit Voß – verdüsterten den griechisch-homerischen Kunst- und Glaubenshimmel. Grund und Boden wurden dem griechischen Altertum entzogen, so daß es fast in das gähnende Dunkel eines weiten, leeren Urraums zu versinken begann.»[352] «Keineswegs verhehlte sich der Symboliker,» schreibt Voß, «daß dem indischen Urgespenst im Tageslichte Homers unheimlich sei. Er sorgte für gehörige Dämmerung. Gleich in der Vorrede des ersten Bandes wird gesagt: ‹*Homer* habe von manchem alten Cultus seiner Nation *absichtlich* keine Notiz genommen, daher dürfe er nicht

---

348 Ich hätte auch von einer «Ideologie» sprechen können. Wenn ich stattdessen den umstrittenen Diskursbegriff Foucaulds verwende, dann nicht, weil ich ihn kritiklos mitsamt all seinen Implikationen übernehmen will, sondern weil er das Moment von Gewalt faßt, das ich hier am Werke sehe. (Vgl. bes. Michel Foucauld, L'ordre du discours.)

349 Manfred Fuhrmann: Nichts Neues unter der Sonne, S. 125. Manfred Fuhrmann hat aber auch vor einer einseitigen Interpretation des Neuhumanismus gewarnt (Die «Querelle des Anciens et des Modernes»). Das hier über Voß Gesagte muß keinesfalls auf alle Neuhumanisten zutreffen.

350 Helmut J. Schneider: Johann Heinrich Voß und der Neuhumanismus, S. 209.

351 Voß: Mythologische Briefe. Bd. I, S. 71. Dazu Adrian Hummel: «Es war die Zeit, da ein Schwarm junger Kräftlinge ...», S. 142f.

352 Walther Rehm, S. 299f. Immerhin setzt sich Goethe differenzierter als Voß mit Creutzer und den ihm nahestehenden Geistern auseinander. Vgl. dazu besonders Hendrik Birus' Kommentar zu Goethes Essay «Geistes-Epochen. Nach Hermanns neuesten Mittheilungen». In: Ästhetische Schriften 1816-1820, S. 1044ff.

entscheiden, was alter Griechenglaube war, oder nicht war.› Wer denn? Hesiod, meint er, die Homeriden, Pindar, ja – Homer selbst für den Kundigen. Das heißt: für den allegorischen Dolmetsch, der dem Altvater das Wort im Munde umdreht. [...] Man verblende sich selbst, wenn man das *einhellige Zeugnis der alten Völkergeschichte*, daß ein *Hauptzweig griechischer Religion* aus *Oberasien* nach Europa verpflanzt worden [...], und die Zustimmung *aller übrigen Zeugen* [...] – aus Vorliebe zu *einem einzigen Schriftsteller*, der darüber schweigt (aber doch dem Kundigen Winke giebt), sofort für blinden Wahn erkläre.»[353] Es ging Voß um die Rettung des neuhumanistischen Mythos von der Selbsterschaffung der griechischen Kultur.

So hat Creuzer das auch verstanden. Am 25. Juni 1816 schreibt er an Joseph von Görres, hier wohl noch unter Bezug auf die «Mythologischen Briefe»: «Es soll nur Ein Homer und vor Homer soll die Welt mit Brettern zugenagelt sein. Wer da lehrt, es habe Religion oder gar Theologie in Griechenland vor Homer gegeben, der ist ein scheinheiliger Flunkler.»[354] Im Wortlaut ähnlich ist ein Brief an Josef von Hammer-Purgstall vom 2. Dezember 1821: «Sie müssen aber doch die Vossische Recension der Symbolik lesen, damit Sie lernen, in welchem verruchten Irrwesen wir befangen sind, die wir glauben, es habe vor Homer außer den Helden auch noch Leute in der Welt gegeben. Ja, verbrannt müßten wir und alle werden, die auf den Orient, auf Moses, Zoroaster, Buddha und wie die Betrüger alle heißen, etwas halten. Nebler sind es und Verführer der Jugend. Mit einem Wort: wir sollen uns ins Teufels Namen belehren und Voßens Mythologische Briefe für das Buch der Bücher halten.»[355] Creuzer mag ein problematischer Geist gewesen sein, Vossens Kritik an ihm in mehr als einem Punkt ihre Berechtigung gehabt haben, aber die hier gegen Voß vorgebrachte Verteidigung läßt doch das Moment von unreflektierter Abwehr in dessen Position erkennen.

Es ist wichtig, diesen idiosynkratischen Zug im Voß'schen Verhalten zu sehen. Anders als Goethe konnte er dem romantischen «Orientalismus» kein eigenes Bild der Kulturen der islamischen Welt entgegensetzen, konnte er nicht für sich einen heiteren, humanen Orient entwerfen, in dem dann das Werk seinen Platz hätte finden können, auf das er seine nicht geringen übersetzerischen Fähigkeiten gewandt hatte. Wichtiger noch: Vielleicht vermochte er in den späten siebziger und den frühen achtziger Jahren der Vorstellung noch etwas abzugewinnen, die «Sitten der Heldenzeit, der Patriarchen, und der Bedouinen», d.h. der Gestalten Homers, des Alten

---

[353] Voß: Antisymbolik. Bd.I, S. 22f.

[354] Zitiert nach Wilhelm Herbst. Bd. II/2, S. 312.

[355] Josef Freiherr von Hammer-Purgstall: Erinnerungen, S. 543.

Testaments und des zeitgenössischen Arabien, ließen sich vergleichen.[356] Immerhin hatte er Robert Blackwells Buch übersetzt. Wenn er die Anzeige seiner Odyssee-Übersetzung 1779 im «Deutschen Museum» so beginnen läßt: «Homers Odüssee wird seit dreitausend Jahren für eines der vollkommensten Gedichte gehalten. Sie ist nicht so erhaben, als seine Ilias, aber für uns unterhaltender, weil sie mehr solche Empfindungen und Schönheiten der Natur darstellt, die in jedem Zeitalter und unter jeder Himmelsgegend Eindruck machen.»[357] – dann meint man einen Nachhall des Blackwellschen Werks zu hören: «Natur» ist einer der wichtigsten Begriffe der anthropologisch vergleichenden Historiker und Literaturkenner seiner Zeit. Er meint bei ihnen nicht die sichtbare Welt, die den Menschen umgibt, sondern den Menschen selbst, wie er sich in einem frühen Stadium der Entwicklung präsentiert: in den Sitten noch einfach und frei von gesetzlichen und gesellschaftlichen Zwängen. Aber vermutlich spürt Voß schon zu diesem Zeitpunkt, daß ein anthropologisch vergleichender Zugang zu den Kulturen der Vergangenheit und zu ihren Literaturen eine Gefahr für seine Auffassung vom Rang der homerischen Dichtung darstellt. Deutlicher als bei den Homerverehrern Blackwell und Wood wird diese Gefahr in dem etwas später erschienenen Werk eines Kenners der arabischen Literatur sichtbar. «[...] diesen Charakter», schreibt Anton Theodor Hartmann in seinem von William Jones beeinflußten Buch über die früharabischen *Moallakat*, «finden wir nicht nur in den ältesten arabischen Poesien, den Excerpten aus der größeren Hamasa und den *Monumentis vetustioribus Arabiae*, sondern auch in Ossian's und Homer's Werken fast auf jedem Blatte wieder. Denn Völker, die in einem ähnlichen Zustand der Sitten und auf gleicher Stufe der Kultur leben, wo ähnliche Gegenstände und Leidenschaften auf den Menschen wirken und seine Einbildungskraft oder seine Seele auf gleiche Weise afficiren, bieten dem aufmerksamen Beobachter der Menschen ein gleichartiges Gemählde dar, und ihre Geisteswerke müssen mit einem und demselben Stempel geprägt sein».[358] Das heißt implizit, daß sich ein Volk von dieser gemeinsamen Kulturstufe entfernen kann, heißt aber vor allem, daß alle Werke einen historischen Ort haben. Im Gegensatz dazu, stellt Günter Häntzschel fest, erhebt Voß «die Qualität der homerischen Dichtung über ihre Zeit- und Ortsgebundenheit und sieht in ihr grundsätzlich ein Ideal, auch für die neuere Dichtung und Kultur», und diese vom Neuhumanismus geprägte Auffassung siegt dann

---

[356] Robert Wood, S. 187.

[357] Johann Heinrich Voß: Anzeige der geplanten Odyssee-Übersetzung, S. 574. Die Einsicht in die Bedeutung des Begriffs «Natur» für die anthropologisch vergleichenden Studien der Zeit verdanke ich einem Hinweis von Adrian Hummel.

[358] Anton Theodor Hartmann, S. 28f.

bald vollständig über alle überkommenen Vorstellungen von den Epen Homers. Ilias und Odyssee sind, wie Voß 1791 schreibt, nicht ein Gemälde der (menschlichen) Natur, sondern, «bis zur höchsten Teuschung der Natürlichkeit, ausschaffende Kunst».[359] Das meint nicht etwa, Homers Werke seien allein ästhetische Objekte, meint vielmehr, daß sie, ganz im Sinne der Kunsttheorie Shaftesburys, eine zweite Schöpfung sind. Für die ästhetische Theorie des 18. Jahrhunderts von Baumgarten bis Kant ist es selbstverständlich, daß das gelungene Kunstwerk, die geglückte zweite Schöpfung, das Schöne mit dem Sittlichguten verbindet, aber für Voß – wie für Winckelmann – ist diese Verbindung vollkommen nur erreicht in den Epen Homers und – wenn auch in geringerem Maße – in einigen anderen Werken des klassischen Altertums.[360]

In einer solchermaßen hierarchisierten Welt der Literatur gab es für «Tausend und eine Nacht» allenfalls noch einen niederen Rang, ja es mochte für Voß naheliegen, das Werk, das mehr als einmal des Vergleichs mit den homerischen Epen gewürdigt worden war, mit dem Bann des Vergessens zu belegen. Den hob er offenbar nur dann auf, wenn er sich gegen wirkliche oder gegen vermeintliche Angriffe zur Wehr setzte. Ja, der Hinweis auf die Übersetzung von «Tausend und eine Nacht» war für einen Neuhumanisten der schärfste Vorwurf, den er gegen seine Gegner vorbringen konnte. Zu dem Zeitpunkt, da er seine Verteidigungen gegen Heyne und dessen Anhänger schrieb, war er längst als der bedeutende, wenn nicht als der bedeutendste Homer-Übersetzer anerkannt. Seine Widersacher hatten ihn – das ist der Subtext der Erwähnungen des Gallandschen Werks – aus der Beschäftigung mit den Werken der Antike hinausgedrängt und gezwungen, sich einem Gegenstand zuzuwenden, für den es im Wertesystem und im Interessenhorizont des Neuhumanismus keinen Platz gab.

Seine auch sonst zutage tretende Neigung zur Abwehr und zur Verdrängung mag noch verstärkt worden sein durch ein politisches Motiv. Vier Jahre nach Erscheinen des letzten Bandes der Übersetzung brach die Französische

---

[359] Günter Häntzschel, S. 41; das Voß-Zitat in: Über des Virgilischen Landgedichts Ton und Auslegung, S. 119.

[360] Über die Vorstellungen Vossens von der Vorbildlichkeit der Antike, vor allem Homers s. neben Günter Häntzschel besonders Olav Kramer, S. 118ff., der auch darauf hinweist, daß Voß – wie Winckelmann – einer «dualistischen Geschichtsbetrachtung» (Muhlack) anhängt. Diese kunstreligiöse Überhöhung der antiken Literatur, besonders Homers, bei Winckelmann wie bei Voß hat es dann offenbar den Vertretern der Weimarer Klassik erleichtert, eine wichtige Dimension des Voß'schen Antike-Bildes zu unterdrücken: die Annahme nämlich, daß politische Freiheit überhaupt erst die kulturelle Blüte der Griechen ermöglicht habe und infolgedessen für die Zukunft wieder eingefordert werden müsse (vgl. Denis M. Sweet, S. 125; s. auch Anm. 343 und den dazugehörenden Text).

Revolution aus. Voß, der bis dahin angeblich oder tatsächlich ein Franzosenhasser war – die Biographen des 19. und noch des frühen 20. Jahrhunderts neigen dazu, Texte, in denen der Autor eine poetische Rolle einnimmt, als Selbstaussprache zu lesen –, wurde jetzt zum Anhänger der Revolution und änderte seine Einstellung zu Frankreich.[361] «Les mille et une nuit» aber war in jeder Hinsicht ein Werk aus dem Geist des Ancien Regime, stand also für all das, was Voß jetzt ablehnte.

Soviel Aufwand, um das Vergessen eines Werks der Unterhaltungsliteratur zu erklären? Lag es nicht nahe, daß Voß, der Übersetzer von Homer, Vergil, Ovid, «Tausend und eine Nacht» seiner literarischen Qualität wegen nur eine geringe Bedeutung in seinem literarischen Schaffen einräumte? Wer so fragt, verkennt die Gesetze der Kanonbildung. Gewiß wird, was literarisch schwach ist, nur selten in ihn aufgenommen, aber der Umkehrschluß ist nicht erlaubt: Nicht alles, was literarisch großartig ist, geht in ihn ein; denn seine Formierung ist ein Prozeß, der auch von nicht-ästhetischen Normen beeinflußt wird. Frankreich mit seinem vergleichsweise starren Kanon bietet dafür ein Beispiel: Bis heute ist es nicht gelungen, Gallands bedeutendem Werk darin einen Platz zu sichern. In Deutschland hatte Voß selbst Teil an dem Vorgang, der «Tausend und eine Nacht» aus dem Kanon ausschloß – ungeachtet der ästhetischen Qualitäten des Werks, ungeachtet des Rangs seiner eigenen Übersetzung.

Eine Wirkungsgeschichte, die keine ist

Vermutlich haben die meisten Schriftsteller und Literaturliebhaber seiner und der nächsten Generation «Tausend und eine Nacht» gelesen, aber sie haben wenig dafür getan, daß Vossens Übersetzung der Vergessenheit entrissen wurde. Man kann leider nur in geringem Umfang feststellen, wer seine Übersetzung überhaupt zur Kenntnis genommen hat. Nicht einmal der wunderbar belesene Jorge Luis Borges, der sich eingehend mit den Übersetzungen von «Tausend und eine Nacht» beschäftigt hat, erwähnt sie, und das heißt: weiß nichts von ihr, denn bescheidenes Verschweigen seiner Kenntnisse war seine Sache nicht.

Es gibt einen Versuch, die Rezeption von «Tausend und eine Nacht» in Deutschland darzustellen, wie das für England in dem Sammelband von Peter Caracciolo geschehen ist: das Buch von Wolfgang Köhler. Aber Köhler war

---

[361] Über seine frühe Franzosenfeindschaft vgl. Wilhelm Herbst. Bd. I, S. 91. Zu dem sich nach 1789 wandelnden Frankreichbild vgl. Wolfgang Beutin, S. 73.

nicht daran interessiert, die Nachwirkung der Voß'schen Übersetzung zu untersuchen.[362] Überdies ist die Situation in Deutschland komplizierter als in England. Hier gibt es die Übersetzung vom Anfang des 18. Jahrhunderts und, nach der Voß'schen Übersetzung, viel früher als in anderen Ländern, eine große Neuausgabe: die von Habicht. Außer in den wenigen Fällen, in denen eine Lektüre der Voß'schen Übertragung erschließbar ist oder wenigstens vermutet werden darf, muß man immer damit rechnen, daß die alte Übertragung von 1706 bzw. 1710–1735 oder aber die Gallandsche Fassung, ab 1825 dann die Habichtsche Ausgabe benutzt wurde, der dann schon wenige Jahre später eine Konkurrenz durch die deutsche Ausgabe von Gustav Weil (1838-1841 in der Bearbeitung von August Lewald erschienen) erstand.

Karl Philipp Moritz dürfte in jungen Jahren noch die erste deutsche Übersetzung gelesen haben.[363] Dagegen hat vielleicht der Ritter von Lang, der «Tausend und eine Nacht» als Jugendlektüre erwähnt, die französische Fassung benutzt,[364] und das mag auch für Johann Georg Hamann oder Müller von Itzehoe gelten.[365] Wieland kannte sowohl Gallands Text als auch die Voß'sche Übertragung, zitierte aber die französische Version.[366] Lichtenberg erwähnt an einer Stelle die deutsche Ausgabe von 1706, hätte sehr wohl die englische Übersetzung, die er besaß, benutzen können, las das Werk aber, wie ein Sudelbuch-Eintrag vermuten lassen könnte, möglicherweise im französischen Original.[367] Goethe verwendete für seine intensive Lektüre von

---

[362] Peter Caracciolo, S. 1ff. Robert Irwin gibt viele Hinweise auf die Rezeption des Werkes nicht nur in England, macht aber nur selten brauchbare Quellenangaben (Ders., S. 294ff.). – Wolfgang Köhler: Hugo von Hofmansthal und «Tausendundeine Nacht». Es überrascht dennoch, daß er Vossens Übersetzung nur knapp erwähnt (S. 18). – Eine Zusammenstellung von Rezeptionszeugnisssen bei Wolfgang Köhler: Stimmen zu «Tausendundeine Nacht». – Außer den Büchern Katharina Mommsens und Sami Al-Ahmedis über Goethe bzw. Wieland ist offenbar nur eine weitere Arbeit über einen Autor des 18. bzw. frühen 19. Jahrhunderts und seine Rezeption von «Tausend und eine Nacht» verfaßt worden: die von Fawzi Guirguis über Hauff. Diese von Katharina Mommsen in: Goethe und 1001 Nacht, S. XXIX erwähnte Studie – möglicherweise eine Magisterarbeit – konnte ich nicht ermitteln. – Ganz unzureichend ist der Artikel von Georges Piroué über Frankreich.

[363] Karl Philipp Moritz, S. 27.

[364] Karl Heinrich von Lang. Bd. I, S. 35.

[365] Johann Georg Hamann. Bd. 4, S. 412; Müller von Itzehoe, S. 306.

[366] Vgl. seine weiter oben zitierte Rezension des Voß'schen Werks (s. Anm. 41) und den Katalog seiner Bibliothek von K.-P. Bauch u. M.-B. Schröder. Zu seiner Benutzung der französischen Fassung vgl. Anm. 301 und den dazugehörenden Text.

[367] Siehe E 383 (Bd. I, S. 429): «Aladdin setzt, in der Tausend und einen Nacht, seine Lampe auf die Corniche, das ist eine Unwahrscheinlichkeit, die man dem Dichter weit weniger verzeiht, als die Erbauung des goldnen Palastes in einer Nacht.» (Vgl. Voß, V, S. 250: «Aus Furcht sie auf der Jagd zu verlieren, hatte er sie selbst, wie er immer zu thun pflegte, auf das Gesimse gesezt [...].»)

«Tausend und eine Nacht» Gallands Version, wenn auch Katharina Mommsen nicht auschließen will, daß er Vossens Übersetzung gekannt habe.[368] Daß Schiller sich mit dem Werk beschäftigt hat, ist bezeugt. Wahrscheinlich las er die französische Fassung. Er erwarb auch eine deutsche Ausgabe, aber offenbar läßt sich nicht feststellen, welche es war.[369] Für Jean Paul hat Eduard Berend die Kenntnis der Voß'schen Übertragung behauptet, für E.T.A. Hoffmann Carl Georg von Maassen ihre Kenntnis angenommen.[370] Man könnte versucht sein, Wilhelm Hauffs Geschichte «Das kalte Herz» auf eine Anregung der Voß'schen Übersetzung zurückzuführen,[371] aber das wäre allein durch einen Indizienbeweis nicht zu begründen. Es ist wahrscheinlicher, daß Hauff – wie auch Voß –, den Ausdruck aus der Theologie Luthers oder aus älteren literarischen Werken kannte.[372]

Offenbar gibt es kein Zeugnis, das eine Lektüre der Voß'schen Übersetzung außerhalb des Kreises um den Übersetzer selbst – nimmt man Wieland aus – zweifelsfrei belegte. Das ist umso erstaunlicher, als wir mindestens ein Zeugnis haben, aus dem die Lektüre der älteren deutschen Übersetzung hervorgeht, und ein weiteres, das sogar die Benutzung einer englischen Fassung dokumentiert.[373] Man kann nicht ausschließen, daß Vossens Übersetzung

---

[368] Vgl. Anm. 237.

[369] Dazu Reinhold Köhler. Bd. III, S. 170-172; Katharina Mommsen: Goethe und 1001 Nacht, bes. S. 34, S. 311.

[370] Zu Jean Paul s. Anm. 251 und die dazugehörende Textstelle. (Daß er auch noch eine andere Ausgabe gekannt haben dürfte, geht aus der in derselben Anm. erwähnten Oehlenschläger-Rezension hervor, in der Jean Paul die Söhne Scheherazedes erwähnt, die in Gallands – und Vossens – Schlußkapitel nicht vorkommen.) E.T.A. Hoffmann: Die Serapionsbrüder, S. 350f. (= Anm. zu S. 107).

[371] Wilhelm Hauff, Das kalte Herz. Dort S. 306 u. ö. die Wendung «das steinerne Herz». Sie findet sich in der Galland-Übersetzung von Voß in der «Geschichte von drei Kalendern, die Königssöhne waren, und von fünf Damen zu Bagdad»: «Sie kam nach Bagdad zurück, nachdem sie unglaubliche Trübsale auf einer so langen Reise erduldet hatte. Sie nahm ihre Zuflucht zu mir, in einem so mitleidswürdigen Zustand, daß es auch ein steinernes Herz hätte erweichen müssen.» (I, S. 327; bei Galland, I, S. 205 heißt es, ihr Zustand hätte auch in den «cœurs les plus durs» Mitleid erweckt.)

[372] Vgl. Grimm. Bd. 18, Sp. 2073.

[373] Franz Grillparzer schreibt 1853 in seiner «Selbstbiographie»: «Diese Leserei reihte sich an eine frühere, in der Büchersammlung meiner unverehelichten Tante, die aus sieben oder acht vereinzelten Bänden bestand. Der erste von Tausend und Einer Nacht in einer uralten Übersetzung, mir vor allen schätzbar.» (Ders., S. 34) Daß Grillparzer Vossens Übersetzung gemeint haben könnte, halte ich für unwahrscheinlich. – August Graf von Platen trägt am 12. Juni 1822 in sein Tagebuch ein: «Gelesen habe ich in Mainz besonders die hundertvierzig ersten Nächte von ‹Tausend und eine Nacht› in einer englischen Uebersetzung. Sie haben mich außerordentlich angezogen.» (Ders., S. 530) – Den Hinweis auf diese beiden Stellen verdanke ich der Arbeit von Wolfgang Köhler, S. 36 bzw. 29.

keine weite Verbreitung gefunden hat und nur von wenigen bedeutenden deutschen Autoren seiner Zeit gelesen worden ist. Wenn aber Voß mit seiner Übersetzung über den Kreis derer hinaus gewirkt hat, die ihm nahestanden oder die sonst, wie Bürger, ein Interesse an dem Werk hatten, dann kann die Nichterwähnung dieses Faktums nur bedeuten: Man war der Meinung, es lohne nicht, darüber zu sprechen, oder aber der Auffassung, man sollte nicht darüber reden. Für die eine Ansicht hatte man schließlich ein Vorbild in Voß selbst, zu der anderen mochte geneigt sein, wer in Opposition zu diesem Autor stand. Man könnte es denen, die in dem Polemiker Voß den «ungraziösesten aller deutschen Dichter» sahen,[374] nicht einmal verdenken, wenn sie eine seiner nicht ganz ungraziösen Arbeiten nicht erwähnen wollten.

Man fragt sich, warum dann die gelehrten Literaturfreunde, die nicht in solche Parteienkämpfe verstrickt waren, nie eine «Rettung» seiner Übersetzung von «Les mille et une nuit» unternommen haben, und könnte versucht sein, dem Satz von Charles Simic allgemeine Gültigkeit, nicht zuletzt für die Literaturhistorie, zuzuschreiben: «Ehrgeiz eines Großteils der heutigen Literaturtheorie scheint das Finden von Leseweisen zu sein, die frei sind von Phantasie.»[375] Was liegt näher als die Vermutung, ein Werk, das dieser Neigung entgegensteht, provoziere geradezu die Rache der Nichtbeachtung? Aber diese Deutung wäre, bei allem Verdruß über hartnäckige Wahrnehmungsverweigerung, ungerecht. Wilhelm Herbst, Rektor der Schule zur Pforte, hat mit seiner Voß-Biographie eines der herausragenden Werke dieser Gattung im 19. Jahrhundert vorgelegt, und niemand kann von ihm erwarten, daß er die Kritik eines Absolventen seiner Anstalt, Friedrich Nietzsches, an den Bildungsidealen der deutschen Gesellschaft hätte vorwegnehmen sollen. («Die Geburt der Tragödie» erschien 1872, die zweite der «Unzeitgemäßen Betrachtungen» 1874.) Herbst wie auch seine Zeitgenossen waren Akteure und Opfer des neuhumanistischen Diskurses.

Biographien, biographische Aufsätze und Lexikonartikel erwähnen Vossens Übersetzung nur selten und wenn, dann äußerst knapp: so Heinrich Doering (1834), Friedrich E. Theodor Schmid (1835) und Franz Muncker (1896).[376] Wilhelm Körte (1808), August Sauer (1885), Hedwig Voegt (1966), Christian Diederich Hahn (1977), Gerhard Hay (1989), Helmut J. Schneider (1977), Klaus Langenfeld (1990) und E. Theodor Voß (1992) ver-

---

[374] Alfred Riemen, S. 129 (so das Urteil Eichendorffs).

[375] Charles Simic: Der Minotaurus liebt sein Labyrinth. In: Akzente 1 (2001), S. 57.

[376] Zu Schmidt vgl. Anm 7.

zeichnen sie nicht. Auch in deutschen Literaturgeschichten wird man kaum eine Bemerkung dazu finden.[377]

Erst ganz spät schenkte man der Voß'schen Übersetzung mehr Aufmerksamkeit. Man muß zunächst auf zwei Außenseiter des Wissenschaftsbetriebs hinweisen: Carl Georg von Maassen und Arno Schmidt. Von Maassen hat bei seinen Studien zu E.T.A. Hoffmann viele Notizen zum Thema «Märchen» und «Tausend und eine Nacht» verfaßt, die er teilweise in die Edition der Werke Hoffmanns hat eingehen lassen, teilweise wohl auch in Aufsätzen hat verwenden wollen. Ein von ihm verfaßter Essay «Orientalische Märchen» ist verloren gegangen. Da er Vossens Übersetzung, wie seine Notizen zeigen, gründlich gelesen hat, hätte man von ihm Bemerkungen dazu erwarten dürfen. Überraschenderweise hat Arno Schmidt, der eher als Kenner der angelsächsischen und der deutschen Literatur des 18. Jahrhunderts galt, eine Skizze über Galland hinterlassen,[378] aus der unverkennbar Hochschätzung für den französischen Autor spricht. [379] Hier findet man auch einen Hinweis auf die Übersetzung von Voß, der, hätte Schmidt seine Skizze einem großen Publikum bekannt gemacht, in Deutschland vielleicht schon früher Anlaß gegeben hätte zu einer Auseinandersetzung mit dem Gallandschen Werk und seiner deutschen Fassung. Die Vorstellung, Schmidt hätte durch die Erwähnung der Voß'schen Übersetzung seine Anhänger dazu veranlaßt, das Werk in die «Haidnischen Alterthümer» aufzunehmen, hat ihren eigenen Reiz.

Die etwas später von Katharina Mommsen, Wiebke Walther, Ulrich Joost und Martin Lowsky gegebenen Hinweise hätten eigentlich das Interesse an einem Vergleich von Vossens Übersetzung mit seiner Vorlage wecken müssen. Aber den Andeutungen vor allem Martin Lowskys, daß eine verglei-

---

[377] Körte hatte freilich keinen Anlaß zur Erwähnung des Werks: Seine Schrift ist eine Replik auf Vossens Angriff «Ueber Gleims Briefsammlung und letzten Willen» (1807). Eine systematische Durchsicht von Literaturgeschichten habe ich allerdings nicht unternommen. Bei Stichproben habe ich keinen Eintrag gefunden. Auch speziellere Arbeiten zur Prosa des 18. Jahrhunderts wie die von Dieter Kimpel und Jürgen Jacobs erwähnen die Voß'sche Übersetzung nicht.

[378] Arno Schmidt: Die Feen kommen, S. 202f. Die Skizze stammt aus dem Jahre 1955. Sie erschien am 5.1.1957 in der «Fuldaer Volkszeitung» (vgl. Martin Lowsky: Französischlehrer Stecher, S. 101, Anm. 12).

[379] Vgl. Cornelia Töpelmann, S. 53f. Der Verfasserin verdanke ich auch die Kenntnis der Zettelkästen. Dort unter dem Stichwort «*Märchenliteratur*, Oriental.» ein Eintrag, der eine gründliche Beschäftigung mit der Voß'schen Übersetzung erkennen läßt.

chende Analyse viele Einsichten ermöglichen könnte, ist niemand nachgegangen.[380]

«Die tausend und eine Nacht» mag nicht zu den Meisterwerken der deutschen Literatur gehören, mag nicht einmal den ganz bedeutenden Übersetzungsleistungen zuzurechnen sein, aber das Werk verdient doch mehr Aufmerksamkeit und auch Achtung, als ihm bisher zuteil geworden ist. In ihm hat Johann Heinrich Voß Zeugnis abgelegt von einer vortrefflichen Kenntnis der französischen Sprache, einer nicht gewöhnlichen Begabung zur Übersetzung von Prosatexten und einer bemerkenswerten Fähigkeit zu erzählen. Der Autor, der als Übersetzer von Werken der griechischen und römischen Literatur, vor allem der Epen Homers, als Verfasser von Idyllen und als streitbarer Polemiker in das kulturelle Gedächtnis eingegangen ist, hätte es verdient, daß man seine Galland-Übersetzung in diese Erinnerung aufnähme. Tut man das, so entsteht nicht nur ein differenzierteres Bild dieses Autors, als er selbst es hat zulassen wollen, vielmehr gewinnt man auch neue Einsichten in die deutsche Literatur der zweiten Hälfte des 18. Jahrhunderts.

---

[380] Katharina Mommsen: Goethe und 1001 Nacht; Wiebke Walther: Tausendundeine Nacht, S.41; Ulrich Joost: Bürger und Voß, S. 39-57; Martin Lowsky: Französischlehrer Stecher, S. 97–120, Ders.: Vossens *Insel des Königs der Genien*, S. 17.

VI. Anhänge

1. Die Gedichte: Galland, Voß, Habicht im Vergleich

Geschichte von drei Kalendern, die Königssöhne waren, und von fünf Damen zu Bagdad

Nach den ersten Bissen, nahm Amine, die sich nahe beim Schenktisch gesezt hatte, eine Flasche Wein und eine Schale, schenkte sich ein, und trank zuerst, nach der Weise der Araber. Hierauf schenkte sie auch ihren Schwestern ein, die nach einander trunken. Dann füllte sie zum viertenmal dieselbige Schale, und reichte sie dem Träger, der, indem er sie annahm, Aminen die Hand küßte, und, eh er sie ausleerte, dieses Trinklied sang:

So wie von dem duftenden Blumenbeet
Der liebliche West noch lieblicher weht;
So schmeckt mir auch, schenckt ihn die Holde mir ein,
Weit köstlicher noch der köstliche Wein! [170]

Die Damen ergözten sich über dies Liedchen, und sangen auch einige.
(31ste Nacht, Voß I, S.170f.)[381]

[...] puis, remplissant pour la quatrième fois la même tasse, elle la présenta au porteur, lequel, en la recevant, baisa la main d'Amine, et chanta, avant que de boire, une chanson dont le sens était que, comme le vent emporte avec lui la bonne odeur des lieux parfumés par où il passe, de même le vin qu'il allait boire, venant de sa main, en recevait un goût plus exquis que celui qu'il avait naturellement.
(Galland, I, S. 119)

[...] hierauf füllte sie zum viertenmal die Schale, und bot sie dem Träger, welcher, indem er sie annahm, Amine'n die Hand küßte, und bevor er trank, ein Lied sang, dessen Inhalt war: daß wie der Wind die Wohlgerüche der duftenden Gegenden, die er durchstreicht, mit sich führt, ebenso der Wein, den er aus ihrer Hand empfing, dadurch einen köstlicheren Geschmack erhielte, als er von Natur hatte.
(Habicht, II, S. 16)

Bei den Titeln der Geschichten folge ich Voß.

[381] Bei einem Vergleich ist zu bedenken, daß Littmann nach einer anderen Vorlage übersetzt.

Der Becher wird nur getrunken mit dem vertrauten Freund,
Dem Manne von edler Abkunft und altem Geschlechte, vereint.
Der Wein ist wie der Wind: wenn der über Düfte weht,
So duftet er; doch er stinkt, wenn er über Leichen geht. (Littmann, I, S. 103)

[Der Pastetenbäcker Bedreddin Hassan – der eigentlich der Sohn des Großvezirs Nureddin Ali ist – überredet einen Eunuchen, gemeinsam mit seinem Schützling, dem schönen Agib – in Wahrheit Bedreddin Hassans Sohn –, den Laden zu betreten und dort Kuchen zu essen. Er gewinnt den Eunuchen mit einem Scherz:]

Guter Freund, sprach er, verhindert diesen jungen Herrn nicht, daß er mir meine Bitte gewähre; es würde mich sehr kränken. Erweist mir lieber die Ehre, und kommt mit ihm herein; ihr werdet dadurch zeigen, daß ihr zwar auswendig braun wie eine Kastanie, aber auch inwendig eben so weiß seyd. Seht ihr mich wohl dafür an, daß ich die Kunst verstehe, euch, so schwarz wie ihr seyd, in einen Weissen zu verwandeln? Der Verschnittene lachte über diesen Spaß, und fragte, was denn das für eine Kunst wäre. Ich will sie euch lehren, erwiederte er; und zugleich hub er an zu singen:

> Wer nennt euch schwarz? Wer nennt euch entmannt?
> Ihr wackern Männer aus Mohrenland!
> Ihr schirmt ja mit ungefärbter Treu [183]
> Die Scheitel des Herrn vor dem Hirschgeweih!

Diese Verslein behagten dem schwarzen Kerl: Ei nun, sprach er, der Mann weiß zu leben! Wir wollen ein wenig hineingehen.
(112te Nacht, Voß, II, S. 183f.)[382]

«[...] Faites-moi plutôt l'honneur d'entrer avec lui chez moi, et par là vous ferez connaître que, si vous êtes brun au-dehors comme la châtaigne, vous êtes blanc aussi au-dedans comme elle. Savez-vous bien, poursuivit-il, que je sais le secret de vous rendre blanc, de noir que vous êtes?» L'eunuque se mit à rire à ce discours, et demanda à Bedreddin ce que c'était que ce secret. «Je vais vous

«[...] Erzeiget mir lieber die Ehre, mit ihm bei mir einzutreten, – und ihr werdet dadurch zu erkennen geben, daß ihr, obgleich von außen braun, wie die Kastanie, doch von innen, gleich ihr, weiß seid. Wißt ihr wohl,» fuhr er fort, «daß ich das Geheimniß besitze, euch, so schwarz wie ihr auch seid, weiß zu machen.» Der Verschnittene fing bei diesen Worten zu lachen an, und fragte Bedreddin, was denn

[382] Zum Vergleich die Version Littmanns (I, S. 269):
> Wär nicht seine feine Bildung und seine schöne Treue,
> So hätte er nicht im Hause des Königs Herrschergewalt.
> Und für die Frauengemächer, o welch ein trefflicher Diener!
> Ob seiner Schönheit dienten die Engel des Himmels ihm bald!

l'apprendre», répondit-il. Aussitôt il lui récita des vers à la louange des eunuques noirs, disant que c'était par leur ministère que l'honneur des sultans, des princes et de tous les grands, était en sûreté.
(Galland, I, S. 336)

das für ein Geheimniß wäre. «Ich will's euch lehren, erwiederte er.» Hierauf sagte er ihm Verse zum Lobe der schwarzen Verschnittenen her, welche besagten, daß durch ihren Dienst die Ehre der Sultane, der Fürsten und aller Großen in Sicherheit wäre.
(Habicht, III, S. 132)

Geschichte, die der jüdische Arzt erzählte

[Der Vater des jüdischen Arztes preist im Gespräch mit dessen Oheimen Ägypten und zitiert dabei einen Dichter:]
Hört, was jener Poet sagte, als er Egipten verlassen mußte:

Für euch nur strömt in segenreicher Milde
Der Nil von fernen Himmelsbergen her, [289]
Und tränkt mit Heil die jauchzenden Gefilde,
Und tanzt, mit Schiffen stolz gekrönt, ins Meer:
Doch ich, dem hier einst Erd' und Himmel lachten,
Muß jezt verbannt in Wüsteneien schmachten!
(151ste Nacht, Voß, II, S. 289f.)[383]

Ecoutez ce qu'un poète, obligé d'abandonner l'Egypte, disait aux Egyptiens: Votre Nil vous comble tous les jours de biens; c'est pour vous uniquement qu'il vient de si loin. Hélas! en

Höret, was ein Dichter, der genöthigt war, Aegypten zu verlassen, den Aegyptern sagte: | «Euer Nil überhäuft euch täglich mit Wohlthaten; nur euretwegen kömmt er so weit her! [251] |Ach! in-

[383] Bei Littmann lauten die Verse (I, S. 333):
Soll ich von Kairo fortziehen und seinen herrlichen Wonnen? / Welcher Ort wäre es, der dann mir noch Freude bringt? / Und soll ich den Ort verlassen, wo den Atmenden umwehen / Reine Lüfte, doch nicht, was aus engen Gassen dringt? / Und wie denn? Durch seine Schönheit gleicht es dem Paradiese; / Dort sind die Polster und Kissen ausgebreitet in Reihn. / Eine Stadt, die Augen und Herzen durch ihren Glanz erfreuet; / Was der Fromme sich wünscht und der Sünder, bietet es im Verein. / Und das Verdienst vereint dort die treuen Freunde; / Liebliche Gärten bieten ihnen die Stätten der Ruh. / O ihr Volk von Kairo, wenn Allah mein Fernsein beschließet, / Versprechen und Schwüre führen euch mich immerdar zu. / Nennet sie nicht dem Zephir! Der Gärten Duft so weich / Ist ja gleichwie der seine; er raubt ihn dann sogleich.

m'éloignant de vous, mes larmes vont couler aussi abondamment que ses eaux. Vous allez continuer de jouir de ses douceurs, tandis que je suis condamné à m'en priver malgré moi.
(Galland, I, S. 404)

dem ich mich von euch entferne, fließen meine Thränen so reichlich, wie seine Wasser.» | «Ihr werdet seiner Süßigkeiten ferner genießen, während ich verdammt bin, mich ihrer, wider Willen, zu berauben.»
(Habicht, III, S. 251 f.)

Geschichte von Abulhassan Ebn Behar, und Schemselnihar, der Favoritin des Kalifen Harun Alraschid

[Die Frauen kündigen dem Prinzen die Ankunft der Favoritin des Kalifen durch einen Gesang an:]

Seht den Mond vor Freude glühn
Auf der Himmelsbahn!
Vollbestralet sehn wir ihn
Bald zur Sonne nahn. [98]

Die Meinung war, der persische Prinz würde bald die Freude haben, der reizenden Schemselnihar, der Quelle seines Glücks, näher zu seyn.
(187ste Nacht, Voß, III, S. 98f.)

[...] elle et ses compagnes se levèrent et chantèrent toutes ensemble [...] que la pleine lune allait se lever avec tout son éclat, et qu'on la verrait bientôt s'approcher du soleil.
(Galland, II, S. 80)

[...] und alle zusammen stimmten folgenden Gesang an: «Der Vollmond in all seinem Glanze steigt jetzt empor, und bald wird man ihn der Sonne sich nähern sehen.»
(Habicht, IV, S. 177)

Geschichte von Abulhassan Ebn Behar, und Schemselnihar, der Favoritin des Kalifen Harun Alraschid

Als sich die ersten Frauenzimmer auf den Wink der Favoritin hier gesezt hatten, befahl sie einer, zu singen. Das Frauenzimmer stimmte ihre Laute, und sang folgendes Lied. [102]

Hoch über alle Freuden steigt die Freude
Der Liebenden!
Ein Herz und Eine Seele, schweben beide
Gleich Himmlischen,

Von Wonne fort zu Wonne; sehn verachtend
Der Erde Glück;
Umarmen sich, wenns stürmt, und seufzen schmachtend,
Mit nassem Blick:

Wir lieben uns! Denn ach, Verfolger, saget:
Wer kann, wer kann,
Was Gott so reizend schuf, nicht lieben? Klaget
Das Schicksal an!
(188ste Nacht, Voß, III, S. 102f.)

Cette femme [...] chanta une chanson dont le sens était: que deux amants qui s'aimaient parfaitement avaient l'un pour l'autre une tendresse [82] sans bornes; que leurs cœurs en deux corps différents n'en faisaient qu'un, et que, lorsque quelque obstacle s'opposait à leurs désirs, ils pouvaient se dire les larmes aux yeux: Si nous nous aimons parce que nous nous trouvons aimables, doit-on s'en prendre à nous? Qu'on s'en prenne à la destinée!
(Galland, II, S. 82f.)

Nachdem die Frau ihre Laute gestimmt hatte, sang sie folgendes Lied: | «Zwei Liebende, die wahrhaft sich lieben, hägen gränzenlose Zärtlichkeit für einander; Ihre Herzen [181] in zwei getrennten Leibern, sind jedoch nur eins; und wenn ein Hinderniß sich ihrem Verlangen entgegenstellt, so könnten sie mit Thränen im Auge sich sagen: Wenn wir uns lieben, weil wir uns liebenswürdig finden, darf man uns deshalb schelten? Man schelte vielmehr das Schicksal.»
(Habicht, IV, S. 181f.)

Der erwachte Schläfer

Während der Kalif trank, erwiederte Abu Hassan: Man sieht es euch gleich an, daß ihr ein Mann seyd, der die Welt kennt, und zu leben weiß. Dann sang er in arabischen Versen, und schlug mit dem Finger den Takt auf den Tisch:

Beim Himmel! empfünde mein steinernes Haus;
Voll Ehrfurcht würd' es euch grüßen!
Es sprünge vor Freuden zum Dache hinaus,
Und würfe sich euch zu den Füßen! [12]

Und riefe: Hopheißa! kein wehrterer Gast
Hat unter mir jemals gehauset!
Heil, Redlicher, dir! der den Weintrunk nicht haßt!
Trinkt, Kinder, und scherzet und schmauset!

Der Kalif, der von Natur sehr munter war, freute sich über die närrischen Einfälle seines Wirthes.
(Voß, V, S. 12f.)

Si ma maison, ajouta-t-il en vers arabes, était capable de sentiment et qu'elle fût sensible au sujet de joie qu'elle [431] a de vous posséder, elle le marquerait hautement, et, en se prosternant devant vous, elle s'écrierait : «Ah! quel plaisir, quel bonneur de me voir honorée de la présence d'une personne si honnête et si complaisante qu'elle ne dédaigne pas de prendre le couvert chez moi!»
(Galland, II, S. 431f.)

Wenn mein Haus – fügte er in Arabischen Versen hinzu – Empfindung hätte, und die Freude über das Glück, euch zu besitzen, fühlen könnte, so würde es solche laut an den Tag legen, und vor euch niederfallend ausrufen: «Ach, welche Lust, welches Glück, daß mich ein so edler und gefälliger Mann mit seiner Gegenwart beehrt, und es nicht verschmäht, bei mir Nachtherberge zu nehmen!»
(Habicht, VII, S. 17)

Der erwachte Schläfer

Wißt ihr nicht, wie es im alten Liede heißt?

Freund, wische das Maul, und schnüre den Packen,
Und laß dir in anderen Küchen was backen!

Macht die Anwendung auf euch! Wie oft soll ichs euch denn wiederholen? Geht mit Gott!
(Voß, V, S. 67)

Vous savez le proverbe qui dit: Prenez votre tambour sur les épaules, et délogez. Faites-vous-en l'application.
(Galland, II, S. 464)

Du kennst ja wohl das Sprichwort: Nimm deine Trommel auf die Schultern und packe dich! Wende es jetzt auf dich an.
(Habicht, VII, S. 79)

[Der Prinz hat der Fee, seiner Gemahlin, versprechen müssen, daß er sie nie um etwas bitten werde. Jetzt bedrängt ihn sein Vater, der Fee eine Bitte vorzutragen:]

Mein Sohn, antwortete der indische Sultan, es sollte mir leid thun, wenn meine Bitte schuld daran wäre, daß ich euch nicht wiedersähe. Aber es scheint, daß ihr die Gewalt eines Manns über seine Frau nicht kennet. Wenn eure Fee euch würklich liebt, wie ihr sagt, so wird sie euch eine Sache nicht verweigern, die für ihre Macht eine so unbedeutende Kleinigkeit ist. Geht hin, und bittet nur dreist; ihr werdet sehn, daß sie euch mehr liebt, als ihr glaubt. Habt ihr die Worte des Dichters nicht gelesen?

> Schleuß auf dein Herz! Wer sich zur Unzeit schämt,
> Sieht andre froh, da er sich grämt!
> (Voß, VI, S. 236)

Allez, demandez seulement, vous verrez que la fée vous aime au-delà de ce que vous croyez, et souvenez-vous que, faute de ne pas demander, on se prive de grands avantages.
(Galland, III, S. 374)

Geh, bitte sie nur, und du wirst sehen, daß die Fee dich weit mehr liebt, als du es glaubst, und bedenke zugleich, daß, wenn man nicht bittet, man sich großer Vortheile beraubt.
(Habicht, IX, S. 274)

2. Johann Heinrich Voß: Ankündigungen

[Die Ankündigungen beginnen mit der Voranzeige eines «Juristischen Almanachs» des Gießener Buchhändlers J.Chr. Krieger. Daran schließt sich Vossens Ankündigung seiner Übersetzung an.]

Ich habe manchmal, nicht ohne Rührung, dem Durste meiner lieben Landsleute nach Romanen und Histörchen zugesehn. Gleich den Belagerten, denen der Feind die Wasserröhren verstopft hat, lechzen sie mit heissem Munde, und schütten alles hinunter, wenns nur naß ist. Ich kanns also nicht leiden, daß man über die Herren Verleger, Uebersetzer und Bücherschreiber spöttelt, die aus wahrer Menschenliebe ihre Keller und Vorrathskammern aufschliessen, und, was da ist, ihrem armen Nächsten, für eine billige Vergütung, freundlich mittheilen. Man sagt, der eine zapfe verrochenen Franzwein, der andere saures englisches Bier, dieser einheimischen Kretzer, jener schaligen Kofent, oder ein dickes süßliches Gesöff, das mit Empfindsamkeit, Zoten, Afterlaune, Scheniewesen, und andern berauschenden Siebensachen abgezogen sey, und mancher schöpfe sogar, ich weiß nicht woraus. Das mag alles seyn; es kühlt doch die Zunge, und ein Schelm giebts besser, als ers hat. Bey dem Scharfsinn unserer Uebersetzer, und bey ihrer rühmlichen Aufmerksamkeit auf alles, was zum Vergnügen und zum Unterricht der Teutschen auch nur das geringste beytragen kann, scheint es würklich etwas sonderbar, daß man ein Buch, welches viel Vergnügen und Unterricht gewährt, so lange hat ruhen lassen. Es enthält die kühnsten und treflichsten Erdichtungen einer morgenländischen Nation, deren feurige Einbildungskraft berühmt ist, und wird seit sechszig Jahren und darüber, solange wirs in Europa kennen, von allen, die ihren Geschmack verfeinert oder wenigstens nicht verderbt haben, geschätzt und bewundert. Ich meine die arabischen Erzählungen, unter dem Titel: *Die tausend und eine Nacht*: wovon die französische Uebersetzung des Herrn *Anton Galland*, Mitglieds der Akademie der schönen Wissenschaften zu Paris, in den Jahren 1704 bis 1717. in zwölf kleinen Bänden erschien. Die alte teutsche Uebersetzung aus dem Französischen ist selbst für ihre Zeiten schlecht, und für die unsrigen ganz unbrauchbar. Es schien mir daher ein gutes Unternehmen, wozu ich eingeladen wurde, eine neue Uebersetzung dieses Werks in sechs Bänden zu verfertigen, welche, wie in den neueren französischen Ausgaben, die zwölf Bändchen der ersten Ausgabe enthalten sollen. Der erste dieser sechs Bände erscheint Ostern zur Probe. Gefällt das Buch, so erbittet sich die Cramersche Buchhandlung zu Bremen, auf die folgenden Pränumeration, weil sie einen Nachdruck befürchtet. Die Pränumeranten bezahlen auf den zweyten Band, der Michaelis heraus kömmt, nur 18 gl. in

Louisd'or à 5 Rthlr. und Ducaten à 2 Rthlr. 20 gl. da sonst der Ladenpreis jedes Bandes ein Reichsthaler seyn wird. Das Werk wird auf gut Schreibpapier mit saubern Lettern gedruckt, so, daß man mit Druck und Papier vermuthlich zufrieden seyn wird. Wenn sich hinlängliche Liebhaber finden, so erbietet sich die Cramersche Buchhandlung, für jeden Band auch 2 oder 3 Kupfer von Herrn Rosmäsler in Leipzig stechen zu lassen. Der Preis jedes Kupfers wäre dann für die Pränumeranten, die es haben wollen, 4 gl. und die Kupfer des ersten Bandes, würden bey dem zweyten nachgegeben. Ein besonderes Titelblatt mit einer saubern Vignette, erhalten die Pränumeranten umsonst. Der Pränumerationstermin dauert bis Johanni dieses Jahrs, und man kann sich in allen Buchhandlungen unterzeichnen. Auf 10 Exemplare wird das 11te frey gegeben. Otterndorf, den 26. Merz, 1781.

Voß.

(Gothaische gelehrte Zeitungen. Beylage zum sechs und dreyßigsten Stück, den fünften May, 1781, S. 300–302)

VII. Literatur

Abdel-Halim, Mohamed: Antoine Galland. Sa vie et son œuvre. Paris 1964

–: (Hrsg.): Correspondance d'Antoine Galland. Edition critique et commentée. Thèse complémentaire pour le doctorat ès lettres, présentée à la Faculté des Lettres et Sciences humaines de l'Université de Paris. [Masch.] Paris 1964

Adelung, Johann Christoph: Grammatisch-kritisches Wörterbuch der hochdeutschen Mundart. 2. Ausgabe. 4 Bde. Leipzig 1793–1801

Alain: Propos II. Texte établi, présenté et annoté par Samuel S. de Sacy. (Bibliothèque de la Pléiade.) Paris 1970

Al-Ahmedi, Sami: Wieland und 1001 Nacht. Diss. Leipzig 1969 [Masch.]

Anonym.: Arabische Liebes-Händel / und andere Seltzame Begebenheiten / welche von einer Sultanin in tausend Nacht-Gesprächen erzehlet / und zugleich viele Sitten und Gewohnheiten der Morgenländer / auf eine gar sonderbahre und angenehme Art vorgetragen werden. Unlängst durch Hrn. Galland, der Königl. Academie Mitgliede aus der Arabischen Sprache in die Frantzösische/ Und ietzo aus solcher in die Teutsche mit Fleiß übersetzet. Durch Amandern. Cölln/ bey Peter Marteau/ An[no 1706]

Anonym.: Die Tausend und Eine Nacht/ Worinnen Seltzame Arabische Historien und wunderbahre Begebenheiten/ ... erzehlet werden; Erstlich vom Herrn Galland ... aus der Arabischen Sprache in die Frantzösische/ und aus selbiger anitzo ins Teutsche/ übersetzt: Erster und Anderer [–Fünffzehnter] Theil. Mit einer Vorrede Herrn TALANDERS. Leipzig/ Jm Verlag Joh. Ludwig Gleditsch/ und Moritz Georg Weidmanns. 1710 [–1735]

Apel, Friedmar: Sprachbewegung. Eine historisch-poetologische Untersuchung zum Problem des Übersetzens. Heidelberg 1982

Apel, Friedmar / Miller, Norbert (Hrsg.): Das Kabinett der Feen. Französische Märchen des 17. und 18. Jahrhunderts. (Winkler Weltliteratur.) München 1984

Arnim, Bettina von: Goethes Briefwechsel mit einem Kinde. Dritter Teil. Hrsg. v. Max Friedländer. In Dies.: Sämtliche Werke. Bd. 4. Berlin 1920

Assmann, Jan: Ägypten. Eine Sinngeschichte. München 1996

Auerbach, Erich: La cour et la ville. In Ders: Vier Untersuchungen zur Geschichte der französischen Bildung. Bern 1951, S. 12–50

Babinger, Franz: Orient und deutsche Literatur. In : Deutsche Philologie im Aufriß. Hrsg. v. Wolfgang Stammler. Bd. III. Berlin 1962, S. 565–587

Bäte, Ludwig (Hrsg.): Vossische Hausidylle. Briefe von Ernestine Voß an Heinrich Christian und Sara Boie (1794–1820). Bremen 1925

Balke, Diethelm (Hrsg.): Orient und orientalische Literaturen. In: Reallexikon der deutschen Literaturgeschichte. 2. Aufl. neu bearb. u. unter red. Mitarbeit von Klaus Kanzog sowie Mitw. zahlr. Fachgelehrter hrsg. v. Werner Kohlschmidt u. Wolfgang Mohr. Bd. 2. Berlin 1965, S. 816–869

Bauch, Klaus-P. / Schröder, Maria-B.: Alphabetisches Verzeichnis der Wieland-Bibliothek. Bearbeitet nach dem «Verzeichnis der Bibliothek des verewigten Herrn Hofraths Wieland. 1814». (Schriftenreihe des Antiquariats Klaus-P. Bauch Bd. 1.) Hannover 1993

Baudach, Frank / Häntzschel, Günter (Hrsg.): Johann Heinrich Voß (1751–1826). Beiträge zum Eutiner Symposium im Oktober 1994. (Eutiner Forschungen Bd. 5.) Eutin 1997

Baudach, Frank / Pott, Ute (Hrsg.): «Ein Mann wie Voß ...» Ausstellung der Eutiner Landesbibliothek, des Gleimhauses Halberstadt und der Johann-Heinrich-Voß-Gesellschaft zum 250. Geburtstag von Johann Heinrich Voß. Eutin und Bremen 2001

Beattie, James: Dissertations Moral and Critical. London 1783

–: Moralische und Kritische Abhandlungen. 2. Bde. Göttingen 1789–1790

Becker, Eva D.: Der deutsche Roman um 1780. (Germanistische Abhandlungen Bd. 5.) Stuttgart 1964

Behrens, Jürgen: Johann Heinrich Voss und Friedrich Leopold von Stolberg. Neun bisher unveröffentlichte Briefe. In: Jahrbuch des Freien Deutschen Hochstifts 1965, S. 49–87

Bencheikh / Miquel (Hrsg.): Les Mille et Une Nuits. Contes choisis. Edition présentée, établie et traduite par Jamel Eddine Bencheikh et André Miquel avec la collaboration de Touhami Bencheikh. (Collection folio classique 2256, 2257, 2775.) 3 Bde. Paris 1991–1996

Bergk, J.A. / Baumgärtner, F.G. (Hrsg.): Mährchen-Erzähler auf den Kaffeehäusern zu Haleb. In Dies. (Hrsg.): Museum des Wundervollen oder Magazin des Außerordentlichen in der Natur, der Kunst und im Menschenleben. Barbeitet von einer Gesellschaft Gelehrter und herausgegeben von J.A. Bergk und F.G. Baumgärtner. 3. Bd., 1. Stück. Leipzig 1804, S. 238–242

Bernal, Martin: Schwarze Athene. Die afroasiatischen Wurzeln der griechischen Antike. Wie das klassische Griechenland «erfunden» wurde. München, Leipzig 1992

Bertuch (Hrsg.): Arabische Mährchen. Fortsetzung der ächten Tausend und Einen Nacht. Erster [bis vierter] Theil. (Die Blaue Bibliothek aller Nationen. [Hrsg. v. Friedrich Johann Justin Bertuch.] Bd. 5 [–8]. Gotha 1790 [bis 1791]

Bettelheim, Bruno: Die Rahmenerzählung von «Tausendundeiner Nacht». In Ders.: Kinder brauchen Märchen. (dtv 35028.) 21. Aufl. München 1999, S. 100–105

Beutin, Wolfgang: Johann Heinrich Voss und der Göttinger Hain. In Wolfgang Beutin / Klaus Lüders (Hrsg.), S. 55–83

Beutin, Wolfgang / Lüders, Klaus (Hrsg.): Freiheit durch Aufklärung: Johann Heinrich Voß (1751–1826). (Bremer Beiträge zur Literatur- und Ideengeschichte Bd. 12.) Frankfurt am Main, Berlin, Bern, New York, Paris, Wien 1995

Bibliothèque universelle des romans, ouvrage périodique [...]. Juillet, 1777. Premier volume. A Paris

Blackwell, Thomas: An Enquiry into the Life and Writings of Homer. 2nd Ed. London 1736

–: Untersuchung über Homers Leben und Schriften. Aus dem Englischen des Blackwells übersetzt von Johann Heinrich Voß. Leipzig 1776

Blumenbach, Johann Friedrich: [Bericht über einen Vortrag in der Göttinger Societät der Wissenschaften.] In: Göttingische Anzeigen von gelehrten Sachen. 172. Stück, 28. Okt. 1799, S. 1713–1716

Borges, Jorge Luis: Die Übersetzer von *Tausendundeiner Nacht*. In Ders: Niedertracht und Ewigkeit. Erzählungen und Essays 1935-1936. (Werke in 20 Bänden. Bd. 3. Fischer Taschenbuch Verlag 10579.) Frankfurt am Main 1991, S. 169–195

–: Tausendundeine Nacht. In Ders.: Die letzte Reise des Odysseus. Vorträge und Essays 1978–1982. (Werke in 20 Bänden. Bd. 16. Fischer Taschenbuch Verlag 10592.) Frankfurt am Main 1992, S. 116–131

Bratter, C.A.: Die preußisch-türkische Bündnispolitik Friedrichs des Großen. (Deutsche Orientbücher Bd. VII.) Weimar 1916

Breitinger, Johann Jacob: Critische Dichtkunst. Mit einem Nachwort von Wolfgang Bender. 2 Bde. (Deutsche Neudrucke. Reihe Texte des 18. Jahrhunderts.) Stuttgart 1966

Breuer, Stefan: Ästhetischer Fundamentalismus. Stefan George und der deutsche Antimodernismus. Darmstadt 1995

Brüggemann, Theodor (in Zusammenarbeit mit Hans-Heino Ewers): Handbuch der Kinder- und Jugendliteratur. Von 1750–1800. Stuttgart 1982

Bürger, Gottfried August: Gedichte in zwei Teilen. Kritisch durchgesehene und erläuterte Ausgabe. Hrsg. v. Ernst Consentius. 2. Aufl. (Goldene Klassiker-Bibliothek.) Berlin, Leipzig, Wien, Stuttgart (1914)

–: Sämtliche Werke. Hrsg. v. Günter u. Wiltrud Häntzschel. München 1987
–: Briefe von und an Gottfried August Bürger. Ein Beitrag zur Literaturgeschichte seiner Zeit. Aus dem Nachlasse Bürger's und anderen, meist handschriftlichen Quellen hrsg. v. Adolf Strodtmann. 4 Bde. Berlin 1874
Burkert, Walter: Homerstudien und Orient. In: Joachim Latacz (Hrsg.), S. 155–181
–: Da Omero ai Magi. La tradizione orientale nella cultura greca. A cura di Claudia Antonetti. Venedig 1999
Bursian, Conrad: Geschichte der classischen Philologie in Deutschland von den Anfängen bis zur Gegenwart. (Geschichte der Wissenschaften in Deutschland Bd. 19.) 2 Bde. München und Leipzig 1883
Burton, Richard F. (Hrsg.): A plain and literal Translation of the Arabian Nights' Entertainments, now entituled The Book of the Thousand Nights and a Night. With Introduction, explanatory Notes on the Manners and Customs of Moslem Men and a terminal Essay upon the History of the Nights. 10 Bde. Benares [= Stoke Newington] 1885
Butler, E.[iza] M.[arian]: The Tyranny of Greece over Germany. A study of the influence exercised by Greek art and poetry over the great German writers of the eighteenth, nineteenth and twentieth centuries. Boston 1954
Campbell, Donald: A Journey over Land to India, Partly by a Route never gone before by any European. In a Series of Letters to his Son. 2 Tle. London 1795
Caracciolo, Peter (Hrsg.): The *Arabian Nights* in English Literature. Studies on the Reception of *The Thousand and One Nights* into British Culture. New York 1988 (C.s Einleitung S. 1–80)
Cary, Edmond: Les grands traducteurs français. Genf 1963
Chauvin, Victor: Homère et les Mille une nuits. In: Le Musée Belge. Revue de Philologie classique III (1899), S. 6–9
–: Bibliographie des ouvrages arabes ou relatifs aux Arabes publiés dans l'Europe chrétienne de 1810 à 1885. Bd. IV. Liége, Leipzig 1900
Christ, Karl: Hellas. Griechische Geschichte und deutsche Geschichtswissenschaft. München 1999
Claudius, Mathias: Briefe. Hrsg. v. Hans Jessen u. Ernst Schröder. 2 Bde. Berlin-Steglitz 1938
–: Briefe von Matthias und Rebekka Claudius an Johann Heinrich und Ernestine Voß 1774–1814. Hrsg. v. Paul Eickhoff. (Beilage zum Jahresbericht des Matthias Claudius-Gymnasiums nebst Real-Schule in Wandsbeck für Ostern 1915, Nr. 408.) Wandsbeck 1915

Colshorn, Hermann: Hamburgs Buchhandel im 18. Jahrhundert. In: Aus dem Antiquariat. Frankfurt am Main 1974, 3, S. 77–86

Coussonnet, Patrice: Pensée mythique, idéologique et aspirations sociales dans un conte de Mille et une nuits. Le récit d'Ali du Caire. Introduction, essai d'analyse et d'interprétation. (Institut Français d'Archéologie du Caire. Supplément aux Annales Islamologiques Cahier 13.) Kairo 1989

Curtius, Ernst Robert: Büchertagebuch. Mit einem Nachwort von Max Rychner. (Dalp-Taschenbücher 348.) Bern, München 1960

Demandt, Alexander: Winckelmann und die Alte Geschichte. In: Thomas Gaehtgens (Hrsg.), S. 301–313

Diderot / d'Alembert (Hrsg.): Encyclopédie, ou Dictionnaire Raisonné des Sciences, des Arts et des Métiers, par une Société de Gens de Lettres. Nouv. Ed. Bd. 22. Genf 1778

Doering, Heinrich: Johann Heinrich Voß. Nach seinem Leben und Wirken dargestellt. (Sämtl. Gedichte von Joh. Heinr. Voß. Supplementband.) Weimar 1834

Dünnhaupt, Gerhard: Personalbibliographien zu den Drucken des Barock. (Hiersemanns bibliographische Handbücher Bd. 9.) 1. Teil. 2. Aufl. Stuttgart 1990

Eich, Günter: Die schönsten Märchen aus 1001 Nacht. Herausgegeben von Karl Karst. (insel taschenbuch 1740.) Frankfurt am Main 1996

Eickhoff, Paul s. Claudius

Elias, Norbert: Über den Prozeß der Zivilisation. Soziogenetische und psychogenetische Untersuchungen. 2 Bde. (suhrkamp taschenbuch wissenschaft 158, 159.) 5. Aufl. Frankfurt am Main 1978

Elisséeff, Nikita: Thèmes et Motifs des Mille et une Nuits. Essai de Classification. Beirut 1949

Engelsing, Rolf: Bremens Buchgewerbe. In: Alfred Faust (Hrsg.), S. 250–263

–: Der Bürger als Leser. Lesergeschichte in Deutschland 1500–1800. Stuttgart 1974

Faust, Alfred (Hrsg.): Geistiges Bremen. Bremen 1960

Foucauld, Michel: L'ordre du discours. Paris 1971

Frank, Horst J.: Handbuch der deutschen Strophenformen. (Uni-Taschenbücher 1732.) 3. Aufl. Tübingen und Basel 1993

Frank, Manfred (Hrsg.): F.D.E. Schleiermacher. Hermeneutik und Kritik. Mit einem Anhang sprachphilosophischer Texte Schleiermachers. Herausgegeben u. eingeleitet von Manfred Frank. (suhrkamp taschenbuch wissenschaft 211.) Frankfurt am Main 1977

Frenzel, Elisabeth: Der träumende Bauer. In Dies.: Stoffe der Weltliteratur. (Kröners Taschenausgabe 300.) 8. Aufl. Stuttgart 1992, S. 83–86
Friedrich, Hugo: Montaigne. Bern 1949
Fröschle, Hartmut: Der Spätaufklärer Johann Heinrich Voss als Kritiker der deutschen Romantik. (Stuttgarter Arbeiten zur Germanistik 146.) Stuttgart 1985
Fuchs-Sumiyoshi, Andrea: Orientalismus in der deutschen Literatur. Untersuchungen zu Werken des 19. und 20. Jahrhunderts, von Goethes *West-östlichem Divan* bis Thomas Manns *Joseph*-Tetralogie. (Germanistische Texte und Studien Bd. 20.) Hildesheim, Zürich, New York 1984
Fück, Johann: Die arabischen Studien in Europa. Bis in den Anfang des 20. Jahrhunderts. Leipzig 1955
Füssel, Stephan: Studien zur Verlagsgeschichte und zur Verlegertypologie der Goethe-Zeit. (Georg Joachim Göschen. Ein Verleger der Spätaufklärung und der deutschen Klassik. Bd. 1.) Berlin, New York 1999
Fuhrmann, Manfred: Die «Querelle des Anciens et des Modernes», der Nationalismus und die Deutsche Klassik. In: Bernhard Fabian / Wilhelm Schmidt-Biggemann (Hrsg.): Das achtzehnte Jahrhundert als Epoche. (Studien zum achtzehnten Jahrhundert Bd. 1.) Nendeln 1978, S. 49–67
–: Von Wieland bis Voss. Wie verdeutscht man antike Autoren? In: Jahrbuch des Freien Deutschen Hochstifts 1987, S. 1–32
–: Nichts Neues unter der Sonne. Das Verdikt über Wieland und sein Bild der Antike. In Ders.: Europas fremd gewordene Fundamente. Zürich 1995, S. 125–129
Gaeghtens, Thomas W. (Hrsg.): Johann Joachim Winckelmann 1717–1768. (Studien zum 18. Jahrhundert Bd. 7.) Hamburg 1986
Galland, Antoine: Les mille et une nuits. Contes arabes. Traduction d'Antoine Galland. Introduction par Jean Gaulmier. 3 Bde. Paris: GF-Flammarion 1996
–: Les Paroles Remarquables, les Bons Mots, et les Maximes des Orientaux. Traduction de leurs Ouvrages en Arabe, en Persan, & en Turc. Avec des Remarques. Suivant la Copie imprimée à Paris. A La Haye M.DC.XCIV
–: Le voyage à Smyrne. Un manuscrit d'Antoine Galland (1678) contenant *Smyrne ancienne & moderne* & des extraits du *Voyage fait en Levant.* Avant-propos d'André Miquel. Textes présentés, établis & annotés par Frédéric Bauden. (Collection Magellane.) Paris 2000
s.a. Abdel-Halim; Omont
Garve, Christian: Briefe an Christian Felix Weiße und einige andere Freunde. 1. Tl. In Ders.: Gesammelte Werke. Hrsg. v. Kurt Wölfel. Bd. XV/1. Hildesheim, Zürich, New York 1999

Gelber, Adolf: Tausend und Eine Nacht. Der Sinn der Erzählungen der Scheherazade. Wien, Leipzig 1917

George, Stefan: Das hellenische Wunder. In: Blätter für die Kunst. Neunte Folge (1910), S. 2

Gerhard, Mia I.: La technique du récit à cadre dans les *1001 Nuits.* In: Arabica. Revue d'Etudes Arabes VIII (1961), S. 137–157

–: The Art of Story-Telling. A Literary Study of the Thousand and one Nights. Leiden 1963

Ghazoul, Ferial J.: Nocturnal Poetics. *The Arabian Nights* in Comparative Context. Kairo 1996

Gibbon, Edward: The English Essays. Edited by Patricia B. Craddock. Oxford 1972

–: The Decline and Fall of the Roman Empire. (The World's Classics.) 7 Bde. London 1903–1906

–: The Letters. Edited by Jane Elizabeth Norton. 3 Bde. London 1956

–: Memoirs of My Life. Ed. from the manuscripts by Georges A. Bonnard. London 1966

–: Edward Gibbon's Esq. Leben von ihm selbst beschrieben. Mit Anmerkungen herausgegeben von Johann Lord Sheffield. Aus dem Englischen und mit erläuternden Anmerkungen begleitet. Leipzig 1797

Goethe, Johann Wolfgang: Gedichte und Epen II. Textkritisch durchgesehen und kommentiert von Erich Trunz. In: Goethes Werke. Hamburger Ausgabe in 14 Bänden. Bd. 2. 14. Aufl. München 1989

–: Ästhetische Schriften 1816–1820. Über Kunst und Altertum I–II. Hrsg. v. Hendrik Birus. In: Sämtliche Werke, Briefe, Tagebücher und Gespräche. I. Abt. 20. Bd. Frankfurt am Main 1999

Gollwitzer; Helmut: ... und führen, wohin du nicht willst. Bericht einer Gefangenschaft. (Fischer Bücherei 59.) Frankfurt a. M., Hamburg 1954

Golz, Jochen (Hrsg.): Goethes Morgenlandfahrten. Westöstliche Begegnungen. (insel taschenbuch 2600.) Frankfurt am Main und Leipzig 1999

Grafton, Anthony: Juden und Griechen bei Friedrich August Wolf. In: Reinhard Markner/Giuseppe Veltri (Hrsg.): Friedrich August Wolf. Studien, Dokumente, Bibliographie. (Palingenesia LXVII.) Stuttgart 1999, S. 9–31

Greene, John C.: The Death of Adam. Evolution and its Impact on Western Thought. Überarbeitete Ausgabe. Ames, Iowa 1996

Grieger, Martin: Zu Voß' Übersetzung des *Essai sur la Société des gens de lettres* von Alembert. In: Baudach/Pott (Hrsg.), S. 148-154

Grillon, L.: Galland (Antoine). In: Dictionnaire de Biographie Française. Bd. 15. Paris 1982, Sp. 183–185

Grillparzer, Franz: Selbstbiographie. In Ders.: Sämtliche Werke. Hrsg. v. Peter Frank u. Karl Pörnbacher. Bd. 4. München 1965, S. 20–178

Grimm, Jacob u. Wilhelm: Deutsches Wörterbuch. 33 Bde. (dtv 5945.) München 1984

Grohmann, Hans-Diether: Mathias Claudius als Übersetzer französischsprachiger Schriftsteller. (Kieler Beiträge zur deutschen Sprachgeschichte 17.) Neumünster 1995

Grossmann, Walter: Rilke and the Arabian Nights, with Two Unpublished Translations. In: Harvard Library Bulletin XIV/3 (1960), S. 461–486

Grotzfeld, Heinz u. Sophia: Die Erzählungen aus «Tausendundeiner Nacht». (Erträge der Forschung 207.) Wiesbaden 1984

–: Die Erzählungen aus Tausendundeiner Nacht. Geschichte und Herkunft. In Sievernich/Budde (Hrsg.), S. 86–95 (Lesebuch)

Grunebaum, Gustav E. von: Der Islam im Mittelalter. (Die Bibliothek des Morgenlandes.) Zürich, Stuttgart 1963

Guirguis, Fawzy D.: Bild und Funktion des Orients in Werken der deutschen Literatur des 17. und 18. Jahrhunderts. Diss. Phil. Berlin (FU) 1972

Gundolf, Friedrich: Anfänge deutscher Geschichtsschreibung von Tschudi bis Winckelmann. Mit einem Nachwort zur Neuausgabe von Ulrich Raulff. (Fischer Wissenschaft 11241.) Frankfurt am Main 1992

Habicht, Max.: Tausend und Eine Nacht. Arabische Erzählungen. Zum erstenmal aus einer Tunesischen Handschrift ergänzt und vollständig übersetzt von Max.[imilian] Habicht, F.[riedrich] H.[einrich] von der Hagen und Karl Schall. 15 Bde. Breslau 1825

Haddaway, Husein: The Arabian Nights. Translated by Husain Haddaway. New York, London 1990

Häntzschel, Günter: Johann Heinrich Voß. Seine Homer-Übersetzung als sprachschöpferische Leistung. (Zetemata 68.) München 1977

–: Johann Heinrich Voß in Heidelberg. Kontroversen und Mißverständnisse. In: Friedrich Strack (Hrsg.), S. 301–321

–: Johann Heinrich Voß und die Heidelberger Romantik. In: Volker Riedel (Hrsg.), S. 76–87

Hahn, Christian Diederich: Johann Heinrich Voß. Leben und Werk. Husum 1977

Hamann, Johann Georg: Kleine Schriften 1750–1788. In Ders.: Sämtliche Werke. Hist.-krit. Ausgabe von Josef Nadler. Bd. 4. Wien 1952

Hammer-Purgstall, Joseph Freiherr von: Der Tausend und Einen Nacht noch nicht übersezte Mährchen, Erzählungen und Anekdoten, zum erstenmale aus dem Arabischen in's Französische übersezt von Joseph von

Hammer, und aus dem Französischen in's Deutsche von Aug. v. Zinserling, Professor. 3 Bde. Stuttgart, Tübingen 1823/24
–: «Erinnerungen aus meinem Leben» (1774-1852). Bearb. v. Reinhart Bachofen von Echt. (Fontes rerum austriacarum. Österreichische Geschichtsquellen 2. Abt., Bd. 70.) Wien, Leipzig 1940
Harris, Joseph/Reichl, Karl: Prosimetrum. Crosscultural Perspectives on Narrative in Prose and Verse. Cambridge 1997
Hartmann, Anton Theodor: Die hellstrahlenden Plejaden am arabischen poetischen Himmel, oder die sieben am Tempel zu Mekka aufgehangenen arabischen Gedichte. Übersetzt, erläutert und mit einer Einleitung versehen. Münster 1802
Hauff, Wilhelm: Das kalte Herz. In Ders.: Sämtliche Werke in drei Bänden. Hrsg. v. Sybille von Steinsdorff. Bd. 2. München 1970
Hawari, Rida: Antoine Galland's Translation of The Arabian Nights. In: Revue de Littérature Comparée 214/2 (1980), S. 150–164
Hay, Gerhard: Johann Heinrich Voß. In: Deutsche Dichter. Leben und Werk deutschsprachiger Autoren. Hrsg. v. Gunter E. Grimm und Frank Rainer Max. Bd. 4. Stuttgart 1989, S. 189–198
Hegel, Georg Wilhelm Friedrich: Vorlesungen über die Ästhetik III. In Ders.: Werke. Red. Eva Moldenhauer u. Karl Markus Michel. Bd. 15. (suhrkamp taschenbuch wissenschaft 615.) 2. Aufl. Frankfurt am Main 1990
Heinrichs, Wolfhart: Prosimetrical Genres in Classical Arabic Literature. In: Joseph Harris/Karl Reichl (Hrsg.), S. 250–275
Hellinghaus (Hrsg.) s. Stolberg
Henze, Eberhard: Cramer, Johann Henrich. In: Lexikon des gesamten Buchwesens. 2., völlig neubearb. Aufl. Bd. 2. 1989, S. 192f.
Herbst, Wilhelm: Mathias Claudius und der Wandsbecker Bote. Ein Lebensbild. 2. Aufl. Gotha 1857
–: Johann Heinrich Voss. 2 Bde (Bd. 2 in 2 Tln.). Leipzig 1872–1876
Herder, Johann Gottfried: Denkmal Johann Winckelmanns. In Ders.: Werke. Bd. 2. Hrsg. v. Gunter E. Grimm. Frankfurt am Main 1993, S. 630–673
–: Adrastea. In Ders.: Werke. Bd. 10. Hrsg. v. Günter Arnold. Frankfurt am Main 2000
Hess, Gerhard: Gesellschaft, Literatur, Wissenschaft. Gesammelte Schriften 1938–1966. Hrsg. v. Hans Robert Jauss u. Claus Müller-Daehn. München 1967
Hessel, Franz: Der Lastträger von Bagdad. In Ders.: Sämtliche Werke. Bd. 5. Oldenburg 1999, S. 78-79

Hillmann, Heinz (Hrsg.): Die schlafende Schöne. Französische und deutsche Feenmärchen des achtzehnten Jahrhunderts. Hamburg 1967
Hölscher, Uvo: Die Odyssee. Epos zwischen Märchen und Roman. 3. Aufl. München 1990
Hölty, Ludwig Christoph Heinrich: Sämtliche Werke. Kritisch und chronologisch hrsg. v. Wilhelm Michael. 2 Bde. Weimar 1914/1918
Hofmannsthal, Hugo von: «Tausendundeine Nacht». In Ders.: Gesammelte Werke in Einzelausgaben. Prosa II. Frankfurt am Main 1976, S. 270–278
Hoffmann, E.T.A.: Die Serapionsbrüder. Dritter Band. In: Sämtliche Werke. Hist.-krit. Ausgabe m. Einleitungen, Anmerkungen und Lesarten v. Carl Georg von Maassen. Bd. 7. München, Leipzig 1914
Holoka, James P.: Homer, Oral Poetry Theory, and Comparative Literature. Major Trends and Controversies in Twentieth-Century Criticism. In: Joachim Latacz (Hrsg.), S. 456–481
Hoppe, Johann Christian: Jetztlebendes gelehrtes Mecklenburg. Aus authentischen und andern sichern Quellen herausgegeben. Erstes Stück. Rostock und Leipzig 1783
Hornung, Erik: Das esoterische Ägypten. Das geheime Wissen der Ägypter und sein Einfluß auf das Abendland. München 1999
Horovitz, Josef: Poetische Zitate in Tausend und eine Nacht. In: Gotthold Weil (Hrsg.): Festschrift Eduard Sachau. Berlin 1915, S. 374–379
Howald, Ernst: Der Kampf um Creuzers Symbolik. Eine Auswahl von Dokumenten. Tübingen 1926
Hummel, Adrian: «Es war die Zeit, da ein Schwarm junger Kräftlinge ...». Bestimmungen des «Romantischen» bei Johann Heinrich Voß. In: Baudach/Häntzschel (Hrsg.), S. 129–147
–: Bürger Voß. Leben, Werk und Wirkungsgeschichte eines schwierigen Autors. In: Mittler/Tappenbeck (Hrsg.), S. 137–167
s.a. Voß: Ausgewählte Werke
Hurschmann, Rolf: Claudius als Übersetzer. In: Mathias Claudius 1740–1815. Ausstellung zum 250. Geburtstag. Hrsg. v. Helmut Glagla u. Dieter Lohmeier. (Schriften der Schleswig-Holsteinischen Landesbibliothek 12.) Heide in Holstein 1990
Hussein, Taha: The Dreams of Scheherazade. Translated from the Arabic. By Magdi Wahba. GEDO (General Egyptian Book Organization) 1974
«Irrgarten der Lust». 1001 Nacht. Aufsätze. Stimmen. Illustrationen. (Insel Almanach auf das Jahr 1969.) Frankfurt am Main 1968
Irwin, Robert: Die Welt von Tausendundeiner Nacht. Aus dem Englischen übersetzt und für den deutschen Leser ergänzt von Wiebke Walther. Frankfurt am Main 1997

Jacobs, Jürgen: Prosa der Aufklärung. Moralische Wochenschriften. Autobiographie. Satire. Roman. Kommentar zu einer Epoche. München 1976

Jannidis, Fotis/Lauer, Gerhard/Martinez, Matias/Winko, Simone (Hrsg.): Rückkehr des Autors. Zur Erneuerung eines umstrittenen Begriffs. (Studien und Texte zur Sozialgeschichte der Literatur 71.) Tübingen 1999

Jean Paul: Vorschule der Aesthetik. Hrsg. von Eduard Berend. In Ders.: Sämtliche Werke. Historisch-kritische Ausgabe. Hrsg. von der Preußischen Akademie der Wissenschaften in Verbindung mit der Akademie zur wissenschaftlichen Erforschung und Pflege des Deutschtums. I. Abt., 11. Bd. Weimar 1935

–: Kleine Bücherschau. In Ders.: Sämtliche Werke. Historisch-kritische Ausgabe. I. Abt., 16. Bd. Weimar 1938, S. 265ff.

s.a. Voß, Heinrich

Jessen, Hans: Presse und Rundfunk. In: Alfred Faust (Hrsg.), S. 237–247

Jones, William: The Moallakát, or seven Arabian poems which were suspended on the temple at Mecca; with a translation, a preliminary discourse, and notes critical, philological, explanatory. London 1782

Joost, Ulrich: Bürger und Voß. In: Frank Baudach/Günter Häntzschel (Hrsg.) S. 39–57

–: Mein scharmantes Geldmännchen. Gottfried August Bürgers Briefwechsel mit seinem Verleger Dieterich. Hrsg. v. Ulrich Joost. Göttingen 1998

Jünger, Friedrich Georg: Geschichten aus Tausendundeiner Nacht. In: «Irrgarten der Lust», S. 43–64

Käfer, Markus: J.J. Winckelmann – ein Ancien? In: Max Kunze (Hrsg.), S. 73–78

Kantorowicz, Ernst: Das geheime Deutschland. In: Robert L.Benson/Johannes Fried (Hrsg.): Ernst Kantorowicz. Erträge der Doppeltagung Institute for Advanced Study, Princeton – Johann Wolfgang Goethe-Universität, Frankfurt. (Frankfurter historische Abhandlungen Bd. 39.) Stuttgart 1997

Kapitza, Peter: Ein bürgerlicher Krieg in der gelehrten Welt. Zur Geschichte der Querelle des Anciens et des Modernes in Deutschland. München 1981

Kemper, Raimund: Was heißt «gedolmetscht»? Zur kulturgeschichtlichen Bedeutung der Übersetzungen des Johann Heinrich Voß. In: Beutin / Lüders (Hrsg.), S. 85–119

Keudell, Elise von: Goethe als Benutzer der Weimarer Bibliothek. Ein Verzeichnis der von ihm entliehenen Werke. Hrsg. v. Werner Deetjen. Weimar 1931

Khawam, René R. (Hrsg.): ahmed al-qalyoûbî: Le fantastique et le quotidien. (Les jardins secrèts de la littérature arabe 1.) Paris 1981

–: Les Mille et une Nuits. Nouvelle édition entièrement refondue. Texte établi sur les manuscrits originaux par René R. Khawam. (Domaine Arabe.) 4 Bde. Paris 1986–87

Kiesel, Helmuth/Münch, Paul: Gesellschaft und Literatur im 18. Jahrhundert. Voraussetzungen und Entstehung des literarischen Markts in Deutschland. (Beck'sche Elementarbücher.) München 1977

Kimpel, Dieter: Der Roman der Aufklärung. (Sammlung Metzler.) 2. Aufl. Stuttgart 1977

Kippenberg, Hans G.: Die Entdeckung der Religionsgeschichte. Religionswissenschaft und Moderne. München 1997

Klemperer, Victor: Geschichte der französischen Literatur im 18. Jahrhundert. Bd. 1. Das Jahrhundert Voltaires. Berlin 1954

Knipp, C.: The *Arabian Nights* in England. Galland's Translation and its Successors. In: Journal of Arabic Literature V (1974) S. 44–54

Köhler, Erich: «Je ne sais quoi». Ein Kapitel aus der Begriffsgeschichte des Unbegreiflichen. In Ders.: Esprit und arkadische Freiheit. Aufsätze aus der Welt der Romania. Frankfurt am Main, Bonn 1966, S. 230–286

Köhler, Reinhold: Kleinere Schriften. Hrsg. v. Johannes Bolte. 3 Bde. Weimar 1898-1900 (In Bd. III der Aufsatz: Schiller und eine Stelle aus Tausend und einer Nacht [vom Wundervogel], S. 170–172)

Köhler, Wolfgang: Stimmen zu «Tausendundeine Nacht». In: «Irrgarten der Lust», S. 109–121

–: Hugo von Hofmannsthal und «Tausendundeine Nacht». (Europäische Hochschulschriften Reihe I, Bd. 77.) Bern, Frankfurt am Main 1972

Körte, Wilhelm: Johann Heinrich Voß. Ein pragmatisches Gegenwort. Halberstadt 1808

Koppe, Johann Christian: Jetztlebendes gelehrtes Mecklenburg. Aus authentischen und andern sichern Quellen herausgegeben. Rostock, Leipzig 1783, S. 164–170 (Artikel über Voß)

Krämer, Olav: «... der Zeit entflohn». Das Zeitliche und das Ewige in der Geschichtsauffassung von Johann Heinrich Voß. In: Mittler/Tappenbeck (Hrsg.), S. 215–261

Krauss, Werner: Zur Anthropologie des 18. Jahrhunderts. Die Frühgeschichte der Menschheit im Blickpunkt der Aufklärung. Hrsg. v. Hans Kortum u. Christa Gohrisch. Berlin 1978

Kreuzer, Ingrid: Studien zu Winckelmanns Ästhetik. Normativität und historisches Bewußtsein. (Winckelmann-Gesellschaft Stendal. Jahresgabe 1959.) Berlin 1959

Kunze, Max (Hrsg.): Johann Joachim Winckelmann. Neue Forschungen. Eine Aufsatzsammlung. (Schriften der Winckelmann-Gesellschaft Bd. XI.) Stendal 1990

Lämmert, Eberhard: Bauformen des Erzählens. Stuttgart 1955

Lane, Edward William: The Thousand and One Nights, commonly called, in England, The Arabian Nights' Entertainments. A New Translation from the Arabic, with Copious Notes. 3 Bde. London 1839–41

Lang, Karl Heinrich von: Aus der bösen alten Zeit. Lebenserinnerungen des Ritters. Hrsg. v. Viktor Petersen. 2 Bde. (Memoirenbibliothek III. Serie, Bd. 9 u. 10.) Stuttgart (1910)

Langenfeld, Klaus: Johann Heinrich Voß. Mensch – Dichter – Übersetzer. (Eutiner Bibliothekshefte 3.) Eutin 1990

Laplanche, J./Pontalis, J.-B.: Das Vokabular der Psychoanalyse. 2 Bde. (suhrkamp taschenbuch wissenschaft 7.) 4. Aufl. Frankfurt am Main 1980

Latacz, Joachim (Hrsg.): Zweihundert Jahre Homer-Forschung. Rückblick und Ausblick. (Colloquia Raurica Bd. 2.) Stuttgart, Leipzig 1991

Lepenies, Wolf: Fast ein Poet: Johann Joachim Winckelmanns Begründung der Kunstgeschichte. In Ders.: Autoren und Wissenschaftler im 18. Jahrhundert. (Edition Akzente.) München 1988, S. 91–120

Lessing, Gotthold Ephraim s. Marigny

Lichtenberg, Georg Christoph: Schriften und Briefe. Herausgegeben von Wolfgang Promies. Bd. I. München 1968

–: Schriften und Briefe. Kommentar zu Band I und II von Wolfgang Promies. München 1992

–: Briefwechsel. Im Auftrag der Akademie der Wissenschaften zu Göttingen hrsg. v. Ulrich Joost u. Albrecht Schöne. Bisher 4 Bde. München 1983–1992

Littmann, Enno: Die Erzählungen aus den Tausendundein Nächten. Vollständige deutsche Ausgabe in sechs Bänden. Zum ersten Mal aus dem arabischen Urtext der Calcuttaer Ausgabe aus dem Jahre 1839 übertragen von Enno Littmann. Wiesbaden o.J.

–: Alf Layla wa-Layla. In: The Encyclopaedia of Islam. New ed. Vol I. Leiden/London 1960, S. 358–364

–: Tausendundeine Nacht. In: «Irrgarten der Lust», S. 15–42

Lowsky, Martin: Vossens *Insel des Königs der Genien* und Wielands *Dschinnistan*. Motivgeschichtliche Notizen. In: Vossische Nachrichten. Mitteilungen der Johann-Heinrich-Voß-Gesellschaft 4 (1997), S. 15–17

–: Der poetische Orient oder Le «retour à l'état de fait». Über Paul Valérys Vorliebe für *Tausendundeine Nacht*. In: Karl Alfred Blüher/Jürgen

Schmidt-Radefeldt (Hrsg.): Forschungen zu Paul Valéry – Recherches Valéryennes 11. Kiel 1998, S. 181–199

–: Französischlehrer Stecher oder: Aufklärung durch *Tausendundeine Nacht*. Über Arno Schmidts *Julia*. In: Zettelkasten 18. Jahrbuch der Gesellschaft der Arno-Schmidt-Leser 1999. Hrsg. v. Friedhelm Rathjen. Wiesenbach 1999

Lüdecke, Friedrich: Lavater in Bremen. In: Bremisches Jahrbuch 20 (1902), S. 71–162

Macdonald, Duncan B.: Alf Leila wa-Laila. In: Enzyklopädie des Islam. Erg. Bd. Leiden, Leipzig 1938, S. 18–22

Macher Ali Ragheb, Mustafa: Das Motiv der orientalischen Landschaft in der deutschen Dichtung von Klopstocks Messias bis zu Goethes Divan. Diss. Phil. Köln. Düsseldorf 1962

Mahdi, Muhsin: The Thousand an One Nights (Alf Layla wa-Layla). From the Earliest Known Sources. Arabic Text Edited with Introduction and Notes by Muhsin Mahdi. 2 Bde. Leiden 1984

–: The Thousand an One Nights. Leiden, New York, Köln 1995

Marchand, Suzanne L.: Down from Olympus. Archaeology and Philhellenism in Germany, 1750–1970. Princeton N. J. 1996

Mardrus, J.C.: Le livre des mille nuits et une nuit. Traduction littérale et complète du texte arabe par le Dr. J.C. Mardrus. 16 Bde. Paris 1899–1904

Marigny, [François Augier de]: Geschichte der Araber unter der Regierung der Califen. Aus dem Französischen [von Gotthold Ephraim Lessing]. 3 Bde. Berlin und Potsdam 1753/54 (Lessing übersetzte nur den ersten Band ganz, den zweiten teilweise)

Marquard, Odo: Anthropologie. In Joachim Ritter u.a. (Hrsg.): Historisches Wörterbuch der Philosophie. Bd. I. Basel 1971, Sp. 362–374

Martin, Angus: La Bibliothèque universelle des romans 1775–1789. (Studies on Voltaire and the eighteenth century 231.) Oxford 1985

Martinez, Matias / Scheffel, Michael: Einführung in die Erzähltheorie. (C.H. Beck Studium.) 2. Aufl. München 2000

Martino, Alberto: Die deutsche Leihbibliothek. Geschichte einer literarischen Institution (1756–1914). Mit einem zusammen mit Georg Jäger erstellten Verzeichnis der erhaltenen Leihbibliothekskataloge. (Beiträge zum Buch- und Bibliothekswesen Bd. 29.) Wiesbaden 1990

Marzolph, Ulrich (Hrsg.): Das Buch der wundersamen Geschichten. Erzählungen aus der Welt von 1001 Nacht. (Orientalische Bibliothek.) München 1999

May, Georges: Les Mille et une nuits d'Antoine Galland ou le chef-d'œuvre invisible. Paris 1986

Mayer, K. Otto: Die Feenmärchen bei Wieland. In: Vierteljahrsschrift für Litteraturgeschichte 5 (1892), S. 374–408, 497–533

Meinecke, Friedrich: Die Entstehung des Historismus. 2. Aufl. München 1946

Miklos, Tamasz (Hrsg.): Sindbad the Seaman. The 537–567. Nights from the Book of the Thousand Nights and a Night. Budapest 1998

Miller, Norbert: Winckelmann und der Griechenstreit. Überlegungen zur Historisierung der Antiken-Anschauung im 18. Jahrhundert. In Thomas Gaehtgens (Hrsg.), S. 239–264

Miquel, André: Sept contes des Mille et une Nuits *ou* Il n'y a pas de contes innocents suivi d'entretiens autour de Jameleddine Bencheikh et Claude Brémond. (La Bibliothèque Arabe.) Paris 1981

Mittler, Elmar/Tappenbeck, Inka (Hrsg.): Johann Heinrich Voss 1751–1826. Idylle, Polemik und Wohllaut. (Göttinger Bibliotheksschriften 18.) Göttingen 2001

Mix, York-Gothart: Systematische Auswahl und arbeitsorientierte Lektüre. Die Privatbibliothek des Dichters und Philologen Johann Heinrich Voß. In: Wolfenbütteler Notizen zur Buchgeschichte VI/1 (1981), S. 308–320

–: «Lieber, denke ich, das Geld aufgeopfert, als es mit Scherwenzel verdient ...» Johann Heinrich Voß als Redaktor des bedeutendsten Lyrikalmanachs der norddeutschen Spätaufklärung. In: Text & Kontext 16.1 (1988), S. 100–118

Mommsen, Katharina: Goethe und 1001 Nacht. (suhrkamp taschenbuch 674.) Frankfurt am Main 1981

–: Goethe und die arabische Welt. Frankfurt am Main 1988

Montagu, Mary Wortley: Letters. With an Introduction by Clare Brant. (Everyman's Library.) New York, Toronto 1992

Montesquieu: Pensées, Le Spicilège. Edition établie par Louis Desgraves. (Bouquins.) Paris 1991

Moritz, Karl Philipp: Anton Reiser. Ein psychologischer Roman. Hrsg. v. Ernst-Peter Wieckenberg. (Bibliothek des 18. Jahrhunderts.) 2. Aufl. München 1997

Mosebach, Martin: Marcel Prousts Lektüre von ‹1001 Nacht›. In: Reiner Speck/ Michael Maar (Hrsg.): Marcel Proust. Zwischen Belle Epoque und Moderne. Frankfurt am Main 1999

Moussa-Machmud, Fatma: English Travellers and the *Arabian Nights.* In: Peter Caracciolo (Hrsg.), S. 95–110

Moisy, Sigrid von: Die Vossiana der Bayerischen Staatsbibliothek. In: Baudach / Häntzschel (Hrsg.), S. 275–294
Mühlmann, Wilhelm E.: Geschichte der Anthropologie. 2. Aufl. Frankfurt am Main, Bonn 1968
Müller von Itzehoe: Siegfried von Lindenberg. Hrsg. v. H. Pröhle. (Deutsche National-Litteratur. Hrsg. v. Joseph Körner. Bd. 57.) Berlin, Stuttgart o.J.
Müller-Seidel, Walter: Goethes Verhältnis zu Johann Heinrich Voß (1805–1815). In: Goethe und Heidelberg. Hrsg. v. d. Direktion des Kurpfälzischen Museums. Heidelberg 1949, S. 240–263
Muhlack, Ulrich: Geschichtswissenschaft im Humanismus und der Aufklärung. Die Vorgeschichte des Historismus. München 1991
Muncker, Franz: Johann Heinrich Voß. In: Allgemeine deutsche Biographie. Bd. 40, 1896, S. 334–349
Naddaff, Sandra: Arabesque. Narrative Structure and the Aesthetics of Repetition in the *1001 Nights*. Evanston, Illinois 1991
Nerval, Gérard de: Voyage en Orient. In: Œuvres complètes. (Bibliothèque de la Pléiade.) Bd. II. Paris 1984
Nicolai, Friedrich: Das Leben und die Meinungen des Herrn Magister Sebaldus Nothanker. Hrsg. v. Fritz Brüggemann. (Deutsche Literatur. Sammlung literarischer Kunst- und Kulturdenkmäler in Entwicklungsreihen. Reihe Aufklärung Bd.15.) Leipzig 1938
Niebuhr, Carsten: Beschreibung von Arabien. Aus eigenen Beobachtungen und im Lande selbst gesammelten Nachrichten abgefasset. Kopenhagen 1772
–: Carsten Niebuhrs Reisebeschreibung nach Arabien und andern umliegenden Ländern. 2 Bde. Kopenhagen 1774/1778 (Bd. 3 erschien posthum 1837)
Niewöhner, Friedrich: Wolfs verstoßene Schülerin. Autonom und ausgegrenzt: Die Wissenschaft des Judentums. In: Frankfurter Allgemeine Zeitung Nr. 124 (29. Mai 2000), S. 57 (Rez. des oben aufgeführten Aufsatzes von Grafton)
Nietzsche, Friedrich: Menschliches, Allzumenschliches. In Ders.: Sämtliche Werke. Kritische Studienausgabe in 15 Bänden. Hrsg. v. Giorgio Colli und Mazzino Montanari. Bd. 2. München, Berlin/New York 1980
Oestrups «Studien über 1001 Nacht» aus dem Dänischen (nebst einigen Zusätzen) übersetzt von O. Rescher. Stuttgart 1925
Omont, H. (Hrsg.): Journal Parisien d'Antoine Galland (1708–1715) précédé de son Autobiographie (1646–1715). (Mémoires de la Société de l'Histoire de Paris et de l'Isle de France T. XLVI.) Paris 1919

Osterhammel, Jürgen: Die Entzauberung Asiens. Europa und die asiatischen Reiche im 18. Jahrhundert. (C.H. Beck Kulturwissenschaft.) München 1998

–: «Peoples without History» in British and German Historical Thought. In Benedikt Stuchtey/Peter Wende (Hrsg.): British and German Historiography 1750–1950. Traditions, Perspectives, and Transfers. Oxford 2000, S. 265–287

Otto, Regine: Morgenlandfahrten mit Herder im Geist der *Ebräischen Poesie*. In: Jochen Golz (Hrsg.), S. 29-53

Panofsky, Erwin: Der Begriff des Kunstwollens. In Ders: Deutschsprachige Aufsätze. Hrsg. v. Karen Michels u. Martin Warnke. (Studien aus dem Warburg-Haus Bd. 1.) Bd. II, Berlin 1998, S. 1019–1034

Pape, Maria Elisabeth: Turquerie im 18. Jahrhundert und der «Receuil Ferriol». In: Siewernich / Budde (Hrsg.), S. 305–319

Paret, Rudi: Früharabische Liebesgeschichten. Ein Beitrag zur vergleichenden Literaturgeschichte. (Sprache und Dichtung 40.) Bern 1927

Parry, Adam (Hrsg.): The Making of Homeric Verse. The collected papers of Milman Parry. Oxford 1971

Parthey, Gustav: Die Mitarbeiter an Friedrich Nicolai's Allgemeiner Deutscher Bibliothek nach ihren Namen und Zeichen geordnet. Berlin 1842

Paulus, H.E.G. (Hrsg.): Lebens- und Todesurkunden über Johann Heinrich Voß. Am Begräbnißtage gesammelt für Freunde. Heidelberg 1826

Pfeiffer, Rudolf: Die Klassische Philologie zwischen Petrarca und Mommsen. (Beck'sche Elementarbücher.) München 1982

Pinault, David: Story-telling techniques in the Arabian nights. (Studies in Arabic Literature. Supplements to the Journal of Arabic Literature XV.) Leiden, New York, Köln 1992

Piroué, Georges: La France et les Mille et une Nuits. In: La Table Ronde 127/128 (1958), S. 104–112

Platen, August Graf von: Die Tagebücher. Aus der Handschrift des Dichters herausgegeben v. G. v. Laubmann u. L. v. Scheffler. Bd. 2. Stuttgart 1900

Poirier, Roger: La Bibliothèque Universelle des Romans. Rédacteurs, Textes, Public. Genf 1976

Prüsener, Marlies: Lesegesellschaften im 18. Jahrhundert. Ein Beitrag zur Sozialgeschichte. In: Archiv für Geschichte des Buchwesens Bd. XIII (1972) Sp. 369–594

Raab, Heribert: Görres und Voß. Zum Kampf zwischen «Romantik» und «Rationalismus» im ersten Drittel des 19. Jahrhunderts. In: Friedrich Strack (Hrsg.), S. 322–336

Reemtsma, Jan Philipp: Der Liebe Maskentanz. Aufsätze zum Werk Christoph Martin Wielands. Zürich 1999

Rehm, Walther: Griechentum und Goethezeit. Geschichte eines Glaubens. 4. Aufl. Bern, München 1968

Rescher, O.: Studien über den Inhalt von 1001 Nacht. In: Der Islam. Zeitschrift für Geschichte und Kultur des islamischen Orients IX/1 (1918), S. 1–94

Riedel, Volker (Hrsg.): Federlese. Beiträge zu Werk und Wirken von Johann Heinrich Voß (1751–1826). Neubrandenburg 1989

–: Goethe und Voß. Zum Antikeverständnis zweier deutscher Dichter um 1800. In: Andrea Rudolph (Hrsg.), S. 19–46

Riemen, Alfred: Der «ungraziöseste aller deutschen Dichter»: Johann Heinrich Voß. In: Aurora. Jahrbuch der Eichendorff-Gesellschaft 45 (1985), S. 121–136

Roth, Oskar: Die Gesellschaft der Honnêtes Gens. Zur sozialethischen Grundlegung des honnêteté-Ideals bei La Rochefoucauld. (Studia Romanica Bd. 41.) Heidelberg 1981

Rudolph, Andrea (Hrsg.): Johann Heinrich Voß. Kulturräume in Dichtung und Wirkung. Dettelbach 1999

Russel, Alexander: The Natural History of Aleppo, and Parts Adjacent. London 1756 (auf dem Titelblatt falsch datiert: MD CCCLVI)

–: The Natural History of Aleppo. 2. Aufl. Von Patrick Russel. 2 Bde. London 1794

Ryan, Judith: Hybrid Forms in German Romanticism. In: Joseph Harris/Karl Reichl, S. 165–181

Said, Edward W.: Orientalismus. (Ullstein Materialien.) Berlin 1981

Sauder, Gerhard: Empfindsamkeit. Bd I. Voraussetzungen und Elemente. Stuttgart1974

Sauer, August (Hrsg.): Der Göttinger Dichterbund. 1. Tl.: Johann Heinrich Voss. Darmstadt 1966

Schaaffs, Georg: Zwei unbekannte Briefe von Bürger. In: Zeitschrift für Bücherfreunde NF. 4/1 (1912), S. 57–59

Schalk, Fritz: Die Französischen Moralisten. La Rochefoucauld. Vauvenargues. Montesquieu. Chamfort. Rivarol. Die Aphorismenbücher in vollständiger Gestalt. Verdeutscht und herausgegeben. (Sammlung Dieterich Bd. 22.) Wiesbaden o.J.

Schenda, Rudolf: Volk ohne Buch. Studien zur Sozialgeschichte der populären Lesestoffe 1770–1910. (dtv 4282.) München 1977

Schlegel, August Wilhelm: Les Mille et une nuits, recueil de contes originairement indiens. In Ders.: Essais littéraires et historiques. Bonn 1842, S. 519–544

Schlegel, Friedrich: Kritische Schriften. Hrsg. v. Wolfdietrich Rasch. 3. Aufl. München 1971

Schlesier, Renate: Kulte, Mythen und Gelehrte. Anthropologie der Antike seit 1800. (Fischer Taschenbuchverlag 11924.) Frankfurt am Main 1994

Schmid, E. Theodor s. Voß: Sämmtliche poetische Werke

Schmidt, Arno: Die Feen kommen. In Ders.: Essays und Aufsätze 1. (Bargfelder Ausgabe. Werkgruppe III. Essays und Biographisches Bd. 3.) Zürich 1995, S. 202f.

Schmidt-Linsenhoff, Viktoria: Häuslichkeit und Erotik. Angelika Kauffmanns Haremsphantasien. In Baumgärtel, Bettina (Hrsg.): Angelika Kauffmann. Katalog. Ostfildern-Ruit 1998, S. 60–68

Schneider, Helmut J.: Johann Heinrich Voß. In: Deutsche Dichter des 18. Jahrhunderts. Ihr Leben und Werk. Unter Mitarbeit zahlreicher Fachgelehrter herausgegeben v. Benno von Wiese. Berlin 1977, S. 782–815

–: Johann Heinrich Voß und der Neuhumanismus. In: Baudach/Häntzschel (Hrsg.), S. 207–218

Schöne, Albrecht: Säkularisation als sprachbildende Kraft. Studien zur Dichtung deutscher Pfarrersöhne. (Palaestra Bd. 226.) Göttingen 1958

Schott, C. F. A. [= Paulus, H.E.G.] (Hrsg.): Voß und Stolberg oder der Kampf des Zeitalters zwischen Licht und Verdunklung. Eine nöthige Sammlung von Belegen zur Beurtheilung des dritten Heftes des Sophronizons und des richtigen Unterschieds zwischen Katholicismus und Papstthum. In Gesprächen. Stuttgart 1820

Schubert-Riese, Brigitte: Das literarische Leben in Eutin im 18. Jahrhundert. (Kieler Studien zur deutschen Literaturgeschichte Bd. 11.) Neumünster 1975

Schulin, Ernst: Die weltgeschichtliche Erfassung des Orients bei Hegel und Ranke. (Veröffentlichungen des Max-Planck-Instituts für Geschichte 2.) Göttingen 1958

Schulz, Arthur: Die Bildnisse Johann Joachim Winckelmanns. Berlin 1953

Schwarz, Klaus: Vom Krieg zum Frieden. Berlin, das Kurfürstentum Brandenburg, das Reich und die Türken. In: Siewernich/Budde (Hrsg.), S. 245–278

Schwab, Raymond: L'Auteur des Mille et une Nuits. Vie d'Antoine Galland. Paris 1964

Seele, Astrid: Der Aspekt des Fremden in den Übersetzungskonzeptionen der Goethezeit – Prolegomena zu einer Geschichte der literarischen Übersetzung. Magisterarbeit [Masch.]. Konstanz 1989

Sheehan, James J.: Museums in the German Art World. From the End of the Old Regime to the Rise of Modernism. New York 2000 (deutsche Ausgabe für 2002 in Vorbereitung)

Siewernich, Gereon/Budde, Hendrik (Hrsg.): Europa und der Orient 800–1900. Katalog und Lesebuch. Berlin 1989

Smith, Henry A.: Ein Leben im Zwiespalt. Rektor Voß und seine «Nebenbeschäftigung». In: Andrea Rudolph (Hrsg.), S. 259–271

Spies, Otto: Der Orient in der deutschen Literatur. (Beckers Kleine Volksbibliothek. Gelbe Reihe 18/19.) 2 Bde. Kevelaer 1949/1952

Stackelberg, Jürgen von: Von Rabelais bis Voltaire. Zur Geschichte des französischen Romans. München 1970

–: Französische Moralistik im europäischen Kontext. (Erträge der Forschung Bd. 172.) Darmstadt 1982

Steland, Dieter: Moralistik und Erzählkunst von La Rochefoucauld und Mme de Lafayette bis Marivaux. München 1984

Stierle, Karlheinz: Der Gebrauch der Negation in fiktionalen Texten. In: Harald Weinrich (Hrsg.): Positionen der Negativität. (Poetik und Hermeneutik VI.) München 1975, S. 235–262

Stolberg: Briefe Friedrich Leopold's Grafen zu Stolberg und der Seinigen an Johann Heinrich Voß. Nach den Originalen der Münchener Hof- und Staatsbibliothek mit Einleitung, Beilagen und Anmerkungen hrsg. v. Otto Hellinghaus. Münster i.W. 1891

s. a. Behrens, Jürgen

Stosch, Manfred von: Johann Heinrich Voß und seine Bibliothek. In: Archiv für Geschichte des Buchwesens XXI (1980), Sp. 719–748

Strack, Friedrich (Hrsg.): Heidelberg im säkularen Umbruch. Traditionsbewußtsein und Kulturpolitik um 1800. (Deutscher Idealismus Bd. 12.) Stuttgart 1987

Sweet, Denis M.: Walter Paters Winckelmann. In: Max Kunze (Hrsg.), S. 124–129

Syndram, Karl Ulrich: Der erfundene Orient in der europäischen Literatur vom 18. bis zum Beginn des 20. Jahrhunderts. In: Siewernich/Budde (Hrsg.), S. 324–341

Szondi, Peter: Poetik und Geschichtsphilosophie I. Hrsg. v. Senta Metz u. Hans-Hagen Hildebrandt. (suhrkamp taschenbuch wissenschaft 40.) Frankfurt am Main 1974

Tauer, Max: Tausendundeine Nacht im Weltschrifttum. In: «Irrgarten der Lust», S. 122–147
–: Die Erzählungen aus den Tausendundein Nächten. Die in anderen Versionen von «1001 Nacht» nicht enthaltenen Geschichten der Wortley-Montague-Handschrift der Oxforder Bodleiean Library. Aus dem arabischen Urtext vollständig übertragen und erläutert von Felix Tauer. 2 Bde. Frankfurt am Main 1984
Todorov, Tzvetan: Die Erzähl-Menschen. In: «Irrgarten der Lust», S. 65–83
Töpelmann, Cornelia: Der handschriftliche Nachlaß Carl Georg von Maassens. In: Die bibliophile Sammlung von Carl Georg von Maassen (1880-1940) in der Universitätsbibliothek München. Annotierter Katalog. Bd. 1. Puchheim 1997, S. 41–56
Tutsch, Claudia: «Man muß mit ihnen, wie mit einem Freund, bekannnt geworden seyn ...» Zum Bildnis Johann Joachim Winckelmanns von Anton von Maron. (Schriften der Winckelmann-Gesellschaft Bd. 13.) Mainz 1995
Ungern-Sternberg, Wolfgang von: Chr.M. Wieland und das Verlagswesen seiner Zeit. Studien zur Entstehung des freien Schriftstellertums in Deutschland. In: Archiv für Geschichte des Buchwesens XIV (1974), Sp. 1211–1534
–: Schriftsteller und literarischer Markt. In: Grimminger, Rolf (Hrsg.): Deutsche Aufklärung bis zur Französischen Revolution 1680–1789. .(Hansers Sozialgeschichte der deutschen Literatur vom 16. Jahrhundert bis zur Gegenwart. Bd. 3.) München 1980, S. 133–185
Voegt, Hedwig (Hrsg.): Voß. Werke in einem Band. (Bibliothek deutscher Klassiker.) Berlin, Weimar 1966
Voltaire: Correspondance. (Bibliothèque de la Pléiade.) 13 Bde. Paris 1977–1993
–: Œuvres historiques. (Bibliothèque de la Pléiade.) Paris 1978
–: Romans et contes. (Bibliothèque de la Pléiade.) Paris 1997
Voß, Ernst-Theodor: Voß, Johann Heinrich. In: Literaturlexikon. Autoren und Werke deutscher Sprache. Hrsg. v. Walther Killy. Bd. 12. Gütersloh, München 1992, S. 63–65
Voß, Heinrich: Briefwechsel zwischen Heinrich Voß und Jean Paul. Heidelberg 1839
Voß, Johann Heinrich: Abriß meines Lebens. Rudolstadt 1818
–: Ankündigungen. In: Gothaische gelehrte Zeitungen. Beylage zum sechs und dreyßigsten Stück, den 5. May, 1781
–: Antisymbolik. 2 Tle. Stuttgart 1824–1826

–: [Anzeige der Odyssee-Übersetzung.] In: Deutsches Museum 1779, 1, S. 574
–: Ausgewählte Werke. Hrsg. v. Adrian Hummel. Göttingen 1996
–: Briefe von Johann Heinrich Voß nebst erläuternden Beilagen herausgegeben von Abraham Voß. 3 Bde. Halberstadt
–: Briefe an Goeckingk 1775–1786. Hrsg. v. Gerhard Hay. München 1976
–: Katalog der Bibliothek von Johann Heinrich Voss, welche vom 9ten November 1835 an, in Heidelberg öffentlich versteigert werden soll. Heidelberg 1835
–: Mythologische Briefe. 2 Bde. Königsberg 1794
–: Sämtliche Gedichte. 6 Bde. Königsberg 1802
–: Sämmtliche poetische Werke von Johann Heinrich Voß. Herausgegeben von Abraham Voß, Professor in Kreuznach. Nebst einer Lebensbeschreibung und Charakteristik von Frdr. E. Theod. Schmid, Oberlehrer am Gymnasium zu Halberstadt. Leipzig 1835
–: Die tausend und eine Nacht arabische Erzählungen ins Französische übersezt von dem Herrn Anton Galland, Mitglied der Akademie der schönen Wissenschaften zu Paris, und Lehrer der arabischen Sprache beim königlichen Kollegium. Aus dem Französischen übersezt von Johann Heinrich Voß. 6 Bde. Bremen 1781–1785
–: Über des Virgilischen Landgedichts Ton und Auslegung. Altona 1791
s.a. Blackwell
Biographisches unter Doering, Hahn, Hay, Herbst, Hummel, Körte, Muncker, Sauer, H.J. Schneider, Schmid, Voegt, Voß (Ernst-Theodor)
Walther, Gerrit: Niebuhrs Forschung. (Frankfurter Historische Abhandlungen Bd. 5.) Stuttgart 1993
Walther, Karl Klaus: Eine unbekannte frühe deutsche Übersetzung von 1001 Nacht. In: Marginalien 65 (1977), S. 36–43
Walther, Wiebke: Das Bild der Frau in «Tausenduneiner Nacht». In: Hallesche Beiträge zur Orientwissenschaft 4 (1982), S. 69–91
–: Tausendundeine Nacht. Eine Einführung. (Artemis Einführungen 31.) München und Zürich 1987
–: Drei Geschichten aus Tausendundeiner Nacht. In: Oriens. Zeitschrift der Internationalen Gesellschaft für Orientforschung 32 (1990), S. 139–177, 476
Weber, Edgard: Le secret des Mille et une Nuits. L'inter-dit de Shéhérazade. Echè 1987
Wehler, Hans-Ulrich: Deutsche Gesellschaftsgeschichte. Bd. I. 2. Aufl. München 1989

–: Nationalismus.Geschichte, Formen, Folgen. (C.H. Beck Wissen 2169.) München 2001

Weinrich, Harald: Lethe. Kunst und Kritik des Vergessens. 3. Aufl. München 1999

Weltliteratur. Die Lust am Übersetzen im Jahrhundert Goethes. (Marbacher Katalog 37.) Marbach 1982

Wentzlaff-Eggebert, Harald: Lesen als Dialog. Französische Moralistik in texttypologischer Sicht. (Reihe Siegen. Beiträge zur Literatur- und Sprachwissenschaft Bd. 67.) Heidelberg 1986

Wieckenberg, Ernst-Peter: Johann Heinrich Voß, «Tausend und eine Nacht» und einige vergessene Gedichte. In: Lichtenberg-Jahrbuch 2000. Saarbrücken 2001, S. 97–126

Wieland, Christoph Martin: Der Sieg der Natur über die Schwärmerei oder Die Abenteuer des Don Sylvio von Rosalva. In Ders.: Werke. Hrsg. v. Fritz Martini u. Hans Werner Seiffert. Bd. I. Hrsg. v. Fritz Martini u. Reinhard Döhl. München 1964

–: Dschinnistan oder auserlesene Feen- und Geistermärchen. Hrsg. v. Siegfried Mauermann. In: Wielands Gesammelte Schriften. Hrsg. v.d. Deutschen Kommision der Preußischen Akademie der Wissenschaften. 1. Abt., 18. Bd. Berlin 1938

–: Alterswerke. Hrsg. v. Friedrich Beißner. In: Wielands Gesammelte Schriften. Hrsg. v. d. Deutschen Kommission der Preußischen Akademie der Wissenschaften. 1. Abt., 20. Bd. Berlin 1939

–: Wielands Briefwechsel. Hrsg. von der Akademie der Wissenschaften der DDR, Zentralinstitut für Literaturgeschichte durch Hans Werner Seiffert. Bd. 4.: Briefe der Erfurter Dozentenjahre. Bearbeitet von Annerose Schneider und Peter-Volker Springborn. Berlin 1979

–: Wielands Briefwechsel. Hrsg. von der Akademie der Wissenschaften Berlin durch Siegfried Scheibe. Bd. 7: Januar 1778–Juni 1782. Erster Teil: Text; Zweiter Teil: Anmerkungen. Bearbeitet von Waltraud Hagen. Berlin 1992, 1997

–: Von der Freiheit der Literatur. Kritische Schriften und Publizistik. Hrsg. u. kommentiert von Wolfgang Albrecht. 2 Bde. Frankfurt am Main und Leipzig 1997

Winckelmann, Johann Joachim: Geschichte der Kunst des Altertums. Hrsg. v. Ludwig Goldscheider. Wien 1934

–: Briefe. In Verbindung mit Hans Diepolder hrsg. v. Walther Rehm. 4 Bde. Berlin 1952–1957

Wittmann, Reinhard: Zur Trivialliteratur der Goethezeit – Randbemerkungen eines Sammlers. In: Aus dem Antiquariat. Börsenblatt für den deutschen Buchhandel Nr. 43 (28. Mai 1976), S. A 129–141

–: Der deutsche Buchmarkt in Osteuropa im 18. Jahrhundert. In Ders.: Buchmarkt und Lektüre im 18. und 19. Jahrhundert. (Studien und Texte zur Sozialgeschichte der Literatur Bd. 6.) Tübingen 1982, S. 93–110

–: Johann Heinrich Voß. In Ders.: Ein Verlag und seine Geschichte. Dreihundert Jahre J.B. Metzler Stuttgart. Stuttgart 1982, S. 443–457

–: Geschichte des deutschen Buchhandels. 2. Aufl. (Beck'sche Reihe 1304.) München 1999

Wood, Robert: Versuch über das Originalgenie des Homers aus dem Englischen. Frankfurt am Main 1773

–: Zusätze und Veränderungen wodurch sich die neue Ausgabe von Robert Woods Versuch über das Originalgenie Homers von der alten auszeichnet nebst Vergleichung des alten und gegenwärtigen Zustands der Landschaft von Troja aus dem Englischen. Frankfurt a. Main 1778

Zotenberg, H.: Histoire d'Alâ al-Dîn ou la lampe merveilleuse. Texte arabe publié avec une notice sur quelques manuscrits des Mille et une Nuits. Paris 1888

Zuber, Roger: Les «belles infidèles» et la formation du goût classique. (Bibliothèque de «L'Évolution de l'Humanité».) 2. Aufl. Paris 1995